古代儒家德治思想研究

杨文霞/著

知识产权出版社
全国百佳图书出版单位
——北京——

图书在版编目（CIP）数据

古代儒家德治思想研究/杨文霞著.—北京：知识产权出版社，2021.5
ISBN 978-7-5130-7437-7

Ⅰ.①古… Ⅱ.①杨… Ⅲ.①儒家—政治伦理学—研究—中国—古代 Ⅳ.①B222.05 ②B82-051

中国版本图书馆 CIP 数据核字（2021）第 064416 号

内容提要

本书站在马克思主义的基本立场，运用多种研究方法分析中国古代儒家德治思想产生的原因，梳理其发展脉络，阐明其内涵、人性前提、社会理想、基本原则、吏治主张等，从不同视角揭示中国古代社会中德治与法治的关系，并联系当代中国依法治国与以德治国相结合的治国方略，揭示古代儒家德治思想对治理实践及马克思主义政治哲学发展的意义和价值，为社会主义现代化建设提供必要借鉴与合理参照。

责任编辑：王志茹　　　　　　　　　　责任印制：孙婷婷

古代儒家德治思想研究
GUDAI RUJIA DEZHI SIXIANG YANJIU
杨文霞　著

出版发行：知识产权出版社有限责任公司	网　址：http://www.ipph.cn
电　话：010-82004826	http://www.laichushu.com
社　址：北京市海淀区气象路50号院	邮　编：100081
责编电话：010-82000860 转 8761	责编邮箱：laichushu@cnipr.com
发行电话：010-82000860 转 8101	发行传真：010-82000893
印　刷：北京九州迅驰传媒文化有限公司	经　销：各大网上书店、新华书店及相关专业书店
开　本：720mm×1000mm　1/16	印　张：20
版　次：2021年5月第1版	印　次：2021年5月第1次印刷
字　数：249千字	定　价：98.00元
ISBN 978-7-5130-7437-7	

出版权专有　侵权必究
如有印装质量问题，本社负责调换。

目 录

绪 论 ·· 001

第一章 德治相关概念关系辨析及古代儒家德治思想发展的脉络 ··· 021

  第一节 德治的内涵及相关概念关系辨析 ················ 023

  第二节 古代儒家德治思想发展的脉络 ···················· 047

第二章 古代儒家德治思想产生的基础 ···························· 057

  第一节 古代中国的地理环境 ································ 059

  第二节 中国古代社会的经济基础 ··························· 070

  第三节 中国古代社会的基本结构 ··························· 078

  第四节 中国古代的专制体制 ································ 086

第三章 古代儒家德治思想的人性前提和社会理想 ················ 093

  第一节 古代儒家德治思想的人性前提 ···················· 095

  第二节 古代儒家德治思想的社会理想 ···················· 109

第四章 古代儒家德治思想的基本原则和吏治主张 ················ 121

  第一节 古代儒家德治思想的基本原则 ···················· 123

第二节　古代儒家德治思想的吏治主张 …………………… 165

第五章　古代儒家视野中德治与法治的关系 …………………… 193
　　第一节　古代儒家内部对德治与法治关系的认识…………… 195
　　第二节　古代儒家与法家的德法之争 ………………………… 217

第六章　古代儒家德治思想的历史影响和现实启示……………… 247
　　第一节　古代儒家德治思想的历史意义 ……………………… 249
　　第二节　古代儒家德治思想的历史局限 ……………………… 257
　　第三节　古代儒家德治思想的现实启示 ……………………… 260

余　论 …………………………………………………………………… 295

主要参考文献 …………………………………………………………… 300

索　引 …………………………………………………………………… 311

后　记 …………………………………………………………………… 313

绪　论

近年来，从新闻媒体的报道来看，社会中存在一些不道德的行为，甚至有些不道德行为已经突破底线，触犯了法律。为进一步加强社会主义法治建设，国家不但修订已有法律，而且制定颁布新的法律，对那些造成严重后果和不良影响的不道德行为进行规范与惩治。同时，采取一些具体措施和手段，表彰和鼓励那些济困救难的好心人和见义勇为者，宣传弘扬社会美德。然而，我们应该深刻地认识到，在进行社会主义法治建设的今天，只靠增加或细化法律条文并不能从根本上解决问题，社会中总是有法律的触角所无法触及的。因此，在当代国家治理中将法治与德治结合起来。

一、扬弃古代儒家德治思想，更好落实以德治国方略

德治问题，一方面是学术史上古老而常新的话题，迄今为止曾被哲学家和思想家们锲而不舍地探讨过；另一方面又是一个十分现实的问题，之所以现实，是因为它涉及治国方略，是想要有所作为的政治家们无法回避的。随着历史的发展和进步，人们对国家、社会和自身文明程度的期望也越来越高，世界各国纷纷采取各种措施以期达到德治与法治相统一的境界。

2000年6月28日，江泽民在中央思想政治工作会议上的讲话中指出："法律和道德作为上层建筑的组成部分，都是维护社会秩序、

规范人们思想和行为的重要手段，它们相互联系、相互补充。法治以其权威性和强制手段规范社会成员的行为，德治以其说服力和劝导力提高社会成员的思想认识和道德觉悟。道德规范和法律规范应该相互结合，统一发挥作用。有了良好的道德素质，就能够使人们自觉地扶正祛邪、扬善惩恶，就有利于形成追求高尚、激励先进的良好社会风气，保证社会主义市场经济的健康发展，促进整个民族素质的提高。努力建设与发展社会主义市场经济相适应的社会主义道德体系，是一项十分重要的工作，必须放在突出位置来抓。"[1]

2001年1月10日，江泽民在全国宣传部长会议上的讲话中以颇具战略性的眼光指出："我们要把法制建设与道德建设紧密结合起来，把依法治国与以德治国紧密结合起来。"[2] 2001年9月中共中央印发的《公民道德建设实施纲要》进一步强调，"把法制建设与道德建设、依法治国与以德治国紧密结合起来，通过公民道德建设的不断深化和拓展，逐步形成与发展社会主义市场经济相适应的社会主义道德体系。这是提高全民族素质的一项基础性工程，对弘扬民族精神和时代精神，形成良好的社会道德风尚，促进物质文明与精神文明协调发展，全面推进建设有中国特色社会主义伟大事业，具有十分重要的意义"[3]。

2002年11月8日，江泽民在中国共产党第十六次全国代表大会上的报告《全面建设小康社会，开创中国特色社会主义事业新局面》中提出"坚持物质文明和精神文明两手抓，实行依法治国和以德治国相结合"[4]的伟大治国方略，又把"以德治国"提到了理论的前

---

[1] 江泽民. 江泽民文选：第三卷[M]. 北京：人民出版社，2006：91 - 92.
[2] 江泽民. 江泽民文选：第三卷[M]. 北京：人民出版社，2006：200.
[3] 中共中央文献研究室. 十五大以来重要文献选编：下[G]. 北京：人民出版社，2003：1980.
[4] 江泽民. 江泽民文选：第三卷[M]. 北京：人民出版社，2006：534.

沿，重申了其重要性。

2002年11月14日中国共产党第十六次全国代表大会通过的《关于〈中国共产党章程（修正案）〉的决议》提出，"实行依法治国和以德治国相结合，是我们党在建设中国特色社会主义实践中取得的重大成果"❶。

2007年10月21日中国共产党第十七次全国代表大会通过的《中国共产党章程》更是明确指出："建设社会主义精神文明，实行依法治国和以德治国相结合，提高全民族的思想道德素质和科学文化素质，为改革开放和社会主义现代化建设提供强大的思想保证、精神动力和智力支持。"❷

2008年12月，胡锦涛《在纪念党的十一届三中全会召开三十周年大会上的讲话》中强调，"坚持物质文明和精神文明两手抓，实行依法治国和以德治国相结合"❸。

2016年12月9日，习近平在主持中共十八届中央政治局第三十七次集体学习时讲话指出："要强化道德对法治的支撑作用。坚持依法治国和以德治国相结合，就要重视发挥道德的教化作用，提高全社会文明程度，为全面依法治国创造良好人文环境。要在道德体系中体现法治要求，发挥道德对法治的滋养作用，努力使道德体系同社会主义法律规范相衔接、相协调、相促进。"❶

我国几代领导人反复强调"依法治国和以德治国相结合"的治国方略，并且把"依法治国和以德治国相结合"写进了《中国共产

---

❶ 中共中央文献研究室. 十六大以来重要文献选编：上［G］. 北京：中央文献出版社，2005：46.
❷ 中共中央文献研究室. 改革开放三十年重要文献选编：下［G］. 北京：人民出版社，2008：1746.
❸ 胡锦涛. 胡锦涛文选：第三卷［M］. 北京：人民出版社，2016：163.
❶ 习近平. 习近平谈治国理政：第二卷［M］. 北京：外文出版社，2017：134.

党章程》。可见，德治与法治在治国理政方面具有重要作用。因此，梳理中国古代的德治思想，提供符合中国国情需要的政治哲学，就成了一项重要的理论任务。

在我国古代，德治思想不仅有悠久的历史，而且有翔实而丰富的内容，其中以儒家的德治思想为典型代表。中国古代儒家的德治思想从人性的善恶讨论开始，认为无论人性是善是恶，都具有一个共同特点，那就是人性具有可塑性，可以通过后天的教化与学习加以改变。从这一观点出发，古代儒家强调道德教化在国家治理中的作用，主张在国家政治生活中应该以德治为主。古代儒家虽然重视德治的治国方略，但是并不排斥法律、刑罚的作用，更没有否定法治的功能，而认为在德治之外可以辅以法律、刑罚等法治手段，从而弥补德治的不足之处。为此，古代儒家对上至君主下至百姓在国家政治生活、家庭生活、社会生活中提出了具体、详细而系统的道德要求。古代儒家的德治思想以独特的结构体系、全面而系统的理论阐发，深刻地影响了中国历史上政治、文化、外交等的发展。历史上不少君主在儒家思想的影响下建立了一些具体的制度、体制，并在实践中加以落实与实施。在古代儒家德治思想[1]的浸润和影响之下，中国的文化结构、政治制度都发生了不同程度的变化。中国的行政管理、文官制度、科举制度、法律制定、司法判案等无不留下了古代儒家德治思想的烙印。古代儒家的德治思想影响了中国的政治、文化、外交等制度和政策的制定实施，而儒家思想影响下的中国的政治、文化等制度和政策的运用又反过来推动了儒家德治思想的发展。

可以说，古代儒家的德治思想是中国形成不同于世界各国的政治体系和文化结构的一个重要原因。那么，在"依法治国与以德治

---

[1] 古代儒家德治思想：本书中所有"古代儒家德治思想"均指中国古代儒家德治思想。——作者注

国相结合"的社会主义现代化建设的今天，古代儒家的德治思想是否还有价值；社会主义的"德治"与古代儒家的"德治"有何关联；我们应该从古代儒家德治思想中汲取哪些理念与内容，如何通过弘扬中国传统政治哲学思想中的精华来服务于社会主义现代化建设等。这些都是需要我们认真思考和加以解决的问题。因此，系统地梳理古代儒家的德治思想，用马克思主义的观点和视角来分析古代儒家德治思想产生和发展的各种客观因素，阐述其具体内容，批判和摒弃其中的糟粕，继承并发扬其中的精华，作为解决我国当前社会现实问题的必要借鉴与合理参照，就成了我们现实工作的需要。

二、古代儒家德治思想研究领域有待开掘

2003年笔者在进行博士论文选题时发现，关于德治、以德治国等方面的研究性著作相当少，关于古代儒家德治思想的系统研究性著作未见出版。近年来，相对来说，关于德治问题的研究著作与论文逐渐增多，但是截至2020年8月笔者在国家图书馆官方网站上检索时发现，在已经出版的著作中仍然没有系统研究儒家德治思想的专著。

（一）国内研究状况

2020年8月，笔者以"儒家德治"为篇名在中国知网上检索博士硕士学位论文时找到18条信息。其中，有两篇博士学位论文：一篇为2014年华东师范大学阮氏红芳的《儒家德治思想对越南的影响》，另一篇为笔者于2006年完成的《古代儒家德治论》。硕士学位

论文共有 16 篇，分别是 2003 年苏州大学陈琳的《先秦儒家德治思想的现代诠释》，2003 年湖南师范大学黎池的《儒家德治思想及其对当代中国实施以德治国方略的启示》，2003 年山东师范大学王媚的《儒家德治思想及其现实意义评析》，2004 年吉林大学蒋龙祥的《先秦儒家德治思想述论》，2006 年山东师范大学梁亮的《先秦儒家德治教育思想体系论要》，2006 年东北师范大学杨树英的《儒家德治为主、法治为辅治国方略及其现代意义》，2007 年广西师范大学耿立进的《韩非对儒家德治思想的批判及当代启示》，2007 年曲阜师范大学杨绪庆的《儒家德治思想之现代解读》，2007 年苏州大学沈春梅的《儒家德治理论与和谐社会理论的比较研究》，2009 年湘潭大学冯亮的《先秦儒家德治思想探究》，2011 年沈阳师范大学李丹婷的《儒家元圣周公德治管理思想探析》，2011 年西安工程大学马妍的《先秦儒家德治思想及其现代价值》，2015 年辽宁科技大学杨坤的《先秦儒家德治管理思想与现代企业人本管理研究》，2016 年辽宁工业大学王朝阳的《儒家"德治"思想与当代"以德治国"的关系研究》，2016 年黑龙江大学张明玉的《儒家德治思想及其现代价值研究》，2016 年山东大学郝磊的《儒家乐教德治功能思想研究》。

笔者以"儒家德治"作为题名检索国家图书馆官方网站上的图书，只显示有蔡方鹿、舒大刚主编的《儒家德治思想探讨》（线装书局 2003 年版），仅此一部已经出版的著作。该书是一部论文集，主要收录了"德性与德治""论德治的现代价值""儒家德治思想的现代观照"等文章，阐述了对儒家德治思想和"以德治国"思想的探讨。

笔者为扩大检索范围，去掉限定词"儒家"而以"德治"作为题名来检索国家图书馆的图书，共出现 100 种左右相关著作。著作的大体情况如下。

一类是概括论述以德治国相关思想的著作，如侯树栋主编的

《以德治国概论》(红旗出版社2002年版)主要阐述了政治文明需要思想的支撑、实施以德治国的关键是加强党的思想道德建设、注重基层组织的思想道德建设等内容。龚群主编的《以德治国论》(辽宁人民出版社2002年版)系统论述了江泽民提出的"以德治国"思想,主要从历史、理论和现实的各个层面,全面阐述了"以德治国"思想,对治国必先治党、治国必重政治以及建立与社会主义市场经济相适应的道德体系等问题进行了探索与研究。罗国杰、夏伟东主编的《以德治国论》(中国人民大学出版社2004年版)阐述了以德治国与依法治国相辅相成、缺一不可的理论,将以德治国的历史、理论与实践有机结合起来,把以德治国方略真正落到实处,寻求决策与治理方案。李兰芬的专著《当代中国德治研究》(人民出版社2008年版)围绕当代中国德治的合理性、功能及其实践的复杂性等问题,主要分析了建构当代中国德治的可能性与有效性。房宁的专著《当代中国的新政治哲学——论以德治国方略》(文汇出版社2002年版)主要阐述了三方面内容:依法治国与以德治国——传统文化中的经验总结,市场经济与道德约束——西方现代化中的探索,人类文明成果的现代综合——以德治国的思想资源。张德友等所著的《德治与现代治国方略》(湖南人民出版社2002年版)主要阐释了领袖道德与国家治理、构建先进道德文化、反对腐败与道德建设等内容。贺金瑞、王文东所著的《"以德治国"与道德建设》(民族出版社2001年版)主要阐述了"依法治国"与"以德治国"紧密结合是新型社会主义的治国理政观念的核心内容,在建设有中国特色社会主义的过程中既需要法治,也需要德治。王翔的专著《全面从严治党的伦理意蕴与德治体系研究》(吉林大学出版社2016年版),从治党建党的视角研究了伦理的价值与德治体系的构建。权海帆主编的《以德治国论要》(陕西人民出版社2002年版),主要探讨了"以德治国"的核心、基本原则、落脚点,"以德治国"的运行机制与约束机制等内容。岳金波的专著《为政以德——中国德治传统与现代政治文明》(华文出版社 2005 年版),通过对中国德治统治和现代官德建设的理性分析,阐述了在中国传统道德中政治和道德不但是融为一体的,而且表现出明显的伦理政治化和政治伦理化的特征。梅萍的专著《以德治国论》(湖北人民出版社 2003 年版)认为,主张"德治"的思想学说在我国有悠久的历史,但我们今天所讲的"德治"与历史上的"德治"不同,因为它是在建设有中国特色社会主义实践的基础上提出来的,具有鲜明的时代特征。唐镜的专著《德治中国——中国古代德治思想论纲》(中国文史出版社 2009 年版),追寻了中华政治智慧的渊源,探讨其对现实生活的价值。曾铮等人所著的《德治佳话:古代名人修身立德的故事》(华文出版社 2002 年版),分别从社会公德、职业道德、家庭美德三个方面介绍了具有中华民族传统美德的 47 位代表性人物。方建文等主编的《以德治国方略全书》(党建读物出版社 2001 年版)分为三册,主要包括"综合篇""言论篇""工作篇""典范篇""回顾篇""典籍篇"等内容。另有徐朝旭的《德治论》(厦门大学出版社 2003 年版)、董国勋主编的《以德治国方略研究》(红旗出版社 2003 年版)、王杰主编的《以德治国理论与实践》(中国言实出版社 2003 年版)等。由此可见,不少"德治"思想研究著作都是侧重于现代的"以德治国"思想,而真正从源头对古代儒家德治思想进行系统梳理的并不多。

另一些论著则是专论某一历史人物、历史时期、特定派别或领域的德治思想,如赵东立等人所著的《毛泽东的德治观》(红旗出版社 2004 年版)系统研究了毛泽东的德治观。刘丹忱的专著《孔子的德治思想——兼与柏拉图政治思想比较研究》(中国政法大学出版社 2018 年版),主要探析了古代中国与古希腊社会和思想发展变化的轨迹，对孔子与柏拉图两位东西方文明代表人物的政治思想之异同进行了分析比较。周晖等编著的《乡村振兴之乡村自治法治德治读本》（中国科学技术出版社2019年版），注重案例分析，系统介绍了2018年中央农村工作会议解读、"三农"工作面临的形势和任务，研究实施乡村振兴战略的重要政策等内容，其中涉及农村的德治状况。李延等的专著《高校研究生管理中的法治与德治若干问题研究》（广西师范大学出版社2016年版），主要探讨了高校研究生管理中的思想政治教育问题。

有些学者则将德治与法治联系起来进行探讨。《德治融入法治导论》课题组所著的《德治融入法治导论》（群众出版社2019年版），分为德治融入法治的基础理论篇、实践探索篇、专题研究篇，对习近平总书记的依法治国和以德治国相得益彰的重要论述，尤其对依法治国与以德治国的辩证关系等内容作了较为前沿的理论阐述。杨希等主编的《大学校园的德治与法治》（河北人民出版社2015年版），结合近些年大学校园的管理现状，全面分析了校园建设和管理存在的问题与漏洞，列举相关案例，阐述了德治与法治的关系、内涵以及优化途径。郝铁川的专著《依法治国与以德治国》（上海人民出版社2016年版），分别从依法治国与以德治国的理论依据和现实依据、社会主义精神文明与法治建设、道德立法的概况及启示、西方宗教与法治、中国法院依法治国与以德治国相结合的实践等方面进行了阐述。徐耀耀、曾光辉合著的《论依法治国与以德治国》（中共中央党校出版社2015年版）分为三篇：第一篇分析了依法治国与以德治国的历史经验；第二篇阐释了两者相辅相成的关系，论证了两者结合在平安中国建设中的重大现实意义；第三篇探讨了如何贯彻依法治国方略以及如何全面提高公民道德素质等问题。李建华所著的《现代德治论：国家治理中的法治与德治关系》（北京大学出版社2016年版），立足于现代法治社会这一基本社会特征，在国家法理体系现代化的背景下试图重构一种新的伦理秩序。戴木才的专著《现代政治视域中的"法治"与"德治"》（山东人民出版社 2007 年版），主要从现代政治的角度，探索"法治"与"德治"辩证统一范式确立现代政治的正当性基础。谢岳等著的《法治与德治——现代国家的治理逻辑》（江西人民出版社 2003 年版），以政治学的方法阐述了法治和德治问题，透析中国传统德治思想，剖析传统中国国家治理形式的局限性，分析国家治理方式的变迁动力与环境，探讨法治和德治发展的逻辑，认为只有法治方式和法治基础上的德治方式，才有利于完成中国现代化。陈湾所著的《法治与德治的融合》（中国原子能出版社 2015 年版），通过对依法治国、以德治国的分析与对比，阐述了法治与德治的重要作用，认为法治和德治相辅相成、相得益彰，治理国家必须一手抓法治，一手抓德治。靳诺主编的《德治法治与高校思想政治教育》（光明日报出版社 2004 年版），翔实介绍了依法治国和以德治国科学论断的历史演变过程，并对马克思主义的法治思想及其意义作了全面论述，着重研究了德治法治相结合思想在高校思想政治教育中的地位与作用、基本内容、原则与方法、运行机制和应注意的关系等问题，提出了带有规律性的认识与措施。这些论著虽然对德治问题进行了一定的研究，但是大多只讨论了当代依法治国与以德治国的关系，研究角度也多侧重于政治学，很少将传统与现实联系起来进行深入细致的考察，缺少历史与现实的连贯与统一。

还有一类著作系相关内容的汇编作品，如韩美群、龚先庆主编的《依法治国与以德治国相结合下的社会主义核心价值观与国家治理现代化》（武汉大学出版社 2019 年版），是根据"社会主义核心价值观与国家治理现代化"学术研讨会的会议主题与研讨焦点遴选出的 20 篇优秀论文的汇编作品。廖才定等主编的《以德治国的历史光辉——中国古代德治思想和实践》（岳麓书社2003年版），分"以德立公""以德施政""以德辅法""以德用人""以德立身"五个部分，列举了大量古代"以德治国"的格言、理论与事例。而上海市邓小平理论研究中心编的《论"德治"与"法治"——学习江泽民同志"以德治国"思想论文集》（上海人民出版社2001年版）是一部论文集。王杰主编的《以德治国理论与实践》（中国言实出版社2003年版）收录了1000余篇文章，分为上下卷，集纳了各级领导干部学习贯彻实施"以德治国"重要思想的心得体会和对"以德治国"思想的有益探索。张传开等主编的《以德治国——历代先贤启示录》（南京大学出版社2001年版）介绍了30位中国历史上德治业绩比较突出的政治家，分为勤政篇、仁政篇、廉政篇、新政篇四部分。

（二）国外研究状况

从笔者所查的资料来看，国外专门研究中国传统德治思想尤其是古代儒家德治思想的资料很少，只有一些与此相关的研究论著。

国外对中国传统德治思想的相关研究极少且不集中，常常散见于著者的相关著作，如黑格尔在《历史哲学》中间接阐述了道德在古代中国的重要影响；马克斯·韦伯在《儒教与道教》中提及儒家的基本理念——道德教化的作用；孟德斯鸠在《论法的精神》一书中对中国的礼仪也有所涉及。

相对来说，较为集中的研究有以下著作。金圣文（Sungmoon Kim）所著的牛津大学出版社2018年出版的《德治后的民主：走向务实的儒家民主》（*Democracy after Virtue*：*Toward Pragmatic Confucian Democracy*，Oxford University Press，2018）。作者金圣文先生围绕儒学是否与民主兼容的问题，分析了两种不同类型儒家学者的思想差异，而他们的共同点是认为民主在很大程度上有助于实现现代社会中儒家道德的目标；提出了儒家民主的规范理论——实用的儒家民主，解决政治参与权、民主的工具性与内在价值、民主的程序和实质、惩罚与刑事司法、社会和经济正义以及人道主义干预等问题；强调问题不仅仅在于儒家和民主的兼容性，重要的是这两个系统如何相互受益。皮仁蓬（R. P. Peerenboom）所著的《中国古代的法律与道德：黄老帛书》（*Law and Morality in Ancient China：the Silk Manuscripts of Huang-Lao*, State University of New York Press, 1993），1993年由纽约州立大学出版社出版。此书对黄老帛书中的法律和道德进行了探讨。2003年（东京）创文社出版了日本学者石川英昭的《中国古代礼法思想的研究》。该书较为系统地研究了中国古代的礼法思想。还有约翰·亨利·格雷（John Henry Gray）1978年出版于伦敦的《中国：法律、风貌及习惯之历史》（*China：a History of the Laws, Manners and Customs of the People*, Macmillan and Co., 1878）共有两册，内容涉及中国的礼仪、法律和风俗。

从以上国内外相关研究现状可知，截至2020年8月，已经出版的国内外论著一般是从政治学、伦理学、法学、史学、文化、党史、党建等角度对德治相关问题进行论述，而较少从哲学的角度切入进行深入细致的研究。在研究过程中，这些论著较少运用马克思主义的观点和方法对古代儒家德治思想的产生、发展进行全面深入的分析，缺少追根求源地对古代儒家德治思想内容进行深入而系统的研究。笔者尝试弥补这方面的不足，力求从哲学的角度运用马克思主义的观点与方法从地理环境、生产方式、经济基础、社会结构、专制体制等方面对古代儒家德治思想的产生与发展进行深层次的分析和思考，把历史和现实相联系、中国与西方相比较，系统地梳理中国古代儒家德治思想，阐述其主要内容，并联系马克思主义政治哲学的相关思想与当代中国现实,揭示其对当代中国治国理政实践和马克思主义政治哲学发展的价值与意义。本书的出版将在一定程度上弥补现有研究成果所存在的缺憾,具有明显的创新性。

三、研究思路和研究方法

(一)基本研究思路

本书分为六章:第一章对"德"字字源及"德治"内涵进行了探究,对德治与人治、礼治之间的关系进行了辨析,简要概括地梳理了古代儒家德治思想发展的大体脉络。第二章主要运用马克思主义的观点和方法分析中国古代儒家德治思想产生的基础,在与西方社会状况相比较的视角下,解析古代儒家德治思想产生和存在的社会历史根源。第三章和第四章阐述古代儒家德治思想的主要内容,主要以古代儒家重要人物的基本观点为代表,阐述了古代儒家德治思想的人性前提、社会理想、基本原则和吏治主张。由于无论是在政治实践中还是在理论探讨中,人们往往将德治与法治放在一起进行讨论,研究德治问题不能回避德治与法治的关系。因此,第五章分别阐述了古代儒家内部对德治与法治关系的认识、古代儒家与法家对德治与法治之关系所持的基本观点。第六章论述古代儒家德治思想在中国历史上的影响以及对我国现实政治实践的有益启示。

(二)主要研究方法

本书不但自觉运用马克思主义的基本原理、方法来分析古代儒家德治思想，而且灵活运用了其他研究方法，具体方法主要有以下几种。

1. 分析方法。本书立足于马克思主义的基本立场，运用马克思主义的观点和方法来分析古代儒家德治思想的产生、发展、主要内容等。

2. 逻辑与历史相统一的方法。对古代儒家德治思想，既从思想史的角度理清其发展脉络，研究其不同历史时期的不同观点和特点，又用逻辑分析的方法，综合概括其一般性理论。

3. 系统论的方法。重视对事物整体的考察，分析各事物之间以及事物内部各要素、各组成部分之间的相互联系、相互影响和相互作用。试图把古代儒家德治思想作为一个系统来看，从不同角度分析和探讨古代儒家德治思想的基本内容及其影响。

4. 比较的方法。比较中国与西方之治国方略的异同，同时挖掘造成这种差异的社会历史原因；通过比较中西治国方式的差异，突出古代儒家德治思想的特色，以及这种独特思想影响下的中国政治文化的特点；通过比较客观地分析中西治国方式各自的优势与不足。

5. 学科交叉综合法。运用多学科综合研究法，对边缘化现象站在不同的视角从不同学科的视界进行透视，分析其不同学科理论之间的相互渗透性，并注意借鉴相关学科著名学者的最新研究方法和理论模型，包括西方学者在相关问题上的有关论述，坚持批判和借鉴的原则，吸取精华，剔除糟粕。

6. 理论联系现实的方法。本书不但梳理古代儒家德治思想，而且联系我国目前所实行的"依法治国与以德治国相结合"的治国方略，分析当前治国方式对古代儒家德治思想的继承和超越，揭示古代儒家德治思想对当代中国治国理政实践以及马克思主义政治哲学发展的价值与意义。

四、本研究主要解决的问题

本研究所探讨的对象为古代儒家德治思想，属于基础性研究，然而基础性研究终究是为了解决现实的问题，至少要为解决现实实践问题提供有益经验或启发。笔者力图在以下几个方面有所建树。

1. 充分占有研究资料，对中国古代儒家德治思想进行充分发掘和系统梳理，并用马克思主义的观点分析其产生的基础，分别从地理环境、生产方式、经济基础、社会结构、专制体制等方面分析其产生和发展的社会历史原因。

2. 异于前人常常把古代儒家的德治思想割裂成孤立的方面的做法，力图将古代儒家德治思想作为一个理论系统来研究。古代儒家的德治思想不是零碎的片段，而是包括人性前提、社会理想、基本原则、吏治主张等在内的系统化、理论化的思想体系。古代儒家德治思想不仅内容丰富，而且具有内在的理论逻辑。同时，在政治实践中还有相应的制度和体制支持并保证其有效的实施，如"尚贤任能，德才并重"既是古代儒家德治思想的重要内容，又是古代政治实践的指导原则；中国古代的"察举制度""科举制度"既是古代儒家德治思想影响的结果，又是古代儒家德治思想得以贯彻和落实的制度与体制保障。

3. 突破学术界中关于德治思想具有时代局限性的传统理论，通过重新解读中国传统优秀文化典籍，从中析出可以为当代治国实践提供借鉴的新思想、新理念。作为上层建筑的思想文化具有历史继承性，一个国家的思想传统具有连续发展的特征，是很难割断的。目前中国"以德治国"的治国方略应该从古代儒家德治思想中汲取精华、剔除糟粕，充分借鉴古代儒家德治思想的合理成分，让传统文化在新的时代发扬光大。

4. 在梳理古代儒家德治思想的基础上，通过与西方相关理论的比较研究，揭示古代儒家德治思想作为中国传统治国方略的特色、所具有的优越性，阐释其对当代中国治国实践以及马克思主义政治哲学发展的价值和意义。

五、本研究的理论价值与实践意义

本研究具有一定的理论价值和实践价值。

（一）理论价值

立足于当代中国现代化建设的实际，批判继承并创造性地转化民族文化的优秀传统，以严肃的态度、科学的方法客观地厘定中国传统的治国方略，分析其特点，总结其经验教训，使它成为当代马克思主义政治哲学的内在构成要素，并为建构当代中国的治国理政框架提供思想要素和理论借鉴。

（二）实践意义

与西方国家相比，中国在治国方略上必须着重发挥法律和道德的作用，走依法治国与以德治国相结合的道路，而且中国在漫长的历史中形成了德治与法治互补的优良传统。如何发掘和梳理这一优秀的文化资源，在对其继承和发扬的基础上，吸纳进步的现代文化、西方文化,并与中国现实国情相结合,形成真正依法治国与以德治国相结合的有效治国方式,是我国稳定发展、和平崛起、建立社会主义和谐社会的关键。

在当代中国,由于各项改革尚在深化之中,现代化远未实现。传统的影响、西方的冲击、现实的困惑,加剧了尚处于转型时期的中国各种制度、体制诞生的阵痛,增加了治理国家的难度。在当代中国现代化建设中已经出现并且正在不断出现新的政治理念、价值取向、思想观念,它们与传统思想理念既有深厚的纵向继承的源与流的关系,又有着鲜明的时代特征和新的文化内涵,因此需要我们认真加以总结,以丰富民族政治文化的意蕴,拓宽国家发展的道路,形成具有中国特色的治国方略,实现当代中国的迅猛发展以及和平崛起,使中国卓然屹立于世界民族之林。

第一章 德治相关概念关系辨析及古代儒家德治思想发展的脉络

从江泽民提出"依法治国与以德治国相结合"的治国方略,经胡锦涛的发展与完善,到以习近平为核心的党中央进一步强调"坚持依法治国和以德治国相结合"[1]。德治问题一直是理论界的一个较为重要的论题。随着德治问题研究向纵深发展,人们对中国古代的德治传统也付出了不少热情。千百年来,古代儒家的德治思想一直影响着中国的政治发展。古代儒家的德治思想究竟有何魅力,引来历史上众多政治家、思想家的垂青?德治思想的价值何在?在目前新的历史时期,它是否还能发挥作用?带着这些疑问,笔者进行了相关的探讨。

第一节 德治的内涵及相关概念关系辨析

要全面、细致地了解古代儒家德治思想,就要对"德"字的起源及"德治"的含义进行探究,了解德治思想起源的历史背景。

---

[1] 习近平. 决胜全面建成小康社会 夺取新时代中国特色社会主义伟大胜利——在中国共产党第十九次全国代表大会上的报告[M]. 北京:人民出版社,2017:22.

一、"德"字探源与德治的内涵

(一)"德"字探源及其基本含义

"德",在甲骨文中写为 _七,由"直"符和"行"或"彳"符组成。❶ 其中,"彳"符可视为"行"符的省略写法,而且据考证"德"的古文,就是从这个"直"符得声的。从形体结构来看,"德"字在古文中表示"通衢道路"之意。我们可以说"德"字古文的取象意义是,在道路旁边或中央画成表示正直有当的"直"符,就可以保证行为的正确无误。《说文解字·心部》曰:"悳,外得于人,内得于己也。从直从心。"❷ 意思是把心摆正放直就是德。《说文解字·乚部》曰:"直,正见也。"❸ 既然"德"由"直"得声受名,也就具有了一般的"正道直行"之意。

正因为原初的道德形态是取象于"道路"的,这就表明了"德"与"道"的不解之缘,也可以从"德"与"道"的合成词语中发现二者的关联,如"道德""德行"等。❹《说文解字·辵部》对"道"的解释为:"道,所行道也。从辵,从首。一达谓之道。"❺ 可见,道之本义为道路,后来引申为人的行为所遵循的原则和规范。苏宝荣在《〈说文解字〉今注》中解释说:"首,始也,表示行走中带头的人,

---

❶ 高明. 古文字类编 [M]. 北京:中华书局,1980:118.
❷ (汉)许慎. 说文解字新订 [M]. 臧克和,王平,校订. 北京:中华书局,2002:695.
❸ (汉)许慎. 说文解字新订 [M]. 臧克和,王平,校订. 北京:中华书局,2002:488.
❹ 臧克和. 中国文字与儒学思想 [M]. 南宁:广西教育出版社,1996:111-114.
❺ (汉)许慎. 说文解字 [M]. 北京:中华书局,1963:44.

即引道人。故'道'即'導'的本字，本义为引导。"❶ 由此可见，"德"与"道"的最初字义皆取象于客观存在的自然之物，都属于天道（即自然之道）的范畴，表示的都是合乎大道自然的本有规律，顺应万事万物的先天本性。这一点也可以从《尔雅·释诂》中的"道，直也"、《诗经·小雅·大东》中的"周道如砥，其直如矢。君子所履，小人所视"、《道德经·二十一章》中的"孔德之容，惟道是从"、《道德经·五十一章》中的"道生之，德畜之，物形之，势成之。是以万物莫不尊道而贵德。道之尊，德之贵，夫莫之命而常自然"等语中得以佐证。《尔雅·释诂》中将"道"释为"直"，这正与"德"字的原义一致；《道德经》中又把大德的标准定为对"道"的遵从，而在《道德经》中的"道"即具有自然之道的含义，所讲的"德"也有"天德"之意。《道德经·五十一章》中说："道生之，德畜之……万物莫不尊道而贵德"，认为德是万物发展的根据。《庄子·天地》中也说："形非道不生，生非德不明。存形穷生，立德明道，非王德者邪！"在庄子看来，保全形体、生命，必须顺应大道、具备盛德。管子认为，道在具体事物上的表现就是"德"，"德"是具体事物所得以然者。《管子》曰："虚无无形谓之道，化育万物谓之德""德者，道之舍，物得以生生，……故德者，得也；得也者，其谓所得以然也。"❷ 韩非子也认为德是道的表现，说"道有积而德有功，德者道之功"❸。由此可见，"德"与"道"在最初的本义上即已具有关联性：所行之"道"为"直"道，即为"德"，也就是说，"德"就是走直道，做正直之事，怀正见之心。"道"后来引申到哲学、政治思想以及伦理道德等领域，在伦理道德领域，"道"

---

❶ 苏宝荣.《说文解字》今注 [M]. 西安：陕西人民出版社，2000：72.
❷ 管子·心术上.
❸ 韩非子·解老.

指道德准则。《春秋左传·桓公六年》云:"所谓道,忠于民而信于神也。"《荀子·强国》曰:"道也者,何也? 曰: 礼义、辞让、忠信是也。"王夫之在《船山全书·读四书大全说·论语·雍也》中亦云:"德也者,所以行夫道也。道也者,所以载夫德也。"在王夫之那里,道与德既有差异之处,亦有其相依而不离的层面。外在的道德原则、规范只有内化为道德主体的道德意识,道德原则才能得以落实。

"德"字从最初的天道(自然之道)演进到人道(社会之道)的过程,也体现于其字形结构的演变上。"德"字到周代写作德,形体结构为从"彳"、从"直"、从"心"。《说文解字·彳部》云:"德,升也。从彳㥁声。"❶桂馥的《说文义证》中说"古升、登、陟、得、德五字义皆同"。据考证,"升"即古代祭祀的牲体。《仪礼·士冠礼》曰:"若杀,则特豚,载合升。"郑玄注曰:"煮于镬曰亨,在鼎曰升,在俎曰载。""登"也是祭祀时用来盛肉食的礼器。《诗经·大雅·生民》云:"卬盛于豆,于豆于登。"《尔雅·释器》曰:"木豆谓之豆,竹豆谓之笾,瓦豆谓之登。"由此可见,"德"字由天道演进到人道后,最初是与古代先民祭祀神灵祖先相关联的,开始具有了协调人与神、人与人之间关系的社会性的含义。随着西周时人们对神灵的质疑以及对自身的肯定,"德"字的含义也逐渐偏重于人际关系的相应调整。

《礼记·乐记》曰:"礼乐皆得,谓之有德。德者,得也。"《说文解字·彳部》对"得"的解释:"得,行有所得也。从彳,䙷声。"❷那么,"德"通"得"应该如何解释呢?"德"字之为"得",

---

❶ (汉)许慎. 说文解字 [M]. 北京: 中华书局,1963: 43.
❷ (汉)许慎. 说文解字 [M]. 北京: 中华书局,1963: 43.

到底要得到什么呢？在古代社会，人们通过狩猎、战争等方式获得财物，即为"有德"或"有得"。正如马克思所说，"财产的任何一种社会形式都有各自的'道德'与之相适应"❶。反过来说，"德"与"不德"也常常与经济关系相联系。《诗经·国风·邶风·谷风》云："既阻我德，贾用不售。"道德与经济关系的这种关联性在原始社会表现得尤为明显。

朱熹在给《论语》作注时这样解释："德者，得也，得其道于心而不失之谓也。"❷可见，"德"真正要得到的是"道"，是人们把大至天道的自然规律、小至人道的伦理规范内化于心，并且能持之以恒而不丢弃。由此看来，"德"字之所以通"得"，是因为"德"中本来就有"得"之意。一个人要想有所"得"，就必须有"德"，因此"德"既是"得"的前提和条件，又含有"得"的本性；相反，"失"就不是"德"的本质。所以，《周易·坤》曰："地势坤，君子以厚德载物。"一个无德、寡德或失德之人是不可能做到"载物"的。一个人一旦"得道"，从内心发现了"明德"，拥有了"德性"，那么他（她）的身心都会感到愉悦和泰，获得很多肉体的舒适和精神的满足。这是内心的一种理想状态，相当于古代儒家所说的"良知""良心"或现在所说的"理想""信念"等；而这种内在之"德"一旦外化为"德行"，人就会自觉地遵守各种行为规范，自愿地采取一定的行动使别人得到惠泽，使他人有所"得"。从这个意义上来说，无论对于施德行为的主体来讲，还是对于其客体对象来讲，"德"的出现同时也意味着"得"的发生。❸从这一意义上来讲，"德"字有一种拥有和完满的含义，不仅是自身的完满，而且能惠及

---

❶ ［德］马克思，恩格斯. 马克思恩格斯选集：第3卷［M］. 中共中央马克思恩格斯列宁斯大林著作编译局，编译. 北京：人民出版社，2012：160.
❷ （宋）朱熹. 四书集注·论语集注.
❸ 邹渝. 厘清伦理与道德的关系［J］. 道德与文明，2004（5）.

他人。

概括地说,"德"字有两个基本含义:一是"天道",即自然之道,指事物从道所得的特殊规律或特性。《道德经·五十一章》曰:"道生之,德畜之……万物莫不尊道而贵德",认为"德"是万物发展的根据。庄子说:"物得以生谓之德。""形非道不生,生非德不明。"❶ 管子提出:"德者,道之舍,物得以生生,知得以职道之精。故德者,得也;得也者,其谓所得以然也。"❷ 管子认为,道在具体事物上的表现就是"德","德"为具体事物所得以然者。韩非子也认为德是道的表现。《韩非子·解老》曰:"道有积而德有功,德者道之功。"二是"人道",指道德、品德。此含义在周朝已经出现,而且周代统治者非常重视德。《尚书·君奭》曰:"天不可信,我道惟宁王德延。"意思是上天是不能相信的,我们只有努力发扬文王的光荣传统,使其长久保持下去。《尚书·召诰》曰:"肆惟王其疾敬德,王其德之用,祈天永命。"意思是现在的希望是成王能够尽快敬重德行,王啊!只有根据道德行事,才能祈求天命的长存。周人认为,王者的道德行为是其统治的根据。春秋以后,德的含义得到进一步丰富。《春秋左传·文公元年》记载:"忠,德之正也;信,德之固也;卑让,德之基也。"德还有"吉德""凶德"之分。《春秋左传·文公十八年》曰:"孝敬忠信为吉德,盗贼藏奸为凶德。"孔子认为:"主忠信,徙义,崇德也。"❸ 孔子主张以忠信为主,使自己的思想合于义,就是提高道德修养。他还提倡"德治",要求"为政以德"❹。但在个人品德方面,他主张"大德不逾闲,小德出入可

---

❶ 庄子·天地.
❷ 管子·心术上.
❸ 论语·颜渊.
❹ 论语·为政.

也"❶。孔子还讲："志于道，据于德，依于仁，游于艺。"❷ 以后，儒家多发挥孔子之说。孟子曰："动容周旋中礼者，盛德之至也。"❸ 孟子又主张"以德行仁者王"❹"天下有达尊三：爵一，齿一，德一。朝廷莫如爵，乡党莫如齿，辅世长民莫如德"❺，把统治者的品德看作实行统治的条件。道家提出"失道而后德"，又说："上德不德，是以有德；下德不失德，是以无德。"❻ 道家认为清静无为，不有意讲求德行的人才是有德。庄子曰："夫帝王之德，以天地为宗，以道德为主，以无为为常。"❼ "知其不可奈何而安之若命，德之至也。"❽ 此外，对于德的具体含义，各家还有不同的说法，如《周礼·地官·大司徒》中的"一曰六德：知、仁、圣、义、忠、和"；《管子·正》中的"爱民无私曰德"，把对人民的无私热爱称为德；《鹖冠子·环流》中的"所谓德者，能得人者也"；《韩非子·二柄》中的"杀戮之谓刑，庆赏之谓德"。荀子把人的荣辱得失与自身的道德修养相联系，"物类之起，必有所始；荣辱之来，必象其德"❾。他还说："积善成德，而神明自得，圣心备焉。"❿ 荀子认为人不断地发善心、做好事能培养高尚的品德，从而自然得到极高的智慧，同时也就达到了圣人的思想境界。这样，荀子又把做好事与品德修养以及达到智慧和圣人的境界联系了起来。可见，在荀子看来，人具有道德之心与道德之行非常重要。

---

❶ 论语·子张.
❷ 论语·述而.
❸ 孟子·尽心下.
❹ 孟子·公孙丑上.
❺ 孟子·公孙丑下.
❻ 道德经·三十八章.
❼ 庄子·天道.
❽ 庄子·人间世.
❾ 荀子·劝学.
❿ 荀子·劝学.

最初,"德"与"道"都是单独使用的。后来,人们将"道"与"德"并列使用,如孔子将道与德互解,认为道与德的字义可以相通,他说:"夫道者,所以明德也;德者,所以尊道也。是以非德道不尊,非道德不明。"❶ 孔子还说:"志于道,据于德,依于仁。"❷到后来,人们把道与德连用,就出现了"道德"一词。荀子曾经引用周公的话说:"君子好以道德,故其民归道。"❸ 周公认为,君子努力遵循道德去行动,所以百姓都能归于正道。庄子认为,持守大道的人德行才完备,德行完备的人身形才完整,身形完整的人精神才健全。他说:"执道者德全,德全者形全,形全者神全。"❹ 荀子在《劝学》中讲:"《礼》者,法之大分,类之纲纪也,故学至乎《礼》而止矣。夫是之谓道德之极。"意思是说,如果一切都能按照"礼"的规定去做,就是达到了道德的最高境界。荀子在《劝学》中把终生学习实践《书》《诗》《礼》等经典,尤其是将读完《礼》的行为称为"道德之极",即达到了最高境界的道德。荀子在《王制》中说:"全道德,致隆高,綦文理,一天下,振毫末,使天下莫不顺比从服,天王之事也。"他把使道德完备无缺与礼义提到最高的地位,使礼法制度更为完善,统一天下,使微小的事物都振兴起来,使天下的人都和顺、亲近和服从作为天子的职责。荀子又说:"是故百姓贵之如帝,亲之如父母,为之出死断亡而不愉者,无它故焉,道德诚明,利泽诚厚也。"❺ 荀子把君主具备真正贤明的道德作为赢得百姓敬仰和爱戴并为之效命的一个重要条件。荀子在《强国》中将"威"分为"道德之威""暴察之威"和"狂妄之威"三种,认为"道德之

---

❶ 孔子家语·王言解.
❷ 论语·述而.
❸ 荀子·尧问.
❹ 庄子·天地.
❺ 荀子·王霸.

威成乎安强，暴察之威成乎危弱，狂妄之威成乎灭亡也"。显然，荀子最为看重的是道德之威。《周易·说卦传》曰："观变于阴阳，而立卦；发挥于刚柔，而生爻；和顺于道德，而理于义；穷理尽性，以至于命。"其中，明确使用了"道德"一词。《礼记·曲礼上》曰："道德仁义，非礼不成"，把道德与礼联系起来。刘向有"道德仁义定而天下正"❶"君子致其道德，而福禄归焉"❷之语，认为道德不仅与个人的荣辱有关，而且与天下正乱密切相连。"道德"一词还见于《孔子家语·始诛》《孔子家语·儒行解》《荀子·议兵》《荀子·赋》《易传》《吕氏春秋·异宝》《礼记·王制》《韩非子》《陆贾新语》《申鉴·政体》《盐铁论·刑德》《盐铁论·险固》《盐铁论·论勇》等，词义均与现在的含义相近、相同。

古人对"道德"一词有不同的阐释，其中比较经典的是宋朝大儒朱熹的论述："道者，古今共由之理，如父之慈，子之孝，君仁臣忠，是一个公共底道理。德便是得此道于身，则为君必仁，为臣必忠之类，皆是自有得于己，方解恁地。尧所以修此道而成尧之德，舜所以修此道而成舜之德，自天地以先，羲皇以降，都即是这一个道理，古今未常有异，只是代代有一个人出来做主。"❸朱熹把道看作古今都必须共同遵循的道理和准则，如父慈子孝、君仁臣忠等都是普遍适用的道理；而德则是自身对这个道的理解与实践，身为君主就要仁爱，身为大臣就要忠诚等。概括地说，道德就是社会的准则、规范以及人们对它的掌握和实践。

---

❶（汉）刘向. 说苑·臣术.
❷（汉）刘向. 说苑·贵德.
❸（宋）黎靖德. 朱子语类：卷十三.

（二）"治"的含义

"治"有两种含义：一是作为手段、途径的治，是指统治者的管理行为、管理方式、管理过程本身。《论语·卫灵公》曰："无为而治者，其舜也与！"《孟子·离娄上》曰："尧舜之道，不以仁政，不能平治天下。"汉代的郑玄在批注《周礼·地官·乡师》中的"大丧用役，则帅其民而至，遂治之"时说："治，谓监督其事。"《国语·齐语》曰："教不善则政不治。"三国时韦昭注曰："治，理也。"管子也曾提到："治安百姓，主之则也。"❶ 二是作为行为效果的治，是与"乱"相对的，指治理的效果。《论语·泰伯》曰："舜有臣五人而天下治。"《孟子·滕文公下》云："天下之生久矣，一治一乱。"《礼记·礼器》中说："观其礼乐而治乱可知也。""圣人南面而立，而天下大治。"

在本书中，笔者用第一种含义。

（三）德治的内涵

西周初周公（旦）已提出"皇天无亲，惟德是辅"❷"德惟治，否德乱"❸。大意是天公正无私，总是帮助品德高尚之人。用德来治国，就会天下大治；不用德来治国，就会天下大乱。这大概是中国古代把"德"与"治"连缀起来的最早的例子。在《春秋左传·僖公三十三年》中有语："敬，德之聚也。能敬必有德，德以治民，君请

---

❶ 管子·形势解.
❷ 尚书·蔡仲之命.
❸ 尚书·太甲下.

用之。"

《辞海》中对德治的解释为:"儒家的政治思想。主张用统治阶级的道德感化来统治人民。《论语·为政》:'道之以政,齐之以刑,民免而无耻。道之以德,齐之以礼,有耻且格。'认为政、刑只能起镇压的作用,德、礼则可以笼络人心。"❶《哲学大辞典》中将德治解释为:"儒家的政治伦理思想。指统治阶级以道德教化来维持统治。"❷《中国哲学大辞典》中对德治的解释是:"儒家的政治伦理思想。指以道德教化为主要手段来维持统治。"❸《中国哲学辞典大全》中将德治解释为:"德治是指治理国事者,主观的条件须有德,有德基于修德,而治理国事的方式是教化,教化的工具主要是礼。"❹ 可见,学界一般将德治看作儒家的基本政治思想。

春秋时孔子明确提出:"为政以德,譬如北辰,居其所而众星拱之。"❺ 他要求统治者本人"其身正",成为民众的道德表率。"苟正其身矣,于从政乎何有? 不能正其身,如正人何?"❻ 孔子认为:"君子之德风,小人之德草。草上之风,必偃。""子欲善,而民善矣。"❼ 他又要求对民众实行道德教化,认为刑、政只能使民众不敢犯罪,而德、礼则能使民众知耻归心,并认为"不教而杀谓之虐,不戒视成谓之暴,慢令致期谓之贼"❽,反对不进行道德教化而施行刑罚。孟子主张以"仁义"治国,"施仁政于民",发扬了孔子的"德治"思

---

❶ 辞海·哲学分册 [M]. 上海:上海辞书出版社,1980:135.
❷ 《哲学大辞典·中国哲学史卷》编辑委员会. 哲学大辞典·中国哲学史卷 [M]. 上海:上海辞书出版社,1985:703.
❸ 方克立. 中国哲学大辞典 [M]. 北京:中国社会科学出版社,1994:730.
❹ 韦政通. 中国哲学辞典大全 [M]. 北京:世界图书出版公司,1989:762.
❺ 论语·为政.
❻ 论语·子路.
❼ 论语·颜渊.
❽ 论语·尧曰.

想,认为:"徒善不足以为政,徒法不能以自行。"❶ 秦亡以后,儒家进一步认识到道德教化的特殊功能,认为治国当"以仁义为巢"❷、以"教化"为务。儒家强调道德之政治作用的思想特点,对后世影响极大。历代政治家、思想家大多主张治国要儒法并用,以德治为主,而辅之以法治。21世纪初,江泽民提出"依法治国和以德治国相结合"的治国方略。❸

由此可见,德治有广义和狭义两种含义,狭义仅指儒家的政治主张;广义则是"以德治国"的简称,泛指中国古代思想家提出的治国之道,不仅包括儒家的政治主张,而且包括其他学派或思想家的相关思想。本书所探讨的是广义的德治。从中国历史的实际情况来看,德治既是一种政治思想,又是一种制度形式。

二、德治与人治

讨论德治,难免会涉及"人治"问题。那么,什么是人治?德治与人治有没有关联呢?

(一) 何为"人治"

在中国古代,并无"人治"这种提法。"人治"只是近代学者在研究中外古代政治哲学思想时,为古代的治国模式所作的一种概括和区分。不同的学者从不同的认识角度,对这个基本的概念作出了不

---

❶ 孟子·离娄上.
❷ (汉)陆贾. 新语·辅政.
❸ 江泽民. 江泽民文选:第三卷 [M]. 北京:人民出版社,2006:534.

同的解释。至于"人治"的确切定义,学术界尚未形成统一的认识。大体说来,"人治"有两种不同的含义。

"人治"的第一种含义是指"贤人政治",即由德才兼备的贤能之士治理国政,尤其重视统治者的贤明。《礼记·中庸》云:"文武之政,布在方策。其人存,则其政举;其人亡,则其政息。"大意是政事的兴废取决于统治者是否贤明。孔子曰:"政者,正也。子帅以正,孰敢不正?"❶ 他认为,统治者做到中正,就能使国家得到治理。孔子还说:"其身正,不令而行,其身不正,虽令不从。"❷《荀子·君道》中有言:"故法不能独立,类不能自行,得其人则存,失其人则亡。"意思是即使实行法治,再好的法律也需要优秀的人去执行和运用。孟子认为:"君仁莫不仁,君义莫不义,君正莫不正,一正君而国定矣。"❸"贤者在位,能者在职。"❹ 这种意义上的人治与德治思想有着相近的理念,与法治也并不冲突,可以并行不悖地共同存在。因为正如荀子所说的"君子者,法之原也"❺,万里先生认为:"古代的'法治'也从来没有限制'人治',而是为'人治'服务的一种手段。历史上对君权的恶性膨胀曾经产生某种约束和抑制的恰恰是'人治'。这里是指导源于先秦儒家的'贤人政治'主张而言的,不是当代从字面上简单理解的以人行政、以权代法的'人治'。"❻ 这种含义的"人治"主要是强调统治者的个人作用,把统治者的贤明作为治理国家的关键。有学者认为,儒家所主张的"人治"类似古希腊哲学家柏拉图的"贤人政治"。在《理想国》中,柏拉图将"正

---

❶ 论语·颜渊.
❷ 论语·子路.
❸ 孟子·离娄上.
❹ 孟子·公孙丑上.
❺ 荀子·君道.
❻ 万里. 不受约束的权力——中国古代的人治与法治 [M]. 长沙:岳麓书社,1998:267.

义"作为政治理想的核心,从其正义观出发,认为最理想的政治就是由有知识、有智慧的哲学家统治国家的"贤人政治"。

"人治"的第二种含义是指与法治完全对立的治理模式。在历史上,它是古代社会特别是封建社会统治者统治和治理国家的主要模式,其基本特征是君权至上,法律从属于君权,只是君权借以实现的手段和工具。在中国古代社会,国家的统治模式以君主专制为主。这种现实社会状况决定了中国古代政治的"人治"化的总体特征。就在这个"人治"的政治框架内,是实行德治还是推行法治,或是德治多一些还是法治强一点,最终是由最高统治者——君主的意志决定的。在当代法治社会条件下,人治成为法治的直接对立面。

需要指出的是,"人治"是适用于古代社会特别是封建社会的概念和模式,而"法治"则多是适用于近代社会的概念和模式。我们在考察这些概念的时候,要将其放在一定的历史条件下分析,而不能脱离历史条件抽象而论。在当代,如果人治践踏法律或蔑视民主,会被认为丧失了其合理性,将会招致人们的反对,而在古代则有其合理性。

如果以"人治"与"法治"的关系作为标准,人治的以上两种含义也可以这样概括:广义的人治,可以包括法治,是一种贤人治国的理想政治模式,德治与法治都可以作为人治的具体手段;狭义的人治则是与近代西方的法治相对立的,是践踏法律、蔑视民主的政治模式,是专制政权的一个特征。无论是广义的人治还是狭义的人治,都是从国家的政治统治特征上来讲的。

(二) 德治与人治的关系

根据人治的不同含义,人们对德治与人治的关系之认识也有着相应的不同观点。至今,学术界在人治与德治的关系问题上仍然争论不休。有的学者将德治混同于人治，如近代梁启超说："儒家此种政治，自然是希望有圣君贤相在上，方能实行。故吾侪可以名之曰'人治主义'。"❶ 他还说，儒家政治思想"吾名之曰'人治主义'或'德治主义'或'礼治主义'"❷。梁启超的这种含糊不清的说法对后来的学者影响较大，一些人就简单地认为儒家主张的德治也就是人治，并把它与法家主张的法治对立起来。比如，瞿同祖先生认为："所谓德治是指德化的程序而言，所谓人治则偏重于德化者本身而言，实是二而一，一而二的。"❸

笔者认为，德治与人治属于不同的范畴，其内容侧重点不同。德治与广义的法治属于并列的范畴，都是治国方略，是治理国家的具体模式、途径和方法；而人治则是国家政治的总体特征，指的是在君主专制体制下的政治统治特征。人治是中国古代君主专制政权下的政治总体特征，德治则是实现人治的具体手段和途径。因为在中国古代的人治框架下，无论是德治还是法治都是统治者推行其政治理念的手段和方法。在这种意义上说，中国古代的德治在某种程度上从属于人治，是人治的具体实现方式之一。李德顺、余涌也认为："中国古代的'德治'与'法治'，其根基和实质是一样的，都属于'人治'，都是封建君主专制制度下的政治手段，归根结底都服务于封建专制的目的。"他们的这个观点就把德治纳入了人治的范围，认为德治与法治都是实现人治的具体手段，而人治才是封建君主专制下统治者的根本目标。他的理由是："由于当时的'国'本身即为少数个人甚至一人（皇帝）统治之国，所以最终只能依靠'为政在人''其人存，则其政举；其人亡，则其政息'。"❹

---

❶ 梁启超. 先秦政治思想史 [M]. 北京：东方出版社，1996：95.
❷ 梁启超. 先秦政治思想史 [M]. 北京：东方出版社，1996：77.
❸ 瞿同祖. 中国法律与中国社会 [M]. 北京：中华书局，1981：292.
❹ 李德顺，余涌. 法治与"德治"[J]. 广东社会科学，2003（2）.

总之,"人治"与"德治"不是平行并列的关系,也不是两种模式。在古代,君权至上,人治即君治,具体表现为君主专制;而德治与法治都是人治(即君治)的手段。"人治"不是抽象的概念,纯粹意义上的脱离德和法的"人治"是不存在的,以德与法为手段的"人治"却是存在的。

三、德治与礼治

古代儒家不仅主张治国理政要实行德治,而且在很多时候提出"礼治"。那么,德治与礼治又有什么区别和联系呢?

(一)何为礼治

在弄清"礼治"之前,先了解一下"礼"的含义。学术界一般认为,礼是中国古代调节人与人之间各种社会关系的约定俗成的规范。而许慎在《说文解字·示部》中说:"礼,履也,所以事神致福也。"[1]这说明礼原本是祭神求福的一种仪式,后来引申为礼仪。这种祭神的仪式在原始社会就已经出现,随着阶级、国家的产生,社会发生了复杂的变化,出现了一系列新的社会活动。此时,礼被赋予了新的内容,性质也随之发生改变。在商代,邦国层面的祭祀就是一种政治活动,礼也就成为国家政治活动的一部分。《荀子·大略》中说:"礼者,人之所履也。"《礼记·祭义》中也有:"礼者,履此者也。"《周易·序卦传》曰:"履者,礼也。"由此可见,"履"是一

---

[1] (汉)许慎. 说文解字新订 [M]. 臧克和,王平,校订. 北京:中华书局,2002:4.

种引申义，所谓"礼"，就是人的思想行为所依凭的东西。《辞海》中对"礼"的解释有以下几种：①履也，所以事神致福也，见说文。徐灏笺："礼之言履，谓履而行之也。礼之名起于事神，引申为凡礼仪之称。"按礼乐记："礼也者，理之不可易者也。"又坊记："礼者，因人之情而为之节文，以为民坊者也。"亦皆其引申之义。②以礼接之也。礼月令："礼贤者。"今云敬礼、优礼皆此义。③馈人之物，亦曰礼。陆纳传："及受礼，唯酒一斗肉一样。"④经名，世称礼记、仪礼、周官为三礼。⑤姓也。❶

据史料记载，在上古时代，伴随着人们的货物交易、祭祀天地神灵、婚丧嫁娶等活动，礼逐渐萌芽并发展起来，只是当时的礼比较简单。"人类学、民族学的研究成果表明：由于原始的交易行为，原始社会的氏族部落之间已经发生聘礼、婚礼的萌芽。"❷ 礼的发展是一个过程，最初只是萌芽，随着社会的发展，人们交往的增多和关系的复杂化，礼也逐步丰富起来。人类进入阶级社会，国家产生以后，统治者为了维护其对人民的统治，开始自觉地发展和完善礼，根据自身的需要不断加一些新的项目，使之逐渐成为治理国家的一种方式。礼虽然源于部落的风俗习惯，但又不同于部落习俗，是由奴隶主贵族根据人性的特点和社会的需要人为制定的。对此，《汉书·礼乐志》中说："人性有男女之情，妒忌之别，为制婚姻之礼；有交接长幼之序，为制乡饮之礼；有哀死思远之情，为制丧祭之礼；有尊尊敬上之心，为制朝觐之礼。"据西汉史学家司马迁在《史记》中记载，夏朝即有夏礼，夏礼是在原来旧礼的基础上加以改造的结果，其主要内容为"上事天，下事地，尊先祖而隆君师，是礼之三本也"❸。值得注

---

❶ 熊纯生. 辞海 [M]. 台北：中华书局，1985：3263.
❷ 陈戌国. 先秦礼制研究 [M]. 长沙：湖南教育出版社，1991：11.
❸ （汉）司马迁. 史记·礼书.

意的是，在夏礼中，把君师与先祖并列在一起敬奉，反映了当时家国相通、亲贵合一的宗法社会特点。夏礼对后面的商、周影响颇大。孔子曾说道："夏礼，吾能言之，杞不足征也；殷礼，吾能言之，宋不足征也。"❶ 他还说："殷因于夏礼，所损益，可知也。周因于殷礼，所损益，可知也。"❷ 这说明夏、商、周三代的礼既存在继承关系，又有发展变化，除去了其中不适合的部分，增加了新的内容。《尚书·君奭》曰，"殷礼陟配天，多历年所"。此处不但表明殷礼的存在，而且指出其"配天"的特点。这也说明殷礼与祭祀密切相关，并含有天命鬼神的因素。对此，《礼记·表记》中说："殷人尊神，率民以事神，先鬼而后礼，先罚而后赏。"由于夏商时代的礼受天命鬼神等迷信思想的局限，还没有成为人们自觉约束自己行为的道德规范。到了周初，周公对原有的礼进行整理、补充，使礼进一步系统化、规范化、制度化，并赋予礼以新的内容。对此《春秋左传·文公十八年》说，"先君周公制礼"。《礼记·表记》中说："周人尊礼尚施，事鬼敬神而远之，近人而忠焉。"这段话表明，周代的礼虽然还对鬼神保持一定的尊奉，但已经开始敬而远之，并且在礼中"近人"引进了道德规范的含义。这恰好与周代的社会背景相一致。西周时期，人们对天命的作用产生怀疑，转而开始重视人事的好坏和道德的影响，因此礼的重点也发生了相应的转移，周代的礼开始具有分别上下尊卑、衡量善恶顺逆的标准的意义。随着礼的不断演变和发展，它在这些方面的作用日益突出。

礼在社会生活中具有比较广泛的作用，可以区别和维持贵贱、宗法等级秩序。荀子曰："礼者，贵贱有等，长幼有差，贫富轻重皆有

---

❶ 论语·八佾．
❷ 论语·为政．

称者也。"❶ 礼还是调整政治、经济、军事、司法、教育、婚姻家庭等各方面行为规则的总和，如"夫礼者，所以定亲疏，决嫌疑，别同异，明是非也"❷。礼又起着调节统治阶级内部关系、维护等级制度的作用。由于礼的基本原则是"尊尊""亲亲"，其中"尊尊"体现为忠，"亲亲"体现为孝。这就说明，在国家社会生活中礼的一个重要作用是维护王权与父权。《礼记·礼运》曰："礼者，君之大柄也，所以别嫌明微，傧鬼神，考制度，别仁义，所以治政安君也。"《国语·鲁语上》云："夫礼，所以正民也。"《礼记·哀公问》载："民之所由生，礼为大。非礼无以节事天地之神也，非礼无以辨君臣、上下、长幼之位也，非礼无以别男女、父子、兄弟之亲，昏姻、疏数之交也。……为政先礼，礼其政之本与！"《春秋左传·隐公十一年》曰："礼，经国家，定社稷，序民人，利后嗣者也。"《周礼·天官冢宰》云："三曰礼典，以和邦国，以统百官，以谐万民。"在很多情况下，礼还使伦理道德规范转化为法律规范，把道德法律化，即所谓"出礼而入刑"，借用礼的强制约束力来推行伦理道德，以维护社会秩序。总之，礼具有律己、齐家、治国的多重功能。在礼的范围上，著名史学家曹聚仁说："儒家所谓'礼'，包括政治、外交制度在内。"❸

万里从社会制度的视角，对"礼"作了概括："所谓'礼'，实质上就是中国古代社会为维持和维护奴隶制或封建制宗法等级社会关系所构筑的一种政治制度。""'礼治'则是以这一宗法等级社会政治制度为原则在国家政治中的具体运用。"❹ "礼治"既然是一种社会政治制度的具体运用，自然存在着如何维护这一制度的问题。礼既有

---

❶ 荀子·富国.
❷ 礼记·曲礼上.
❸ 曹聚仁. 中国学术思想史随笔 [M]. 北京：生活·读书·新知三联书店，1986：70.
❹ 万里. 不受约束的权力——中国古代的人治与法治 [M]. 长沙：岳麓书社，1998：217.

强制性的方面，也有非强制性的方面。强制性的方面，如用刑罚惩治反抗的小民，征讨"非礼"的诸侯；礼的部分内容由国家法律来保障实施，凡是礼所认可的行为，法律也不禁止，凡是礼所禁止的行为，法律也不会容许，违礼即犯法，犯法即违礼。而非强制性方面既包括对鬼神的崇敬与迷信，又包括忠、孝、悌等道德因素。《春秋左传·昭公二十六年》云："君令臣共，父慈子孝，兄爱弟敬，夫和妻柔，姑慈妇听，礼也。"既然"礼"具有道德属性，"礼治"也含有"德治"的内容。遵守礼制，就是有德；违背礼的规定，就是失德，甚至犯罪。

（二）德治与礼治的关系

德治与礼治有着密切的关系，既有联系，又有区别。从根本上说，德治与礼治的精神实质是一致的，但德治强调对人内在情感的教化，而礼治则着重于对人的外在行为的规范。德治与礼治的关系，如果还原为"德"与"礼"的关系，会更容易理解一些。德是礼的灵魂和基础，礼是德的落实和体现。没有德作为灵魂的统帅，礼就会徒有形式、空有外壳，失去意义；缺少礼的规定，德就会无所凭依，容易流于口头说教。因此，德治与礼治互为里表，相得益彰。

德治与礼治又有一定的区别，其区别主要有以下几个方面。

首先，从产生上来说，德治先于礼治。马克思在《资本论》中说，"在文化的初期，以独立资格互相接触的不是个人，而是家庭、氏族等等"[1]。在上古时代，人类社会主要以氏族、部落为单位，而非以个人为单位，个人与氏族、部落之间荣辱与共、生死攸关。为了

---

[1] ［德］马克思，恩格斯. 马克思恩格斯全集：第42卷［M］. 中共中央马克思恩格斯列宁斯大林著作编译局，编译. 北京：人民出版社版，2018：361.

协调各个氏族、部落之间的关系，当时的统治者采用德治的策略，即"协和万邦"。《尚书·尧典》中就有此记载："曰若稽古，帝尧曰放勋，钦明文思安安，允恭克让，光被四表，格于上下。克明俊德，以亲九族。九族既睦，平章百姓；百姓昭明，协和万邦，黎民于变时雍。"这说明至少在尧帝时就已经自觉地用道德教化来协调各个邦族，以达到团结无间的目的，具备了德治的思想。尧、舜、禹、商汤、周文王、周武王、周公等都是古代推行德治的典型代表。他们所处的时代也被看作理想的德治时代。

而目前学术界的一般观点是：作为一种制度，礼治起源于西周，是西周宗法政治制度的产物。按照先秦儒、墨诸家的说法，中国的政治历史可以追溯到"三皇"以前的"五帝"时代，认为五帝时以"天下为公"为指导思想，选择贤德之人来做天下的首领，此人再以其至德感召天下，达到"至治"之境，这样的时代被后世称为"大同"社会、"小康"社会，也是所谓圣王的"德治"时代。这一优良传统一直延续到禹、汤、文、武，直到周公才开始"制礼作乐"，对"德治"进行提炼，并作了更加具体的规范，使之更易于操作。周公之所以既重德治，又重礼治，是有其历史原因的。从夏禹将王位传给其子启以后，在王位接替上就开始用传子制度代替传贤制度，如此一来，所传之人未必就是有德之人，德治的实行便没有了保障。在这种情况下，只能退而求其次，把德治思想落实为可以具体操作的"礼"，使其由思想意识层面转为实践操作层面。后来，孔子根据当时的实际需要又对周礼进行了改良和完善。

老子在《道德经·十八章》中说："大道废，有仁义；智慧出，有大伪；六亲不和，有孝慈；国家昏乱，有忠臣。"在老子看来，上古时期的人类遵循大道自然地生活，心无邪念，人际关系是非常淳朴简单的；大道渐渐丧失，心有算计后才相应出现仁义道德，用以协调人际关系；有算计和聪明，就会出现阴谋虚伪；在耍聪明用计谋时导致六亲不和，就提倡孝慈等礼仪；国家混乱就呼唤忠信之臣子，进而制定法律刑罚。

由此可见，从产生的逻辑上来看，德治产生在先，其理念逐渐展开落实，制定具体礼仪规章，慢慢形成礼治，因此德治先于礼治。

其次，从二者的内容范围来说，礼治的范围比德治更宽泛。在中国古代，"德治"是与"法治"相对的，而"礼治"则兼有"德治"与"法治"的内容，又不止于二者。"礼治"的内涵中除了"德治"的道德教化，还有法律和宗教的内容。从广义来说，礼治涉及中国古代社会的政治、司法、外交、军事、教育、道德、祭祀、习俗等方面的规范和准则。《礼记·曲礼上》中说："道德仁义，非礼不成；教训正俗，非礼不备；分争辩讼，非礼不决。君臣、上下、父子、兄弟，非礼不定；宦学事师，非礼不亲；班朝治军，莅官行法，非礼威严不行。祷词祭祀，供给鬼神，非礼不诚不庄。是以君子恭敬撙节、退让以明礼。"由此可见，"礼治"所涉及的内容是非常广泛的，它包括国家赖以存在的典章制度以及在社会生活中人们所要遵守的各种行为规范准则，通过规范每个社会成员从个人到家庭、再到社会的各种行为来达到国家社会的有序治理。

在孟德斯鸠看来，礼主要是关系人们外在动作的规定，中国的"礼"具有一种把法律、风俗和礼仪甚至宗教结合起来的精神。中国的统治者为了使人民平静地生活，人人互相尊重，时时刻刻都对他人负有道德义务感，就制定了最广泛的"礼"的规则。中国的礼是对于养成宽仁温厚的社会风尚、维持人民内部和平与良好秩序以及消灭由暴戾性情所产生的一切邪恶的极其适当的方法。[1] 孟德斯鸠对中

---

[1] [法]孟德斯鸠. 论法的精神：上册[M]. 张雁深，译. 北京：商务印书馆，1961：312-316.

国"礼"的理解也反映了德与礼、德治与礼治的区别。礼治具有德治的精神，与德治有相合的部分，但又不局限于德治的范围，所涵盖的内容范围要比德治广泛。在礼兴盛的西周，"礼是一个复杂的系统，包括个人、家庭、国家、社会的行为关系原则和规则，具有全体大用和文化生命整体的特征。因此，礼外无法，法在礼中。从这个意义上可以说，礼法是重合的，礼就是法""但礼亦包含了道德规范，在周代，同样不存在礼之外的道德"❶。

再次，从功能上来说，"德治"与"礼治"各有侧重。

德治偏重于思想理念的层面，而礼治则侧重于具体化的规范与制度。德治强调道德教化对人内心信念的转变，礼治则强调通过具体的规则来约束人们的外在行为。《论语·为政》云："道之以政，齐之以刑，民免而无耻；道之以德，齐之以礼，有耻且格。"孔子认为，用政法来诱导人民，使用刑罚来整顿他们，人民只是暂时地免于罪过，却没有廉耻之心；如果用伦理道德来引导教化人们的思想，使用礼仪制度来规范人们的行为，人们不但有廉耻之心，而且人心归服。孔子还说："圣人之治化也，必刑政相参焉。太上以德教民，而以礼齐之。其次以政焉导民，以刑禁之，刑不刑也。化之弗变，导之弗从，伤义以败俗，于是乎用刑矣。"❷ 这些话体现了"德"与"礼"之间的差别。所谓"德"侧重于从思想观念上用道德来教育引导，强调感召教化之下的"心服"；而"礼"则暗含了一定的强制性，有通过严肃的整顿来达到具体行为目标的意思。由此看来，儒家所谓礼治与德治还是有区别的，礼治的重点不是强调道德和修养，而是制定种种规则来维持社会的差异与秩序，因此，礼治具有辅助德治的功能，《盐铁论·殊路》中的"非学无以治身，非礼无以辅德"就

---

❶ 俞荣根. 儒家法思想通论 [M]. 南宁：广西人民出版社，1992：128.
❷ 孔子家语·刑政.

反映了礼对于德的这种辅助作用与从属地位。

由此看来,"德"偏重于对包括统治者在内的各阶层修养的主观要求,强调的是人内在的性情与心理;德治就是通过君师的教化引导改变人的内心,使之向善。而"礼"则偏重于对人们各种具体行为的客观规范,是一种外在的规范,是"德"的外化与展开。瞿同祖先生说,"儒家以礼为行为规范,为维持社会秩序的工具"❶。显然,瞿先生把"礼"看作儒家的一种行为规范、一种维持社会正常运转的工具。相应地,"德治"作为一种政治制度、治国方略,是一种指导思想,而"礼治"偏重于具体的形式,比德治更为具体、更具操作性。德治主要从宏观上要求依靠道德教化来治理国家,而礼治则把这种宏观的理念转化为具体的规章制度或行为规范。在某种程度上说,"礼治"是"德治"思想的外化和展开,但又不仅限于对"德治"的体现。德治与礼治互为里表、相辅相成,共同维护社会的和谐有序。总之,德治与礼治是统一的,统一于古代儒家治理国家的基本政治框架内。

朱熹曾对中国传统的德、礼、政、刑之间的关系作过概括性的阐述,从中可以窥见德治、礼治与法治的关系。他说:"愚谓政者,为治之具。刑者,辅治之法。德礼则所以出治之本,而德又礼之本也。此其相为终始,虽不可以偏废,然政刑能使民远罪而已,德礼之效,则有以使民日迁善而不自知。故治民者不可徒恃其末,又当深探其本也。"❷ 在朱熹那里,德治、礼治是整个政治统治之本,而法治为末;在德治与礼治之间,德治为礼治之本。德治体现为一种精神内核,而礼治则是在此精神内核指导下的展开。

---

❶ 瞿同祖. 中国法律与中国社会 [M]. 北京:中华书局,1981:286.
❷ (宋)朱熹. 四书集注·论语集注.

第二节　古代儒家德治思想发展的脉络

纵观东西方的历史，不难发现，德治可以说是中国古代社会所特有的一种政治思想。自从中国进入文明社会开始，德治就像一只无形的手，一直在社会政治生活中发挥着极其重要的作用。德治不仅是一种政治思想，还是一种政治制度。

一、先秦时期儒家对西周德治传统的继承与发展

中国的德治传统可谓历史悠久，德治思想也源远流长，内容非常丰富。《尚书·尧典》就有记载："曰若稽古，帝尧曰放勋，钦明文思安安，允恭克让，光被四表，格于上下。克明俊德，以亲九族。九族既睦，平章百姓；百姓昭明，协和万邦，黎民于变时雍。"意思是：考察古时传说，帝尧的名字叫放勋。他恭敬地处理政务并注意节约，明察是非，态度温和，诚实恭谨，能够推贤让能，因此他的光辉照耀四面八方。他能够举用同族中德才兼备的人使族人都亲密团结起来；族人和睦团结了，便又考察百官中有善行者，加以表彰，以资鼓励；百官中的事务处理妥善了，又努力使各个邦族之间都能做到团结无间、亲如一家。天下臣民在尧的教育下也都和睦相处起来。这段话既称赞了尧的道德高尚，又表明依靠其个人道德威望而达到的政治上的实效。在确切的文字记载中，尧无疑是以道德化治天下的最早、最高典范。根据《尚书·尧典》的记载，我们可以知道，作为

中国政治核心理念的德治思想的形成时间还是很早的。根据古代传说，中国在"五帝"时代非常重视道德，当时的氏族和部落首领本身往往都是道德的楷模。但是，总的来说，在上古时期，人们对道德在日常生活、政治生活中的作用认识还不充分，还处于一种萌芽状态。因为在西周之前的上古时期，由于生产力低下，人类的认识能力有很大的局限，对许多事物和现象都无法给出正确的解释，人们有普遍的"尊神"观念，与此相联系的是政治上的"君权神授"的统治权与神权合一的观念。《礼记·表记》中云："殷人尊神，率民以事神，先鬼而后礼，先罚而后赏，尊而不亲。"人们相信天命决定人事，天命决定一切。

德治思想的理论化、系统化应该是在商周之际。商周之交，殷商的统治接近崩溃的边缘，人们开始反思天命与政权之间的关系，怀疑天命对于统治权的必然的绝对性，而在政治事务中融入道德的理性原则。周公总结历史经验指出：夏、商虽然曾经受命于天，其结果之所以"不其延"的原因正是"惟不敬厥德，乃早坠厥命"❶。意思是因为他们不敬重德行，才早早地丧失了从上天那里接受的大命。周朝总结夏商衰败的原因正在于"惟天不畀不明厥德"❷。意思是天不会把大命赐给那些不努力施行德教的人。而文王正是遵循"明德慎罚"的原则缔造了周国，并由此取得信任，最后灭掉殷商而取得政权的。周公还说："天不可信，我道惟宁王德延。"❸ 意思是上天是不可相信的，我们只有努力发扬文王的光辉传统，使之长久地保持下去。因此，虽然周公未能摆脱"神"的观念，但他开始把政治得失的着眼点从"天"转移到"人"，强调不依靠"天命"而依靠人为，认为

---

❶ 尚书·召诰.
❷ 尚书·多士.
❸ 尚书·君奭.

只有实行"德政",才能把民众治理好,才能巩固已经取得的政权。在周公那里,"德"被提到了治国安邦的高度,他大力宣扬"以德配天""敬德保民"的德治思想,告诫统治者要加强道德修养,对民要明德慎罚、施以德教,要以自身的道德品格来证明自己是"天"的合格代表,是天命的合法承载者。在周公那里,德治有双重的要求:一方面要求统治者自身敬德、明德、有德;另一方面要求统治者运用道德教化的方式治理民众,通过笼络和驾驭民心来达到社会和谐、国家安定的目的。

于是,从周朝开始人们认识到道德在社会政治生活中的重要作用,尤其是贵族阶层的道德对政治统治的重要性。这一思维方式的转变使得周朝的统治在某种程度上摆脱了殷商统治者对天命的固执信奉,从而把政治导向由天命转变为道德,并在全社会得以普遍实现。在这种社会历史背景下,人们给予道德越来越多的关注,以周公为代表的奴隶主贵族出于维护宗法等级的需要,制定了一系列的宗法道德规范,而周朝的制度也正是以德治观念为前提的。《尚书大传》中说:"周公摄政,一年救乱,二年克殷,三年践奄,四年建侯卫,五年营成周,六年制礼作乐,七年致政成王。"周公通过"制礼作乐"将其德治的政治思想付诸实践。"礼"在周公那里是当时社会制度的政治准则、道德规范以及各项典章制度的总称;乐则是配合贵族进行礼仪活动而制作的舞乐。周礼兼有道德规范和法律约束的双重功能,在国家社会政治生活中发挥着重要的作用。王国维在《殷周制度论》中说:"此数者,皆周之所以纲纪天下,其旨则在纳上下于道德,而合天子诸侯卿大夫士庶民以成一道德之团体。"[1] 在此,"德治"思想得到了充分的体现和实践。周朝实行德治以后,社会呈现稳定发展状

---

[1] 王国维. 王国维论学集 [M]. 傅杰,编校. 北京:中国社会科学出版社,1997:2.

态。周朝的统治延续了800年,德治思想功不可没。

春秋战国时期,正是中国的奴隶制走向衰落、灭亡而封建制正在萌芽、崛起的时代。在这种社会大动荡、大变革时期,诸侯割据,为争霸诸侯连年混战不休,社会政局动荡不安。人们在反思现实生活和政治实践的过程中,天命神学进一步被动摇,出现了重民轻神的思想。在思想领域也出现了百家争鸣的局面,人们对于道德的起源、道德的本质、道德规范等问题都有不同的观点和见解,在德治思想方面也有了新的认识,以孔子为代表的儒家德治思想发展得比较成熟。

孔子所处的时代正是春秋时期"礼崩乐坏"的社会危机之际,"社会的凝聚已经恶化到危急的关头。社会的黏合剂已经无效了。"❶在这种情况下,为了医治已经千疮百孔的社会,孔子在回顾历史的过程中开出了自己的"社会处方",这就是以"克己复礼"为主导思想的德治方案。具体说来,孔子对夏、商、周三个朝代的历史、文化、制度等作了反思,从反思中得出一些理论,这些理论就成为他德治之"社会处方"的内容。尧舜是孔子所推崇的道德理想人格的代表,尧舜时代的政治为孔子所称道、推崇。《礼记·礼运》中记载孔子所言:"大道之行也,与三代之英,丘未之逮也,而有志焉。"为了能再次达到三代时的社会理想状态,孔子极力主张"克己复礼"。在政治上,孔子主张以道德教化为治国之本,在《论语·为政》中有"为政以德,譬如北辰""道之以德,齐之以礼,有耻且格"。季康子问政,孔子在《论语·颜渊》中说:"政者,正也。子帅以正,孰敢不正?"由于当时正处在奴隶制逐渐解体、封建制度刚刚兴起的社会大转型关头,社会动荡不安,各国都想争雄称霸,因此崇尚武力、积极扩军备战成为诸国的目标。各国迫切需要的是快速发展生产力以

---

❶ [美]休斯顿·史密斯. 人的宗教[M]. 刘安云,译. 海口:海南出版社,2001:172.

增强国力，而此时法家所鼓吹的严刑峻法、奖励耕战、打破上下尊卑秩序的法治思想则恰好迎合了当时整个社会发展的需要，有利于加速奴隶制度的崩溃和封建制度的建立，最终也有利于推动生产力的发展与社会的进步。在此社会背景下，德治思想在当时并未受到统治阶级的重视。孔子为推行其政治主张，带领其弟子不辞辛苦，周游列国，却不被当时的统治者接受。

二、秦朝时期儒家德治思想走入低谷

秦代，秦王朝的统治者重视法家思想。秦始皇听信了韩非子"道德无用论"的说教，采用法家理论来治国理政，任用了大批法家人物来治理国家，制定严刑酷法，实行"法治"。严格的等级秩序及其制度的整齐划一的确一度支撑了秦王朝强大的中央集权，但是法家的理论对统治者本身的权力却没有提出实质性的限制措施，国家政权沦为统治者玩弄计谋与权威的个人工具。

当时，由于秦始皇坚持以法家主张为治国的指导思想，而儒生则力争秦始皇采纳他们的思想主张，这样一来就不可避免地引发了儒家与法家之间的矛盾和斗争。而斗争的结果是，儒家非但没能争取到更高的礼遇和地位，反而陷入更加恶劣的处境。公元前213年，以儒生淳于越向秦始皇建议废除郡县制、恢复分封制为导火线，法家代表李斯乘机对儒家痛加抨击，并建议秦始皇烧掉诗、书等百家书籍，秦始皇采纳了李斯的建议并付诸实施，这就是历史上有名的"焚书"事件。焚书事件对儒家来说，是一个沉重的打击，儒家典籍遭到了极大的破坏，儒家的学说受到严重的禁锢。"焚书"的第二年，也就是公元前212年，更大的灾难降临到包括儒生在内的诸生的头上——

"坑儒"事件发生。一些儒生受到方士牵连而备受迫害，甚至被活活埋掉。"焚书""坑儒"发生之后，秦始皇更加一意孤行地推行法家主张，德治思想不仅被摒弃，而且受到秦始皇以及法家势力的打击和抑制。儒家的德治思想在秦朝彻底失败了。在法家势力的强力镇压下，儒家的学说非但不能传授与发展，反而受到严重的压制与破坏。可以说在秦代，儒家的德治主张处在最黑暗的低谷。

但是，这一黑暗时期并没有持续太长时间。由于秦王朝片面地强调法律的威力，忽视了道德教化的作用，在政治、军事上全面走向反动，对民众实行高压统治。统治者的暴政很快引起人民的强烈不满和抗议以至不屈不挠的斗争。秦朝以苛政为特征的法治统治很快走到了尽头。

三、两汉时期儒家德治思想的鼎盛繁荣

两汉时期，儒家德治思想与秦朝时的状况形成鲜明对比，在统治者和思想家们的推动下达到了前所未有的辉煌。

汉朝建立以后，统治者们刚刚目睹了秦朝"法治"统治的实践和结果，于是如何保障政权的稳固便成了一个需要重新考虑的问题。在汉朝初年，为尽快恢复生产和增强国力，统治者主要推崇黄老之学，并采纳了其休养生息的建议，在政治上实行"无为而治"的统治策略。汉初统治者虽然没有在政治上完全采用德治思想治理国家，但是在总结秦朝迅速灭亡的历史教训时认为过于严苛的刑罚是其迅速亡国的罪魁祸首，不讲德治的统治是不能长久存在的，离开了道德的规约，社会不能稳定地发展。在众多儒生的不懈努力下，儒家的德治学说开始在汉初的政治生活中占得一席之地，渐渐有了崛起的趋

势。另外，儒家也对自身在秦朝的不幸遭遇作了一些反思，认识到要想得到统治者的垂青，必须使儒学跟随时代的发展进行相应的变通，通过对自身的调整来满足现实的需要。当时的形势是，统治者试图依靠儒家的德治学说来弥补法家强暴的不足，而儒家则希望凭借国君的力量推行自己的主张。如此一来，统治者和儒家出于各自的需要，不约而同地互相趋近。这种彼此接近的结果是儒家德治思想的繁荣和兴盛，儒家学者自孔子开始就为德治学说在国家政治中的落实而奔波、呼吁，终于在汉朝取得了成效，德治学说终于在汉武帝时被推上了国家指导思想的宝座。

汉武帝为了维护"大一统"的封建统治，任用儒家学者董仲舒进行政治改革，实行了"罢黜百家，独尊儒术"的政策，不仅将德治思想更多地运用于政治实践，而且在思想上确立了儒家的统治地位。可以说，"罢黜百家，独尊儒术"使得儒学实现了官学化的重要历史性飞跃。自此以后，儒家学说正式成为封建社会的官方意识形态，德治思想也随之正统化、神圣化。先秦儒者所推崇的"德治"理想在这时得以现实化、制度化。值得注意的是，以董仲舒为典型代表的汉朝儒者对德治的推崇具有一定的论证特色，即利用"天人感应论"的神学理论来支撑德治思想。董仲舒还提出"灾异说"抑制君权，并认为民意在一定条件下就是天意的体现，实际上就是要求王权政治顺应民意。"从理论上看，董仲舒的'天人感应论'有一些神学的意味，但儒家的人文主义还是他理论的本色。"[1] 他以天地阴阳来比附德与刑，论证德治的天然合理性。以儒家为主要代表的德治思想之所以取得如此之高的合法地位，究其原因是汉朝统治者鉴于秦亡而在政治制度建设上所作的调整与改革。自此以后的两千多年的

---

[1] 周德全. 道教与封建王权政治交流研究［M］. 北京：人民出版社，2015：11.

封建统治中，德治思想以其独具中国特色的政治哲学理念受到历代统治阶级的重视。

四、汉代以后儒家德治思想的沉浮发展

从魏晋南北朝以至隋唐，由于佛、道两教的兴起和普遍流行对中国的政治经济和思想文化产生了重大的影响，儒、释、道三家既相互斗争，又彼此吸收、融合其他几方的思想。最后，中国的民族文化形成了以儒家为主，儒、释、道三家结合的格局。在这个过程中，儒家不断地从佛、道学说中汲取思想，丰富和完善自己的理论。即使在这一时期，德治传统依然薪火不断。唐太宗曾经对前代实行的德治与法治进行比较和总结，他说："朕看古来帝王以仁义为治者，国祚延长，任法御人者，虽救弊于一时，败亡亦促。既见前王成事，足是元龟。今欲专以仁义诚信为治，望革近代之浇薄也。"❶

宋明理学时代是中国封建社会的进一步发展时期，也是中国传统德治思想的继续发展时期。宋明理学家围绕着义利王霸问题提出了理学德治主张，把儒家的德治思想发展到了极端。"存天理，灭人欲"是以程颢、程颐兄弟和朱熹为代表的理学家的一个重要观点。他们把"天理"与"人欲"绝对对立起来，认为统治阶级对人民的统治是"天理"，是天经地义的，也是神圣不可违背的；而人欲则是罪恶的，应该加以限制以至消除；主张被统治者应该心甘情愿地接受统治。与理学相对立的"反理学"一派以陈亮、叶适等为代表。他们重视对功利的追求，认为人们只有经济上富裕了才能"好德"。总

---

❶ （唐）吴兢. 贞观政要·论仁义.

起来说，在这一时期，由于理学家的极力推崇，封建伦理纲常发展到了顶点，德治思想被充分地应用于政治。

人类处于什么样的现实生活，就会形成什么样的思想观念。德治思想的产生与发展兴盛都有其特定的社会历史背景。通过以上德治思想发展的大体脉络可知，中国传统德治思想的产生和发展并不是空穴来风、凭空而就的，而是有其历史必然性。它是由中国早期特殊的社会状况、自然条件与政治形态所决定的，是中国古代地理环境、经济、政治、文化等综合因素作用的产物。在中国两千多年漫长的政治实践中，德治思想也不是一成不变的，而是不断发展的，在不同时期、不同朝代经过不同统治者、政治家、思想家的加工改造不断地变化和发展。

第二章　古代儒家德治思想产生的基础

在全世界各大洲的不同国度里，一定的民族国家总是在特定的地域范围内产生、存在和发展。各个民族国家的人们是在一定的自然地理环境和经济基础、社会生活条件下建构其政治制度的，并且在长期的历史发展过程中逐渐积累沉淀，慢慢形成具有自己民族特色的政治传统。政治制度与政治传统的形成是一个长期的历史过程。特定的自然地理环境、生产方式、经济基础和社会历史条件等构成一定政治传统形成与发展的基础，它们直接或间接地、明显或潜移默化地影响制约政治制度的内容与特征并相互作用，政治制度的不同方面之间也相互制约、彼此影响。因此，对中国古代传统儒家德治思想的自然地理环境和社会基础各方面的考察与分析，是研究传统儒家德治思想产生、存在、发展以及发生作用的前提和客观依据。

第一节　古代中国的地理环境

自然地理环境是人类社会赖以存在的依托，既包括自然条件，也包括地理位置。各个民族、不同国家的人们要繁衍生息都离不开自然地理环境，自然地理环境不仅是人们生存和发展的基本条件，也是不同民族的历史起点。笼统地说地理环境决定社会发展，无疑是不正确的，但是如果抹杀地理环境对社会发展的巨大作用同样也不可取。我们在考察各国历史、现实的思想、政治、文化状况的时候,不能无视自然地理环境这个制约因素。

列宁在谈地理环境的作用时,几乎一字不改地搬用普列汉诺夫的话说,"地理环境的特性决定生产力的发展,而生产力的发展又决定经济关系以及随在经济关系后面的所有其他社会关系的发展……"❶ 因此,地理环境对政治的影响主要是通过经济发生作用的,也就是说,是间接产生影响的。地理环境不同造成经济生活差异,进而产生不同的政治特色。❷

一、马克思主义的"人地关系论"

在人类思想史上,曾经有种种夸大或忽视地理环境对人类社会发展作用的看法,并形成了地理环境决定论、地理环境虚无论等理论。这些理论的缺陷在于它们没有认识到,任何社会的发展和变迁,经济体制、政治制度等的产生与发展变化都有深刻而复杂的原因,是各种因素综合作用的结果。将社会发展的决定性因素归结为地理环境,是一种错误的论点,但是完全抛开地理环境的影响来谈社会的发展也同样不符合历史的事实。因此,正确理解和对待地理环境对人类社会发展的作用问题,有助于用科学的理论指导实践,而不致行之偏颇。马克思主义认为,地理环境是社会存在和发展的自然前提和必要条件。任何社会都是在一定空间中存在,都离不开一定的地理位置和环境条件。地理环境对社会发展起着重要的作用。

---

❶ [苏联] 列宁. 列宁全集:第 55 卷 [M]. 中共中央马克思恩格斯列宁斯大林著作编译局,编译. 北京:人民出版社,2017:446.

❷ 吴松弟. 无所不在的伟力——地理环境与中国政治 [M]. 长春:吉林教育出版社,1989:3 - 12.

首先，地理环境作为劳动生产的对象来源与客观条件，在一定程度上规定着劳动的具体形式，制约着生活方式的选择。马克思说："不同的共同体在各自的自然环境中，找到不同的生产资料和不同的生活资料。因此，它们的生产方式、生活方式和产品，也就各不相同。这种自然的差别，在共同体互相接触时引起了产品的互相交换，从而使这些产品逐渐转化为商品。"❶ 马克思的这段话说明在人类社会早期，自然条件和地理环境对不同地域人们的生活、生产方式的影响。

其次，地理环境影响和制约着生产条件和生产环境，制约着生产力状况，从而影响社会发展的程度和速度。马克思在《资本论》中表明，封建社会之解体与资本主义的产生是一个合乎逻辑的过程，而"不是自然的恩惠"❷，但资本主义的产生与进一步发展也或多或少地受到外界自然条件和地理环境的影响。马克思的这个论断说明，自然（包括地理环境）虽然并不能影响社会制度的更替，但是能促进或阻碍社会发展的进程。而在人类文明的初期，外界自然条件对社会生产的发展影响比较大。普列汉诺夫曾经进一步明确指出，地理环境是通过生产力而对社会发展发生作用的，他说："自然环境之成为人类历史运动中一个重要的因子，并不是由于它对人性的影响，而是由于它对生产力发展的影响。"❸ 这一观点自觉地运用历史唯物主义来分析，认为地理环境首先是通过生产力对社会产生影响和作用的；当人类社会活动与地理环境发生联系并能加以利用与改造时，才能显示地理环境的特性并对社会发展产生加速或延缓的影响。这是马克思主

---

❶ ［德］马克思，恩格斯. 马克思恩格斯全集：第 42 卷 [M]. 中共中央马克思恩格斯列宁斯大林著作编译局，编译. 北京：人民出版社，2016：361.

❷ ［德］马克思，恩格斯. 马克思恩格斯全集：第 42 卷 [M]. 中共中央马克思恩格斯列宁斯大林著作编译局，编译. 北京：人民出版社，2016：526.

❸ 普列汉诺夫哲学著作选集：第 2 卷 [M]. 北京：生活·读书·新知三联书店，1961：170.

义人地关系论与地理环境决定论的根本分歧之所在。普列汉诺夫还区分了地理环境在人类社会历史的早期和后期的不同作用，指出地理环境在人类早期具有决定作用，社会发展阶段越古老，人类对地理环境的依赖性越大。他说："社会人和地理环境之间的相互关系，是出乎寻常地变化多端的，人的生产力在它的发展中前进一步，这个关系就变化一次。因此，地理环境对社会人的影响在不同的生产力发展阶段中产生着不同的结果。"❶ 但是，即使在原始社会阶段，社会发展速度也并非与地理环境的优越程度成正比。地理环境与人类社会都处在不断运动变化之中，它们之间既相互影响，又相互制约。所以，片面地夸大地理环境作用的地理环境决定论与无视地理环境影响的地理环境虚无论都会失之偏颇，与马克思主义理论相违背，不符合社会发展的客观规律。

再次，地理环境对人们的生活方式和文化心理也产生重要影响。不同的民族具有不同的生活习惯、独特的文化心理结构、各异的精神面貌，只有结合其具体的自然条件、独特的地理环境，这些差异才能得到合理的解释。

概括地说，马克思主义"人地关系论"的主要观点有：地理环境是人类社会产生和存在的物质前提，是人类进行社会活动的首要条件；地理环境通过对生产方式的影响制约着人类活动的历史进程和发展特点；地理环境影响民族的性格与传统，进而影响人类的社会活动和历史发展的特点；与此同时，人类活动必然影响地理环境，地理环境又对人类活动产生有利或者不利的反馈作用。❷

总之，历史唯物主义认为，地理环境是人类物质生活的必要条件之一，人类的生存依赖地理环境，地理环境对社会的存在和发展具有

---

❶ 普列汉诺夫哲学著作选集：第2卷 [M]. 北京：生活·读书·新知三联书店，1961：170.
❷ 赵家祥，等. 历史唯物主义教程 [M]. 北京：北京大学出版社，1999：53-54.

重要作用，但这种作用不能决定一个社会的性质和面貌，也不能决定社会更替，只能起到加速或者延缓社会发展的作用。人类社会的存在和历史演变有其内在的固有规律，地理环境是社会发展的客观物质条件，不能构成主导的或者决定性的因素。相反，地理环境对社会发展的作用与影响的大小和程度会受到社会生产发展状况和社会制度的制约。因此，必须客观、全面地看待地理环境对社会发展的作用。❶

二、中国古代疆域的地理环境特点

与世界其他国家和民族相比，中国古代疆域的地理环境与自然条件具有以下两个主要特征。

第一，中国疆域具有局部的独立性，边疆少数民族地区与中原地区的地理环境不同。由于中国幅员辽阔，地理条件多种多样，因此除汉族聚居的长江、黄河中下游地区的自然条件处于明显的优势地位之外，东南西北都有一些自然条件、地理环境相对较好的地区，这些地区的气候、水源、土壤及物产造就了若干个相对独立的经济、政治、文化中心，如汉族所聚居的中原地区，其地理条件、气候特点等适合农业的生产方式，于是形成所谓的"农耕文化"。在春秋战国时，中原地区主要是鲁国的地盘，因此鲁国文化成为"农耕文化"的代表。农耕生产重视土地与遵守节气时令的特点决定了人们"安土重迁"的习性，由此形成了长期稳定的基本社会组织——家族。为了维护家庭、家族的和谐与稳定，又形成了一整套的宗法道德伦理

---

❶ 赵家祥，等. 历史唯物主义教程 [M]. 北京：北京大学出版社，1999：51.

观念和制度。总之，农耕文化以气候、土壤、水源等为自然条件，以农业生产为经济基础，衍生出重视土地、灌溉、团结协作、道德伦理等思想观念，在协调家庭、家族事务时以道德伦理为主，辅之以礼法。而在中国西部，草原较多，宜于放牧，形成了游牧文化。此文化以晋秦文化为典型代表，游牧生产活动决定了牧民居无定所、经常迁徙的特点。这种生活方式使得他们很难形成稳定的家族或集团，他们之间还常常因为争夺草场而发动战争，他们的社会组织相对来说比较松散，血缘纽带力量不强，因此，相对来说，牧民们更易于崇尚凭借势力强大争夺地盘、财产等理念，而并不向往靠道德教化的力量协调利害关系过长期稳定的生活；相对来说，游牧民族的德治思想比较薄弱，更加重视法律与刑罚。《史记·匈奴列传》对此状况略有记载："匈奴，其先祖夏后氏之苗裔也，曰淳维。唐虞以上有山戎、猃狁、荤粥，居于北蛮，随畜牧而转移。其畜之所多则马、牛、羊，其奇畜则橐驼、驴、骡、駃騠、騊駼、驒騱。逐水草迁徙，毋城郭常处耕田之业，然亦各有分地。毋文书，以言语为约束。儿能骑羊，引弓射鸟鼠；少长则射狐兔：用为食。士力能毌弓，尽为甲骑。其俗，宽则随畜，因射猎禽兽为生业，急则人习战攻以侵伐，其天性也。其长兵则弓矢，短兵则刀鋋。利则进，不利则退，不羞遁走。苟利所在，不知礼义。"从太史公司马迁的这段文字可以看出，西部的自然条件与地理环境决定了游牧的生产方式，而游牧的生产方式则孕育了游牧文化。农耕文化、游牧文化都具有各自的特点。

在某种历史条件下，这种相对独立的经济、政治、文化中心可以发展成为独立的少数民族政权或者分疆而治的割据政权。历史上持续近千年的分封制和郡县制的争论，其中就有从地理条件考虑其利害关系的因素。南北朝的对峙、五代十国的割据、辽宋夏金的并立，虽有社会历史的原因，但也不可排除地理条件和自然环境的因素。

第二，中国疆域具有整体的统一性。这个统一主要体现在整个中国疆域的自然特点是自成一个地理单元或一个环境区域。在这个自然区域内，任何局部地区的特点，各个局部地区之间的地理环境、自然条件的差异以及由此所产生的种种社会文化的不同，一般地说都受到这个整体所具有的统一性的约束，从而在很大程度上影响着历史上各政治政局的形成与发展。具体来说，汉族聚集的长江中下游、黄河中下游地区，由于其地理条件的优势，生产力的发展水平和生产关系的形式始终处于领先地位。这种优势地位使汉族聚集区在思想意识、文化观念等方面影响着周边的少数民族地区，以一种包容并蓄的姿态潜移默化地同化着周边少数民族，从而形成以汉族为主体的华夏民族核心文化区，该核心以放射状的形式影响着周边地区。❶

三、中国古代疆域的地理环境特点对德治思想产生与发展的影响

人类社会的思想观念、政治制度、治国方式等的产生发展会受到多种社会条件，尤其是生产力水平、生产方式的制约，而自然条件、地理环境则为生产力的发展和生产方式的选择提供了物质基础，在一定程度上影响着上层建筑的发展趋向，而且越是在生产力低下、对自然依附性越强的古代，这种影响力所占的比重就越大。列宁这样说，"地理环境的特性决定生产力的发展，而生产力的发展又决定经济关系以及随在经济关系后面的所有其他社会关系的发展……"❷ 他

---

❶ 陈育宁. 中华民族凝聚力的历史探索 [M]. 昆明：云南人民出版社，1994：117-119.
❷ [苏联] 列宁. 列宁全集：第55卷 [M]. 中共中央马克思恩格斯列宁斯大林著作编译局，编译. 北京：人民出版社，2017：446.

还转述普列汉诺夫的观点说:"在马克思看来,地理环境是通过在一定地方、在一定生产力的基础上所产生的生产关系来影响人的,而生产力发展的首要条件就是这种地理环境的特性……"❶ 中国传统德治思想的产生与发展也不例外,它与中国古代特殊的地理环境、自然条件有着一定的联系。中国的自然地理和生态环境既为中华民族的生存提供了物质基础,又为中华民族传统文化的产生与发展提供了自然条件。中国疆域的地理特点在相当大的程度上影响了中华民族的思想感情与民族性格。

中华民族的历史舞台尽管非常广阔,但作为中华民族核心的华夏族,其发源地与生活的地方则是中国的本部地区,《尚书·禹贡》把这一地域总称为"九州"。它包括七个小区,即中原、河东、关中、陇西、江淮、巴蜀、江南,大体包括黄河中下游和长江中下游地区。中华民族虽然在起源上是多元的,且存在着多区域不平衡发展的情况,但是那些地理环境优越又善于吸收其他文化优点的文化在竞争中脱颖而出,首先发展起来的就是地处黄河中下游地区,以黄帝、炎帝、东夷三个部落为核心的旱田农耕型华夏文明。华夏族迅速崛起的两个重要原因就是地理的优越和对农业的高度重视。而中国传统德治思想正是孕育、萌芽于上古时代的华夏地区,在那个遥远的氏族社会末期社会生产力水平非常低下。因此,按照普列汉诺夫对马克思主义人地关系论的发展之理论来说,地理环境对生产力、生产关系以及人们的精神风貌有着重要影响,通过对生产力的影响来制约人们的生产方式与生活方式,从而影响人们的思想观念、意识形态、统治方式等。

在生产方面,华夏民族的先人们主要生活于黄河、长江及其支流

---

❶ [苏联] 列宁. 列宁全集: 第55卷 [M]. 中共中央马克思恩格斯列宁斯大林著作编译局, 编译. 北京: 人民出版社, 2017: 447.

一带。这些地方土地肥沃，气候适宜，易于灌溉，自然资源丰富。这种有利的地理环境和自然条件非常适合农耕生产。由于生活地理环境的优越，人们容易产生知足常乐的满足感。由于中国先民以从事农耕生产为主，而农业生产的特点是：土地不能搬迁，农作物的播种、管理、收获等严重依赖于长期才能积累的农业经验和节气时令，从事农业生产还需要人们之间的团结与协作，进行生产合作共同抵御自然灾害。这种生产方式使人们容易形成安土重迁、热爱和平、反对暴政、反对战争的思想观念。这种生产方式在客观上也要求人们必须长期地和谐相处，注重道德观念的普及，因此在上古时代"德"的观念就产生、发展起来。后来，进入阶级和国家阶段之后，人们在处理国家内部事务以及国家之间的关系时也自然而然地重视道德的作用，从而形成较为稳定的德治思想体系：以"德"为本位，重视血缘关系和宗族利益，强调"家国一体"。

在生活方面，相对封闭的大陆型地理环境使这些主要从事农耕的华夏民族比较固定地生存和繁衍于一片广阔的土地上，过定居的生活。与游牧民族和渔猎民族不同，祖祖辈辈从事农业耕作、过定居生活的人们往往形成人数众多的大家庭、大家族，血缘关系是人际关系的主要基础，也是人们交往的重要纽带。人们普遍注重道德伦理在家庭、社会、国家中的作用，而反对使用暴力、强制的手段来处理各种事务。

这种情形与西方那些游牧民族、海上民族有着很大的不同。这些民族大多生活不稳定，在生产过程中经常迁徙流动、因争夺草场和海域进行对外扩张、军事征服等活动。相对来说，这些民族比较难以形成长期和谐相处的观念，德治思想相应比较薄弱。他们根据自己的需要早早发展并完善了契约思想，并以此为基础形成"法治"的观念。他们的道德伦理思想主要蕴含在宗教中，而没有与政治、政权相结合，未能成为治理国家的基本方式。

罗家伦在《历史的先见——罗家伦文化随笔》一书中写道："每一个民族都有它所不能离开的特殊自然环境。这个环境也就从多方面给予这民族以莫大的影响。单就气候一项来说，比方俄罗斯那样苦寒的地方，人们时时感到受自然环境的压迫，郁积于心，结果就形成勇猛阴鸷的民族性。也许因为终年蛰伏的时候多，在屋子里静坐凝思，从炉边闲话中，许许多多的计谋便容易打好稿子。……中国的气候是温带性的，它的文化始自黄河大平原，然后至于长江流域。温带的气候，没有酷热严寒，因此养成趋向中和的民族性，中和的思想便容易发达。"[1] 罗先生的这段话说明了不同的自然环境对民族性的影响，还把中国传统的中和思想的产生与温带性的气候联系起来，说明中华民族的性格特质受到地理位置、气候环境、土壤、食物等因素的影响。

另外，中国疆域的辽阔、多元一体的民族格局使得统治者在治理国家时，不得不考虑到不同民族的风俗、习惯，为了安抚边远地区的少数民族、达到长期治理的目的，就必须实行道德教化的政策，而不能只是使用整齐划一的法治，即使在国家繁荣、军事实力强大的朝代，德治也是国家的重要方针政策。

《尚书·尧典》记载："曰若稽古帝尧，曰放勋，钦明文思安安，允恭克让，光被四表，格于上下。克明俊德，以亲九族。九族既睦，平章百姓。百姓昭明，协和万邦。黎民于变时雍。"尧曾努力使各个邦族之间都能做到团结无间。这说明早在上古时期就有对其他民族实行睦邻友好、以德怀化的治国思想。国家产生以后，商朝的政治疆域，据甲骨文所能考证出来的，仅就其政治军事势力所及的地方而

---

[1] 罗家伦. 历史的先见——罗家伦文化随笔[M]. 上海：学林出版社，1997：2.

言，东南西北国境已经非常辽阔。从甲骨文考究，其东部国境，至少已到东海；其南部国境，抵达现在的安徽、湖北一带；其西部国境，抵达现在的陕西、甘肃。❶ 在这样辽阔的疆域之内，生活着众多的民族，要想长期保持国家疆域的完整与和谐，只凭借战争和武力讨伐是不行的，还必须实行安抚的政策——德治。《诗经·大雅·荡之什·江汉》中有言："明明天子，令闻不已，矢其文德，洽此四国。"意思是光明显耀的天子拥有无止境的美好名声，宣扬流布其文德，四方诸国都和洽。历史上著名的"七擒孟获"的故事反映了类似的历史状况：本来诸葛亮凭借武力完全能够取胜，但他却采取了道德教化的方式使以孟获为首的少数民族人民心服口服，从而收到使其持久归顺的效果。

著名法律史学家亨利·梅因曾经从地理构造对社会影响的角度对比东、西方社会法律的不同。他说："在有些事例中，亚细亚国家的地理构造促使各个社会比西方社会的面积更大，人口更多；根据公认的社会规律，一套特定制度传布的空间越广，它的韧性和活力也越大。不论出于何种原因，东方社会各国编制法典，相对地讲，要比西方国家迟得多，并且有很不相同的性质。"❷ 事实上，地理构造、环境对社会的作用是多方面的，并不仅限于法律，对社会上层建筑的各个方面都会有或多或少的影响。

我们不是地理环境决定论者，但是在强调人对自然环境能动作用的同时，必须承认和重视地理环境对人类社会的影响和制约作用。中国疆域独特的地理特点制约了中国古代人们的生产方式与生活方式，使先人们基本以从事农耕生产为主，过聚族的定居生活。因为以

---

❶ 吕振羽. 殷商时代的中国社会 [M]. 北京：生活·读书·新知三联书店，1962：95-98.
❷ [英] 亨利·梅因. 古代法 [M]. 沈景一，译. 北京：商务印书馆，1984：10.

家庭、家族为基本社会单位，所以社会的安定与和谐就与家族的和睦与稳定息息相关。国家建立以后，自然而然地将家（族）扩展为国，形成"家国一体"的社会结构和政治格局。在这种情况下，对社会、国家的治理与对家族的管理统一起来，而对以血缘为纽带的家族的治理是不能靠暴力惩罚为主要手段的，而是强调伦理道德对人的约束，所以"德治"就成了中国古代治国方略的必然选择，与"法治"一起发挥着重要的作用。

总之，中国古代社会的生产生活方式、思想观念、政治形态以及统治特点与古代疆域的自然条件和地理环境特点不无关系。中国传统的德治思想也不例外，它的产生与发展也受到中国特定的地理环境影响和制约，这是应该予以肯定的。

第二节　中国古代社会的经济基础

按照马克思主义理论中关于经济基础决定上层建筑的基本原理，国家的管理方式、制度形式属于上层建筑的内容，受一定经济基础的决定和制约。因此，我们在考察中国传统德治思想的时候，不能不先了解中国古代的经济状况。

一、马克思主义关于经济基础与上层建筑辩证关系的理论

中国古代的思想家、政治家们不仅生活于特定的地理环境中，还

生活在特定的经济条件下。也正是由于中国特定的地理环境，决定了古代的中国以农业生产为主要生产方式。即使在今天，中国的农业人口也还占全国总人口的大多数。

关于经济基础，恩格斯曾说："我们视之为社会历史的决定性基础的经济关系，是指一定社会的人们生产生活资料和彼此交换产品（在有分工的条件下）的方式。因此，这里包括生产和运输的**全部技术**。这种技术，照我们的观点看来，也决定着产品的交换方式以及分配方式，从而在氏族社会解体后也决定着阶级的划分，决定着统治关系和奴役关系，决定着国家、政治、法等等。"❶ 他把生产方式作为经济基础最核心的内容。而列宁指出，"人的**社会认识**（即哲学、宗教、政治等等的不同观点和学说）反映社会的**经济制度**。政治设施是经济基础的上层建筑"❷。按照马克思主义的观点，德治思想应该属于上层建筑的范畴。恩格斯在《反杜林论》中曾对经济基础与上层建筑之间的辩证关系作过明确阐述，"每一时代的社会经济结构形成现实基础，每一个历史时期的由法的设施和政治设施以及宗教的、哲学的和其他的观念形式所构成的全部上层建筑，归根到底都应由这个基础来说明"❸。马克思主义的唯物史观科学地阐述了作为上层建筑的政治、道德和法律等意识形态，归根到底都是由社会经济基础决定的。但是，马克思主义也并没有把经济基础作为唯一的决定性因素。在漫长而复杂的社会历史进程中，经济基础与上层建筑之间相互发生作用，各种作用力相互影响和制约，最终形成一种合力，历史就

---

❶ ［德］马克思，恩格斯. 马克思恩格斯选集：第4卷［M］. 中共中央马克思恩格斯列宁斯大林著作编译局，编译. 北京：人民出版社，2012：648.
❷ ［苏联］列宁. 列宁全集：第23卷［M］. 中共中央马克思恩格斯列宁斯大林著作编译局，编译. 北京：人民出版社，2017：45.
❸ ［德］马克思，恩格斯. 马克思恩格斯全集：第26卷［M］. 中共中央马克思恩格斯列宁斯大林著作编译局，编译. 北京：人民出版社，2014：442.

是这种社会合力发生作用的结果。

因此，我们在分析中国传统德治思想时，不仅要了解这种思想赖以产生和存在的地理环境和自然条件，还必须考察这种思想产生和发展的社会环境，包括中国古代的经济形态、社会结构、国家政治制度以及人性善恶论等相关思想观念。马克思曾经说："任何时候，我们总是要在生产条件的所有者同直接生产者的直接关系——这种关系的任何当时的形式必然总是同劳动方式和劳动社会生产力的一定的发展阶段相适应——当中，为整个社会结构，从而也为主权关系和依附关系的政治形式，总之，为任何当时的独特的国家形式，发现最隐蔽的秘密，发现隐藏着的基础。"❶

按照这一原理，我们首先应该从中国古代社会的生产形式与经济结构对中国古代社会政治思想、政治制度的制约这个角度，来分析中国传统德治思想产生的经济根源。

二、中国古代农业经济概况

中国古代文明属于典型的农业文明，中国古代的农业起步较早。早在史前时期，中国的农业文明就取得了令人瞩目的成就。根据古代的神话传说，在炎帝的时候开始了农业种植。炎帝，号神农氏，据说他是第一个教百姓种植谷物的人。史书中记载："至于神农，以为行虫走兽，难以养民，乃求可食之物，尝百草之实，察酸苦之味，教民食五谷。"❷ 到了黄帝时代，轩辕黄帝的妻子嫘祖发明了养蚕丝织技

---

❶ [德] 马克思, 恩格斯. 马克思恩格斯文集：第 7 卷 [M]. 中共中央马克思恩格斯列宁斯大林著作编译局, 编译. 北京：人民出版社, 2009：894.

❷ (汉) 陆贾. 新语·道基.

术，开始种桑养蚕并有了丝织业。而广为流传的"大禹治水"的传说，则进一步印证了农业在当时的重要性。到了殷周时期，关于农业的文字记载出现得也比较早，在甲骨文中出现了象征农业的文字，如农、田、畴、井、疆、圃、啬、禾、黍、麦、稻、米、季、果、桑、麻、丝、帛等字。这些文字记载证明了在殷商时代主要的谷物在当时都已经种植，耕地的区划在当时已经存在；年、季等字从"禾"，确证了殷代天文历数的发明完全是和农业的发展相关联的……❶商代的农业已经成为人民生活所依赖的主要生产，农产品已经是当时人们的主要食物，也是氏族贵族剥削的主要材料。当时的生产是由贵族强迫奴隶和平民进行集体耕作。在殷商的卜辞中也有大量关于丰年、歉年、风雨的占卜记载。这说明在农业主要受自然力主宰的殷商时代，天气的好坏、雨量的多少直接关系到农业的丰歉，所以当时的人们才那样重视占卜风雨天气、农业丰歉等，也说明农业已经成为当时重要的产业，否则当时的人们不会如此关心旱涝。《吕氏春秋·顺民》记载在商汤统治时，汤曾因天气大旱而祈祷："天大旱，五年不收，汤乃以身祷于桑林"，是说商汤时期曾有五年大旱，农业没有收成，他为求雨亲自祈祷上天。正是因为农业在当时处于重要地位，所以气候的优劣、土壤的肥沃或贫瘠才显得那么重要。因此，《诗经·商颂·烈祖》云："自天降康，丰年穰穰。"《史记·周本纪》记载："周后稷，名弃。其母有邰氏女，曰姜原。……帝尧闻之，举弃为农师，天下得其利，有功。帝舜曰：'弃，黎民始饥，尔后稷播时百谷。'封弃于邰，号曰后稷，别姓姬氏。"周朝的弃，被后世尊为农神，称作后稷。《国语·周语上·虢文公谏宣王不籍千亩》曰："宣王即位，不籍千亩。虢文公谏曰：'不可！夫民之大事在农，上帝之粢盛于是

---

❶ 吕振羽. 殷商时代的中国社会［M］. 北京：生活·读书·新知三联书店，1962：32.

乎出，民之蕃庶于是乎生，事之供给于是乎在，和协辑睦于是乎兴，财用蕃殖于是乎始，敦庞纯固于是乎成，是故稷为大官。"这段史料说明在周代把农业看作国家的大事。《国语·鲁语上·展禽论祀爰居》记载："昔烈山氏之有天下也，其子曰柱，能殖百谷百蔬。"根据这些史料来看，中国至少在殷商时期就已经形成了成熟的农业社会。❶

中国古代农业社会中的土地所有制经历了几次变迁。大致说来，在农业最初产生的上古时代，可耕的土地没有明显的区划，土地属于氏族或部落的共同财产。到了后来国家形成，仍然保留了上古的遗风和传统，实行土地国有制，所以有"普天之下，莫非王土。率土之滨，莫非王臣"❷的说法。《诗经·周颂·思文》云："贻我来牟，帝命率育，无此疆尔界。"这句诗歌颂后稷的功德，说上天所赐的麦种，普遍播种，没有你我的疆界之分。这说明，在夏商周三代之时原则上土地属于国家所有，这大概是最古老的土地所有制。在西周时期，存在着典型的"井田制"，其土地所有制形式依然是土地国有制，国家统一组织耕种、灌溉、收获等农业生产活动。西周时期，在政治上实行分封制，就是把一定区域的土地连同上面的奴隶等赏赐给诸侯管理，形成中央集权下的各个诸侯政权。这一分封制的后果之一便是土地所有权的转移和分散，即由原来的土地归周王朝所有变成土地为各个诸侯国所有，在此基础上土地逐渐私有化。土地的私有化与封建制的形成大体是一个并进的过程。"土地私有制盖与封建制骈进，最迟到西周末春秋初，盖已承认私有为原则。"❸进入战国时期，封建制逐步形成。在此后的两千多年漫长的封建社会时期，中国

---

❶ 吕振羽. 殷商时代的中国社会 [M]. 北京：生活·读书·新知三联书店，1962：31-47.
❷ 诗经·小雅·北山.
❸ 梁启超. 先秦政治思想史 [M]. 北京：东方出版社，1996：62-66.

社会的基本生产方式是农民以家庭为单位,从事个体生产与经营活动。中国封建社会经济结构的特点是"自给自足"的自然经济。

三、农业经济与上层建筑

恩格斯说,"每一历史时代的经济生产以及必然由此产生的社会结构,是该时代政治的和精神的历史的基础"[1]。中国传统德治思想的产生与作用的发挥同样有着深刻的社会经济根源,是建立在自给自足的小农经济基础之上的。而小农经济正是中国古代社会的主要生产方式。狭义的小农经济是指以小土地私有制为主体的社会经济基础;广义的小农经济主要就其分散经营和个体劳动的生产方式而言,而不限于生产资料的所有制形式。在此,我们主要讨论广义的小农经济。在中国古代社会,封闭的自给自足的小农经济始终占主导地位。[2] 占中国人口绝大部分的农民世世代代固定地居住在一片土地上,安土重迁,日出而作,日落而息,年复一年地传承着几乎完全相同的生产工具和耕作方式。《道德经·八十章》中说:"小国寡民,……使人复结绳而用之。至治之极。甘其食,美其服,安其居,乐其俗。邻国相望,鸡犬之声相闻,民至老死不相往来。"这种小国寡民的社会状态,单纯而质朴,反映了中国古代社会自给自足的生产生活方式,是对古代生活理想化的描绘。

马克思曾对小农经济的生产方式及其特点作了深入剖析,他阐述道:"小农人数众多,他们的生活条件相同,但是彼此间并没有发

---
[1] [德] 马克思,恩格斯. 马克思恩格斯全集:第 28 卷 [M]. 中共中央马克思恩格斯列宁斯大林著作编译局,编译. 北京:人民出版社,2018:8.
[2] 董国强. 遥想盛世——人治的理想与现实 [M]. 郑州:河南人民出版社,1998:2-5.

生多种多样的关系。他们的生产方式不是使他们互相交往,而是使他们互相隔离。……他们进行生产的地盘,即小块土地,不容许在耕作时进行分工,应用科学,因而也就没有多种多样的发展,没有各种不同的才能,没有丰富的社会关系。每一个农户差不多都是自给自足的,都是直接生产自己的大部分消费品,因而他们取得生活资料多半是靠与自然交换,而不是靠与社会交往。一小块土地,一个农民和一个家庭;旁边是另一小块土地,另一个农民和另一个家庭。一批这样的单位就形成一个村子;一批这样的村子就形成一个省。……就像一袋马铃薯是由袋中的一个个马铃薯汇集而成的那样。……他们是一个阶级。而各个小农彼此间只存在地域的联系,他们利益的同一性并不使他们彼此间形成共同关系,形成全国性的联系,形成政治组织,就这一点而言,他们又不是一个阶级。因此,他们不能以自己的名义来保护自己的阶级利益,……他们不能代表自己,一定要别人来代表他们。他们的代表一定要同时是他们的主宰,是高高站在他们上面的权威,是不受限制的政府权力,这种权力保护他们不受其他阶级侵犯,并从上面赐给他们雨水和阳光。"❶ 小农经济具有封闭、分散的特点,主要以家庭为单位从事生产,缺少行业间的社会分工与合作;同时,由于在小农经济下人们耕种固定的土地,所以他们的社会流动性相对较小,容易形成以血缘关系为纽带的大家族、大宗族。由于小农经济下生产方式变化不大,人们普遍重视经验的积累与传承,家族中具有丰富生产经验的男性长者因此受到尊重与敬仰。另外,从事小农生产的人们在生活资料方面基本上自给自足,无需与社会进行太多的交换,因此他们的社会关系相对简单,人们的人际交往和利益关系主要发生在家族之内,家长便具有某种权威。这样,分散的小农家

---

❶ [德]马克思,恩格斯. 马克思恩格斯选集:第1卷[M]. 中共中央马克思恩格斯列宁斯大林著作编译局,编译. 北京:人民出版社,2012:762-763.

庭就依附在家族、宗族势力之下，理所当然地接受"家长""族长"的统一管理。而"族长"的管理又主要依靠道德权威发挥作用。另外，在小农经济下，人们主要依赖自然条件获取生活资料，靠天吃饭，比较容易接受"以德配天"的说教。恩格斯在《反杜林论》中说："人们自觉地或不自觉地，归根到底总是从他们阶级地位所依据的实际关系中——从他们进行生产和交换的经济关系中，获得自己的伦理观念。"❶ 他还说："我们拒绝想把任何道德教条当做永恒的、终极的、从此不变的伦理规律强加给我们的一切无理要求，这种要求的借口是，道德世界也有凌驾于历史和民族差别之上的不变的原则。相反，我们断定，一切以往的道德论归根到底都是当时的社会经济状况的产物。"❷ 因为自然经济条件下的农民只是耕作在自己的土地上，满足于自给自足的生活，其他经济交往相对较少，除了宗族关系之外，其他社会关系比较简单，所以在社会关系的调整方面法律的地盘相对缩小，社会对法律的需要程度比较有限。相反，道德规范的作用则大大加强。李大钊敏锐地指出，孔子思想代表专制社会的道德，之所以支配中国社会两千年，"因他是适应中国二千余年来未曾变动的农业经济组织反映出来的产物，因他是中国大家族制度上的表层构造，因为经济上有他的基础"❸。同样道理，德治思想之所以在中国古代繁荣兴盛，也是由农业生产这个经济基础决定的。

中国古代自然经济的长期延续，其生产力方面的原因是：长期以来，无论是生产工具，还是生产技术，只是在原有基础上有所改进，而没有根本性的优化或提高，生产力水平长期未能有根本性突破。制

---

❶ [德] 马克思, 恩格斯. 马克思恩格斯全集：第26卷 [M]. 中共中央马克思恩格斯列宁斯大林著作编译局, 编译. 北京：人民出版社, 2014：99.
❷ [德] 马克思, 恩格斯. 马克思恩格斯全集：第26卷 [M]. 中共中央马克思恩格斯列宁斯大林著作编译局, 编译. 北京：人民出版社, 2014：100.
❸ 中国李大钊研究会. 李大钊全集：第三卷 [M]. 北京：人民出版社, 2013：187.

度方面的原因是：封建统治阶级从自身利益出发，为了保持社会的稳定，采取了一系列重农抑商的政策，强化了适宜小农生存和发展的社会人文环境。而自然经济长期延续的结果，又反过来阻碍了商品经济的产生与发展，为德治思想提供了适宜的土壤和条件。

东西方文化的历史传承有着巨大差别，东西方文化的差异、制度文明的不同关键在于其生产方式以及构筑于其上的人们的思想观念、政治诉求的不同。正是由于东方大国——中国所具有的农业经济基础，才孕育并发展出与之相匹配的农耕文化，而重德崇礼的德治思想是农耕文化系统的一部分。

第三节　中国古代社会的基本结构

在中国古代社会，德治思想之所以能够产生巨大的作用，有其深刻的社会结构基础。这就是建立在自然经济基础之上、以血缘家庭关系为基础的宗法制度。由于中国早期历史的独特性，家族组织被相当完好地保存下来，并转化为一种新的社会组织形式，即"家国一体""家国同构"的宗法社会结构。春秋战国之后，家族虽然不再直接与国家政权相叠合，却也不单纯是由血缘关系联系起来的自然组织。作为社会的一个基本单位，家族仍然具有组织、管理、生产、消费、行政、司法、教育等多种社会职能。这种社会组织结构在很大程度上又作用于国家的政治生活。在这种社会结构中，每个社会成员都置身于一个以血缘为纽带而编织的等级名分网络，并由此而负有各种宗法权利与宗法义务。以家族为本位的这种宗法社会结构深刻地影响着古代中国社会的各个领域，小至个人的思维、行为方式，大至国家的结构组织、运作方式无不打上宗法制度的烙印，所以在探讨中国传统德治思想产生及存在的基础时必须了解中国的宗法制度。

一、中国古代宗法制度概况

"宗"字的本来意思是"祖庙"。《说文解字·宀部》中说："宗，尊祖庙也。从宀从示。"❶ 后人建庙用来祭祀祖先，即所谓"宗庙之礼，所以祀乎其先也"❷。"宗"所代表的观念就是后代对祖先的继承关系；而"宗族"则是指同姓同族的有机整体；"宗法"则是古代社会家族或宗族的管理法则，按照血缘的远近亲疏对家族或宗族成员的身份加以划分，分出长幼尊卑，从而明确统治与被统治的关系。

宗法制度起源于原始社会后期父系家长制下公社成员之间牢固的亲族血缘关系。国家产生以后，以血缘关系为基础的父系大家族的传统被保留下来，这种血缘关系与社会政治等级制度相结合，从而形成宗法制度，血统成为确定社会政治地位的重要根据。原来氏族时代的显贵家族之长在奴隶制国家中演变为君主之下不同等级的官吏，而君主自然是最大的宗主。国家的都城既是祖庙的所在地，又是国家的政治中心。西周的宗法制度比较完备与典型，其主要内容是嫡长子继承制、分封制等。其大体情况为：周王称作天子，王位由嫡长子继承，即为大宗。周王把京畿以外的土地划分区域分封给各个诸侯。在每一诸侯国中，君位也由嫡长子继承，相对天子来说是小宗，在本诸

---

❶ （汉）许慎. 说文解字新订［M］. 臧克和，王平，校订. 北京：中华书局，2002：488.
❷ 礼记·中庸.

侯国内是大宗。按照宗法规定，大宗尊于小宗。诸侯分封之后，又在其统辖区域内册封子弟、亲属、功臣为卿大夫。卿大夫又依法炮制，建立"分族"或"侧室"。此即为《春秋左传·桓公二年》所说的"天子建国，诸侯立家，卿置侧室，大夫有贰宗"。于是，卿大夫以封邑为家，诸侯以封国为家，而天子则以天下为家。周天子与诸侯、卿大夫等之间就具有两重关系：政治关系和血缘宗族关系。从政治方面来说，周天子是国家最高统治者——君主；从血缘宗族方面来说，周天子又是宗族的最高首领——宗主。依此类推，在每个诸侯国、封邑中也是如此，诸侯王既是诸侯国中的政治首领，也是其所在宗族的统帅。"由此可见，血缘宗族关系在古代中国国家形成过程中并没有受到破坏，而是和政治关系在一起，政权与族权、君统与宗统结合到一起了。"❶

春秋以来，从奴隶社会过渡到封建社会的时候，在封建制小农经济的冲击下，家族共同体开始瓦解，但是其结果却并不彻底，宗法关系只是变换了一个新的面目继续存在。在一个个小家庭获得独立的经济地位后，这些小家庭仍旧以血缘关系进行繁衍，并以血缘关系组成新的封建制宗族关系。直到近代，中国的广大农村基本上仍然是由一个个以血缘宗族为核心的自然村落。

在宗法和宗族社会中，宗族的作用很大，它既是一种重要的教育单位，又具有一定的社会职责。冯友兰先生曾说："家族制度是过去中国的社会制度。传统的五种社会关系：君臣、父子、兄弟、夫妇、朋友，其中有三种是家族关系。其余两种，虽然不是家族关系，也可以按照家族来理解。君臣关系可以按照父子关系来理解，朋友关系可以按照兄弟关系来理解。在通常人们也真地是这样来理解的。"❷ 而

---

❶ 刘泽华，等. 专制权力与中国社会 [M]. 长春：吉林文史出版社，1988：3.
❷ 冯友兰. 中国哲学简史 [M]. 涂又光，译. 北京：北京大学出版社，1985：27-28.

宗族精神不仅根深蒂固地存在于农村基层，而且渗透和扩散到国家政权与社会生活的各个角落。正是在这样的社会基础上，古代中国的治国思想在体现各国治国思想之共性的同时，又有其独有的特色：统治者为了巩固政权，就利用宗族这个社会单位号召人们遵循宗法道德，甚至把宗法礼仪纳入国家法律，并强制人们遵守，用来强化对人民的支配和对社会的控制。这种做法就造成了中国古代社会中家国同构和政治伦理化的结果。

农业宗法社会曾是东西方国家共同经历的一种社会形态。但是，在西方国家，随着商品经济的发展，人们之间的商品契约关系逐渐取代血缘关系；人口流动性的增强使国家以地域作为划分行政管理的标准。于是，原始家长制与宗族观念失去了赖以存在的载体，在西方国家迅速烟消云散。在西方封建社会中，君主是国家元首，与各个封地领主之间是宗主与附庸的关系。附庸有服从、保护宗主并向宗主纳税的义务，宗主也有保护附庸不受外来侵犯的责任，他们之间是一种契约关系，并不涉及道德义务。作为附庸的封地领主还享有独立的政治、军事、立法和审判的权力。与西方国家相比，中国古代社会的一个重要特点是以血缘家庭为基础的宗法制度的长期存在。马克斯·韦伯曾说："中世纪的西方，宗族的作用就已烟消云散了。可是在中国，宗族的作用却完完全全地保存了下来：它既是最小的行政管理单位，也是一种经济合股方式。而且，甚至有了某种程度的发展，这在其他地方，甚至印度，都是闻所未闻的。"[1] 他还说："村庄多以宗族姓氏命名，有的村子只有一族，就以占多数的代表姓命名。村庄也可以是宗族联盟。古老的地界说明，土地不是分给个人的，而是分给宗族的。宗族共同体在相当大的范围内维系着这种状

---

[1] [德] 马克斯·韦伯. 儒教与道教 [M]. 王容芬, 译. 北京：商务印书馆, 1995: 140.

况。……每一个宗族都有独立惩处其成员的权力，而且行使这种权力，尽管近代国家政权没有正式承认这种权力。"❶ 韦伯虽然缺乏对中国传统政治经济文化的全面了解，但他的这一番论述确实道出了古代中国宗法社会的基本特征。

世界各地早期国家的形成因其自然条件、经济基础等因素的差异，有着不同的发展路径。恩格斯在《家庭、私有制和国家的起源》一书中探讨了西方早期国家形成和发展的三种模式，即雅典模式、罗马模式和德意志模式❷。中国古代社会与古罗马、古希腊、德意志不同，它是经过一条特殊的路径进入文明社会的，即由氏族部落进入国家社会，国家的产生与血缘家庭有着不可分割的联系。侯外庐曾经这样概括进入文明社会的路径："如果我们用'家族、私有、国家'三项来做文明路径的指标，那么，'古典的古代'是从家族到私产再到国家，国家代替了家族；'亚细亚的古代'是由家族到国家，国家混合在家族里面，叫做'社稷'。"❸ 这二者之间的根本区别是：前者打碎了血缘家族的关系，"家"与"国"之间不存在内在的必然联系；与此相反，后者不仅始终没有打破血缘家族，血缘家族反而还是国家赖以存在的基础。由于这种独特的路径，氏族社会的解体在中国完成得很不充分，氏族社会的宗法制度及其意识形态被大量保留下来。这种奇异的"家国一体"的独特格局，在某种意义上可以说，"国"是"家"的放大，社会关系是家庭关系的延伸。在中国传统社会中，家庭作为社会的基本组织单位，具有结构稳定、功能健全的特点。一方面，无论是在奴隶社会，还是在封建社会的国家里，统治者都非常重

---

❶ [德] 马克斯·韦伯. 儒教与道教 [M]. 王容芬, 译. 北京: 商务印书馆, 1995: 140-141.
❷ [德] 马克思, 恩格斯. 马克思恩格斯全集: 第28卷 [M]. 中共中央马克思恩格斯列宁斯大林著作编译局, 编译. 北京: 人民出版社, 2018: 131-185.
❸ 侯外庐, 等. 中国思想通史: 第一卷 [M]. 北京: 人民出版社, 2011: 10.

视家庭、家族的社会作用,尤其是在社会规模扩大、社会矛盾复杂的情况下,国家要想实现社会的稳定、政权的巩固都需要家长、族长的配合。繁复细密的家法族规对社会基层的调控既具有内在约束性,又具有外在的强制性,有效地辅助了国家的管理机构。另一方面,家庭的安全与稳定也有赖于国家的富强;国与家相互依赖,相互作用。家与国的紧密结合形成了在古代中国延续几千年的宗法制度,并产生与此相适应的具有中国特色的德治思想。

二、"家国同构"的宗法社会结构与国家政治

在宗法社会中,每个人都属于某一个源远流长的家族,都生活于一定的宗族关系之中。家族、宗族的宗法为每个人规定了各自的名分与地位,人与人之间的关系存在上下、尊卑、亲疏、远近的不同。在同一家庭和家族中,人与人之间是靠血缘纽带联系起来的。即使在不同的家庭和宗族中,人与人之间也会由姻亲关系、师生关系、同乡关系等产生各种各样的联系,而姻亲关系实际上是血缘关系的延伸,同乡关系则是地域关系的一种。《尚书·尧典》中说:"克明俊德,以亲九族。"其中的"九族",无论是古文学家认为的同宗亲族,还是今文学家解释的异姓亲族,都是以血缘关系或血缘关系的延伸(即姻亲关系)为纽带的。中国人的这种亲情关系、人情关系的情结源远流长,根深蒂固地存在于每一个人的内心。由于人与人之间的关系是带有浓重人情味道的亲情关系,而非赤裸裸的金钱、利益关系,在调节人与人之间、家庭与家庭之间各种关系的时候,仅仅依靠冷冰冰的固定法律条文是不适宜的,而尊长的教导、父兄的榜样、德高望重之人的调停具有某种温情,更易为当事人双方所接受

和认可。宗法社会大力推崇"亲亲""尊尊"的原则。在家庭中，表现为"父，至尊也"❶"家无二主，尊无二上"❷。在家族、宗族中，德高望重的族长具有重要地位，可以发号施令，处理家族中的各种事务。由家及国则是"国无二君，家无二尊"❸。正如黑格尔所说："在中国，皇帝好像大家长，地位最高。"❹ 君主相当于家长或族长，在处理国政时也不能只是使用冰冷、僵化的法律，而必须以"德"感人、服人。

由于"家国同构""家国一体"是宗法社会最显著的特征，因此宗法制度对古代中国政治思想的作用和影响是多方面的，其中重要的一点就是：由于家与国相结合、父权与君权相结合，造成修身、齐家与治国、平天下相一致，从而使古代中国政治与道德伦理紧密结合。家国一体，政权与族权相结合，使人们的很多活动都被纳入封建纲常伦理关系，人的社会行为转化为家庭、宗族行为；而道德要求的法律化、制度化又使道德要求进一步合理化，并受到国家法律的保护和支持。当用来调节家庭或者家族内部关系的道德原则及规范被扩大到国家政治生活之中并发挥重要作用的时候，道德教化和道德伦理也就成为治理国家、维护社会稳定的重要手段。因为在宗法制度的"家国一体"观念下，国是家的扩展，君是父的象征。在家知道父子、兄弟、男女的尊卑关系，推而广之，便可以明白国家中君臣上下的尊卑关系；在家能够协调管理宗族的事务，就能够通晓治国的道理。"知为人子，然后可以为人父。知为人臣，然后可以为人君。知事人，然后能使人。……父子君臣长幼之道得而国治。"❺ 这种宗法

---

❶ 仪礼·丧服.
❷ 礼记·坊记.
❸ 礼记·丧服四制.
❹ [德]黑格尔. 历史哲学 [M]. 王造时, 译. 上海：上海书店出版社, 2001：114.
❺ 礼记·文王世子.

制度体现了由家及国的治世之道。

《礼记·大学》中明确说："古之欲明明德于天下者，先治其国；欲治其国者，先齐其家；欲齐其家者，先修其身。……身修而后家齐，家齐而后国治，国治而后天下平。"意思就是：如果你想做到国治民安和天下太平，首先要做到家能够治理得有顺序、有秩序，而家要治理得有秩序，首先要做到修身，个人修养要能够做得好。孔子这句话实际上是从我们所说的私德、个人的修身扩展到公德、扩展到治天下，"修身齐家治国平天下"，最后扩展到"平天下"。在宗法观念下的这种"修身、齐家、治国、平天下"的模式，治国与治家之间并没有本质的区别，只有管理范围与权限的差别，国家统治只不过是家庭管理的放大，一国之君就相当于一家之长，他对待臣民的态度也像家长对待子女的态度一样，首先应该凭借自身的道德修养树立权威，推行仁政与德治，用品格的力量去教导和感化家庭成员，而不是把严刑或者酷法作为管理事务的主要方式。德国哲学家克里斯蒂安·沃尔弗对中国家国同构的政治模式有所评论。他说："中国人认为，要想当家长，首先必须行为端正，生活检点；要想入朝参政，首先必须善于治理家政。我认为，他们这种看法不是没有道理的，失于检点的人怎么能治理家政呢？一个人连家政都不会治理，这就是说，与他亲密无间的那么几个人他都统治不了，又怎么谈得上统治天下众人呢？再说，如果一个人想要统治别人，他就必须以亲身为实例告诫众人，天下必须按其旨意行事，之所以这样要求，是因为这样做可以达到幸福的目的。"❶

在漫长的中国古代社会中，宗法制度下的亲疏、尊卑关系常常与政治上的上下、等级关系纠缠在一起，使宗法精神渗透于国家政治体

---

❶ [德] 克里斯蒂安·沃尔弗. 关于中国人道德学的演讲 [M] //夏瑞春. 德国思想家论中国. 陈爱政，等译. 南京：江苏人民出版社，1995：41.

系，在行政的上下级从属关系中体现出强烈的私人依附性。在很多时候，宗法性的族长甚至直接替代国家行政长官行使行政、司法、教育等权力。黑格尔曾经对中国的这一社会现象作过分析。他说："中国人把自己看作是属于他们家庭的，而同时又是国家的儿女。在家庭之内，他们不是人格，因为他们在里面生活的那个团结的单位，乃是血统关系和天然义务。在国家之内，他们一样缺少独立的人格：因为国家内大家长的关系最为显著，皇帝犹如严父，为政府的基础，治理国家的一切部门。"❶

第四节 中国古代的专制体制

中国传统德治思想的产生与长期存在，不仅有其地理环境、经济基础、宗法社会结构等方面的因素，还有更为直接的原因，即君主专制的社会政治制度。

一、中国古代专制体制概况

君主专制是一切封建国家共同的政治特征，但在不同的国家其产生的根源、表现形式和发展程度是不尽相同的。从某种意义上来说，中国的专制制度在很大程度上导源于中国的血缘亲族关系。君主专制的政治体制最早建立于上古三代，到了周代已发展得比较完备。

---

❶ [德] 黑格尔. 历史哲学 [M]. 王造时，译. 上海：上海书店出版社，2001：122.

西周春秋时期的宗法分封制是其典型形式。历史进入春秋中期，一些诸侯和卿大夫开始设立郡县，派人直接进行管理。新型的君主集权专制体制开始取代以分封制为特点的旧式君主专制体制。虽然宗法制度不再像春秋以前那样直接地与政治相结合，但是宗法社会结构却被保留下来，仍然与国家政治发生着千丝万缕的联系。

战国以后，郡县制开始逐渐取代分封制，君主的中央集权趋势得到进一步加强。秦统一六国以后，建立了高度集权的君主专制政体，中国政治社会出现了"家天下"的现象，即封建皇帝把国家当作自己的私有物，把自身当作整个国家的大家长。从此，皇帝一人总揽了全国上上下下的一切权力，正如司马迁所说"天下之事无大小皆决于上"❶。"天下之事无大小皆决于上"、皇权高于一切，概括了君主专制政治体制的主要特点。在君主专制国家中，没有任何具体力量可以有效地制约君权。这样，一种国家政治体制本身存在很大的隐患。为了弥补这一缺陷，避免隐患的发生，几千年来，包括统治者在内的许多政治家、思想家费尽心机，提出了不少建议和措施，其中德治思想即为一种主张，并为统治阶级所实践。

正如《荀子·议兵》所说："臣之于君也，下之于上也，若子之事父，弟之事兄。"由于中国的宗法制度具有"家国一体""家国同构"的特征，中国的专制制度相应地具有两方面的内容：家庭、宗族内的家长、族长专制和国家中的君主专制。在我国古代长期存在的血缘宗族是父权家长制的，在家庭、家族中父亲或族长拥有至高无上的权力，是家庭、家族的最高首脑，可以主宰家庭、家族中大大小小的事务。而家庭、家族中的普通成员则需服从家长、族长的命令，一般成员则只是构成家庭、家族的一个个小细胞，没有完全独立的权力

---

❶（汉）司马迁. 史记·秦始皇本纪.

和地位，甚至缺失现代意义上作为一个公民通常拥有的必要权利，与外部社会进行权益交涉时，往往是以家长、族长为代表。同样道理，在整个国家中，君主则具有"至尊"的地位，拥有全国至高无上的权威。黑格尔对此有着生动形象的描述：在东方国家，各个人被看作无足轻重的，"他们围绕着一个中心，围绕着那位元首，他以大家长的资格——不是罗马帝国宪法中的君主——居于至尊的地位。因为他必须执行道德规范，他必须崇奉已经规定了的重要律令；因此，在我们西方完全属于主观的自由范围内的种种，在他们东方却自全部和普遍的东西内发生。东方观念的光荣在于'唯一的个人'一个实体，一切皆隶属于它，以致任何其他个人都没有单独的存在，并且在他的主观的自由里照不见他自己。想象和自然的一切富丽都被这个实体所独占，主观的自由根本就埋没在它当中。……例如中国，这个国家就是以家族关系为基础的——一个父道的政府，它那政府是用了谨慎、劝谕、报应的或者简直可以称为纪律的刑罚，来维持它的机构"[1]。黑格尔认为，在中国，东方专制主义的大家长原则得到了明显的确证，他说，"在中国，皇帝好像大家长，地位最高。国家的法律一部分是民事的敕令，一部分是道德的规定"[2]。正因如此，长期以来，无论我国的思想家还是政治家都常常把君臣比作父子，要求臣民敬奉君主要像儿子敬奉父亲一样。中国古代国家走上君主专制的道路并得以长期维持，并非历史的偶然，而是有其深刻必然性的，其中上古社会所残存的父权家长制的血缘宗族难脱干系，父权与君权相结合、政权与族权相统一是其重要根源。

---

[1] ［德］黑格尔. 历史哲学 [M]. 王造时，译. 上海：上海书店出版社，2001：107-108.
[2] ［德］黑格尔. 历史哲学 [M]. 王造时，译. 上海：上海书店出版社，2001：114.

二、中国古代专制体制与德治

在古代这种君主集权的专制体制中，缺少对君主行为的外在制约机制。因为在一个君主专制的国家里，君主的权力几乎可以是无限的。孟德斯鸠曾说："专制政体的性质是：一个单独的个人依据他的意志和反复无常的爱好在那里治国。"❶ 孟德斯鸠认为，在专制主义国家里，君主完全按照自己的主观意愿行事，而"没有任何基本法律，也没有法律的保卫机构"❷。他还认为，东方专制主义是环境的产物。环境中的气候等因素决定了人们的生活方式，也决定了人的生理功能、性情特征与精神状态，从而决定了一个社会的政权组织方式。尽管他的这一观点对古代中国来说有些偏颇，但是在古代中国专制体制下君主的意志确实可以凌驾于法律之上。在君主专制的国家里，有法律不等于能够实现法治，君主的金口玉言比法律具有更大的权威，国家法律和法规在君主面前显得软弱无力。面对这种社会现实状况，许多思想家、政治家们不断思考的问题是君主的行为依靠什么来约束。

一方面先秦儒家德治思想正是对专制政治体制这一弊端的一种自觉的补救与制约。因为既然君主缺少外在的制约机制，那么只好转而求助于内在的约束，而道德的本质在于人的自律，体现为人们对一定行为规范的自觉遵守和履行，尤其强调自身的内在修养，正好可以填补君主外在约束机制缺失的不足。费孝通在谈到中国传统社会尤其是乡土社会时，说中国传统社会不是法治社会，也不是人治社会，

---

❶ [法]孟德斯鸠. 论法的精神：上册[M]. 张雁深，译. 北京：商务印书馆，1961：19.
❷ [法]孟德斯鸠. 论法的精神：上册[M]. 张雁深，译. 北京：商务印书馆，1961：17.

而是"礼治"的社会❶，大致近乎德治的意思。为什么不说是"人治"呢？原因就在于君主也不能忘乎所以地为所欲为，他也要受儒家伦理道德的约束。孔子认为，君主不仅要自觉遵守道德，而且应该比常人更进一步，还必须为民众作出表率。因为政治的本质就在于正己、正人，执政者首先要自己做到身正，才有权威发布命令，才有资格教化民众。孔子在《论语·颜渊》中说："政者，正也。子帅以正，孰敢不正？"孔子把"政"解释为"正"，是想说明政治在某种意义上就是道德教化，统治者自己正则能使别人也正。"其身正，不令而行；其身不正，虽令不从。"❷ 以孔子为代表的儒家之德治思想要求统治者首先恪守仁、义、礼、信等道德原则，强调身教重于言传，以自身的道德表率来教化百姓，即所谓："苟正其身矣，于从政乎何有？不能正其身，如正人何？"❸

另一方面君主专制体制在某种程度上巩固了德治的地位，强化了德治作用的发挥。孟德斯鸠曾经分析道："在专制的国家，每一个人都是既居人上又居人下，既以专制权力压迫人又受着专制权力的压迫。那里人们的交往就少于那些自由存在于社会上各阶层的国家，因此专制国家的礼仪和风俗就较少改变。"❹ 而"礼仪"与"风俗"正是构成中国传统德治的重要部分。孟德斯鸠认为，专制体制限制了人们交往的自由，而交往的稀疏则有利于该专制国家上层建筑方面的稳定。

综上所述，传统德治与君主专制的政治体制是直接关联的，君主专制的政治制度需要传统德治的补救，传统德治是在古代中国法治欠缺的情况下对君主专制的一种补偏与救弊。

---

❶ 费孝通. 乡土中国 [M]. 北京：商务印书馆，2018：47-49.
❷ 论语·子路.
❸ 论语·子路.
❹ [法]孟德斯鸠. 论法的精神：上册 [M]. 张雁深，译. 北京：商务印书馆，1961：309.

正如恩格斯在 1980 年 9 月致约瑟夫·布洛赫的信中所指出的，"历史是这样创造的：最终的结果总是从许多单个的意志的相互冲突中产生出来的，而其中每一个意志，又是由于许多特殊的生活条件，才成为它所成为的那样。这样就有无数互相交错的力量，有无数个力的平行四边形，由此就产生出一个合力，即历史结果，而这个结果又可以看做一个作为整体的、不自觉地和不自主地起着作用的力量的产物"❶。正如恩格斯的历史合力论所揭示的，中国传统儒家德治思想的产生与发展、运用与实践都不是纯粹的偶然现象，而是由其特定的客观条件与社会状况决定的，是中国古代特殊的地理环境、经济基础、宗法社会结构以及专制制度等各种因素共同作用的结果。

---

❶ ［德］马克思，恩格斯. 马克思恩格斯选集：第 4 卷［M］. 中共中央马克思恩格斯列宁斯大林著作编译局，编译. 北京：人民出版社，2012：605.

第三章 古代儒家德治思想的人性前提和社会理想

中国古代儒家的德治思想具有丰富的内容。古代儒家学者不仅从人性、政治领袖自身的道德素质对公众的影响等角度阐述实施德治的必要，而且阐明德治的出发点就是重视道德、关爱生命，由此进一步要求统治者以民为本、保护百姓。为了保证德治思想的落实与实践，古代儒家的思想家、政治家们还提出了一系列政治理念和基本措施，对当时的各级统治者都提出了相应的要求，从纯洁统治阶层队伍、提高统治者的思想道德和知识能力素养等方面出发，提出具体的用人理念，制定相应的用人规章和制度，从选拔各级官吏的用人机制、法律条款等方面来保障德治思想的贯彻和落实。他们还满怀憧憬地勾画了德治的理想目标，以和谐社会、构建大同社会为最高境界。

第一节 古代儒家德治思想的人性前提

在中国古代社会，儒家提出以德治国的政治主张绝不是偶然的冲动，而是有其理论依据的。儒家德治思想的提出是以对人性的基本认识为前提的。

不管是以孟子为代表的性善论、以荀子为代表的性恶论，还是后来汉唐之际董仲舒的"性三品"论、扬雄的"人性善恶混"论、李翱的"性善情恶"论，甚至宋明之际张载的义理之性与气质之性相区分的观点,它们都有一个共同点,即人性是可以改变的,通过道德教化可以向善良转化,可以使小人弃恶从善成为君子。社会秩序的和谐状态在根本上要靠人们普遍的道德养成。与之相对,法律惩治对人性的变化则于事无补,只能在罪恶行为发生之后对作恶之人进行一定的惩处。所以在古代儒家看来道德教化是治理国家的根本,而法律惩治则处于辅助的地位。由此,治理国家的一个基本方式就是利用社会的一切因素,尤其是社会结构中具有表率作用的君主、各级官吏、各宗族中的族长,以及专门发挥教化作用的学校教师等,对民众进行道德教化,以和平的方式产生持久深远的影响。在治国理政中,应该以道德教化为先行的手段,而不能只是停留在刑罚惩治的层面。

一、古代儒家多元化的人性观

孔子虽然没有直接说明人性的内容,但根据其总体学说来看,他倾向于性善论。孔子说:"性相近也,习相远也。"❶ 在他看来,人性的本质本来相近,其性情与品质之所以差别甚远,是由习惯熏染造成的。《论语·阳货》中记载:"子曰:'惟上知与下愚不移。'"这句话表明孔子认为只有上等的智者和下等的愚人是改变不了的,占大多数的其他人则可以通过后天的自我学习和君师的教化成为道德品质良好之人。孔子还说:"笃信好学,守死善道。"❷ 他主张坚定地相信道,努力学习它,誓死保全它。在孔子看来,学习道的过程就是道德修养的过程。后来,孟子和荀子从不同的角度来理解孔子的这一思想。

---

❶ 论语·阳货.
❷ 论语·泰伯.

在防止恶行、协调社会秩序方面，孔子认为道德教化与刑罚制裁相比，前者为根本方法，后者是辅助手段。他说："道之以政，齐之以刑，民免而无耻；道之以德，齐之以礼，有耻且格。"❶ 意思是说，用政法来诱导民众，用刑罚来整顿他们，他们只是由于惧怕惩罚而暂时免于罪过，却没有廉耻之心；如果用道德来教导他们，用礼教来整顿他们，人们不但有廉耻之心，而且人心归服。孔子认为，政、刑只能使人不犯罪，而德、礼则能使人知耻而归心。孔子强调德治，但并不主张废除刑罚杀戮，而是反对"不教而杀""不戒视成"（《论语·尧曰》），提倡道德教化与刑罚惩戒相互结合。显然，在孔子那里，德治教化比刑罚惩戒的作用更根本且更持久。

对于道德在治理国家、协调社会中这种持久深远的作用，伯特兰·罗素说："传统道德的目的之一是使现行的社会制度顺利运转。它成功地实现这个目的时，比警察的力量更省钱而更有效力。"❷ 因此，在维护国家安定、社会团结方面，道德教化具有法律惩治不可替代的作用。

孔子虽然认为德治比法治更为根本，道德教化的作用胜过刑罚，却并不主张废除刑罚，而是主张先教后杀，应该首先对百姓进行教化，教化失败才能使用刑罚来惩戒，即他所说的"不教而杀谓之虐，不戒视成谓之暴"❸。

孟子是中国历史上最著名的性善论者。他的"四端说"认为，人具有与生俱来的四种善心和善性，即"恻隐之心，人皆有之；羞恶之心，人皆有之；恭敬之心，人皆有之；是非之心，人皆有之"❹。

---

❶ 论语·为政.
❷ ［英］伯特兰·罗素. 权力论 新社会分析［M］. 吴友三，译. 北京：商务印书馆，1991：162.
❸ 论语·尧曰.
❹ 孟子·告子上.

这是人性本善的四个善端，它们可以发展成为"仁、义、礼、智"四种美德。孟子认为人性本来是善良的，人的恶言恶行是后天习惯的浸染所造成。他说："乃若其情，则可以为善矣，乃所谓善也。若夫为不善，非才之罪也。"❶ 大意是人类天生的资质可以使他善良，这便是人性善良。至于有些人不善良，不能归罪于他的资质。孟子虽然主张人性善，但是并不否认人的品质具有可变性与可塑性。孟子曰："中也养不中，才也养不才，故人乐有贤父兄也。"❷ 意思是说道德品质好的人教育熏陶那些道德品质不好的人，有才能的人教育熏陶那些没有才能的人，所以每个人都喜欢有贤德的父亲和兄长。这段话表明人性的可塑性。孟子在性善论的基础上提出"人皆可以为尧舜""尧舜之道，孝弟而已矣。子服尧之服，诵尧之言，行尧之行，是尧而已矣"❸ 等观点。他还说："舜，人也；我，亦人也。"❹ 既然像尧舜这样的圣人与我都是同类，那么我与他们就具有共同的道德本质。普通人要以圣人为榜样努力学习，像尧舜那样做人。孟子不仅论述了教民的可能性，而且阐述了教民的重要性。他说："以力服人者，非心服也，力不瞻也；以德服人者，中心悦而诚服也。"❺ 在孟子看来，道德教化可以赢得民心，使人心悦诚服；而依仗势力使人服从的，人家却不会心悦诚服。所以，孟子又说："善政不如善教之得民也。善政，民畏之；善教，民爱之。善政得民财，善教得民心。"❻ 孟子甚至认为，善于行政管理不如善于仁德教化更能获得民心。如果统治者善于行政管理，百姓会敬畏他；而如果善于教化引导百姓，人们就爱

---

❶ 孟子·告子上.
❷ 孟子·离娄下.
❸ 孟子·告子下.
❹ 孟子·离娄下.
❺ 孟子·公孙丑上.
❻ 孟子·尽心上.

戴他并乐于接受。善于行政管理得到的是百姓创造的财富，善于教化引导得到的是百姓的心。只有赢得民心，才能统治天下。

荀子是儒家中争议颇大的一个人物。他持性恶论，认为人性本来丑恶，人的善言善行是后天习惯的熏染。他明确说："人之性恶，其善者伪也。"❶ 荀子把恶认定为人的先天本性，把善归结为后天人为因素作用的结果。然而，荀子虽然主张性恶论，却并不否认君师的教化作用与法度的惩治教育功能，认为正是因为人性本恶，如果顺其自然发展，肯定会趋向于争夺、残杀，所以教化更是必不可少。因此，他说："故人无师无法而知，则必为盗；勇，则必为贼；云能，则必为乱；察，则必为怪；辩，则必为诞。人有师有法而知，则速通；勇，则速威；云能，则速成；察，则速尽；辩，则速论。故有师法者，人之大宝也；无师无法者，人之大殃也。"❷ 意思是人如果没有老师的教化，不学习法度却聪明，就一定会做出盗贼的事情。有勇气，就会当贼；有才能，就会作乱；有明察，就一定会产生奇谈怪论；善于辩论，就一定会诡辩。人如果有老师教导学习礼法而聪明有知识，很快就能够通达；有勇气，很快就能树立威风；有才能，很快就能有成就；有明察，就能迅速透彻地了解事理；善于辩论，很快就能作出判断。因此，有老师有礼法，是人的最大财富；没有老师的教导又不学习礼法，是人的最大灾难。

荀子接着说："人无师法，则隆性矣；有师法，则隆积矣；而师法者，所得乎积，非所受乎性，性不足以独立而治。性也者，吾所不能为也，然而可化也；积也者，非吾所有也，然而可为也，注错习俗，所以化性也；并一而不二，所以成积也。习俗移志，安久移质。

---

❶ 荀子·性恶.
❷ 荀子·儒效.

并一而不二,则通于神明,参于天地矣。"❶ 荀子认为,人没有老师和礼法,就会放任本性;有老师和礼法,就能通过教育,积累有关掌握社会行为规范的知识经验;然而教师和礼法也是由后天教育而学习、积累得来的,不是从先天本性而来的,本性不能够治理自己。本性不是人为形成的,但是我们可以改变它;习惯不是生来就有的,但是我们可以通过学习得到它。行为习俗,可以改变本性,专一不二,可以逐步养成习惯;风俗习惯能够改变人的思想,时间久了就会改变人的素质,专一不二,就能达到最高的智慧,可以和天地的作用相配合。

据此,荀子非常重视教育对人道德观念形成的重要作用,强调人们后天的努力,主张用"师法之化"来治理人性,以礼义之道来约束人的行为。他说:"今人之性,生而好利焉,顺是,故争夺生而辞让亡焉;生而有疾恶焉,顺是,故残贼生而忠信亡焉;生而有耳目之欲,有好声色焉,顺是,故淫乱生而礼义文理亡焉。然则从人之性,顺人之情,必出于争夺,合于犯分乱理而归于暴。故必将有师法之化,礼义之道,然后出于辞让,合于文理,而归于治。"❷ 荀子还说:"故枸木必将待檃栝烝矫然后直,钝金必将待砻厉然后利。今人之性恶,必将待师法然后正,得礼义然后治。今人无师法,则偏险而不正;无礼义,则悖乱而不治。古者圣王以人之性恶,以为偏险而不正,悖乱而不治,是以为之起礼义、制法度,以矫饰人之情性而正之,以扰化人之情性而导之也。使皆出于治,合于道者也。今之人,化师法,积文学,道礼义者为君子;纵性情,安恣睢,而违礼义者为小人。"❸ 在荀子看来,就像弯曲的木头需要依靠工具加以矫正一样,

---

❶ 荀子·儒效.
❷ 荀子·性恶.
❸ 荀子·性恶.

人的恶的本性也一定要得到君师的教化与法制的规约之后才能端正，民众一定要经过礼义的熏陶然后才能治理。如果人们没有君师和法制，就会偏邪而不端正；没有礼义，就会违背礼法制度而难以管理，因此应该为人们兴起礼义教化、制定法律，用来矫正、整顿人的性情而使其端正，用来驯服教化人的性情而给予引导，使人们都能遵守秩序、合乎道德标准。现在的人受君师和法制的教化、积累文化知识、实行礼义的就是君子；放纵性情、胡作非为、违背礼义的就是小人。荀子还对比了化与不化两种截然不同的结果。他说"顺情性则弟兄争矣，化礼义则让乎国人矣"❶，正是由于人性恶，才设立了各种礼义，目的就是校正人的劣根性，防止争斗，从而维持国家安定、社会和谐，所以荀子的观点是教化与法治并行。但是，由于教化不仅可以抑制罪恶，而且能够褒扬善行；而法律制裁则只能惩治恶行，所以在荀子看来教化更应受到重视。他说："故不教而诛，则刑繁而邪不胜；教而不诛，则奸民不惩。"❷ 显然，荀子认识到无论是仅凭刑罚的惩治，还是单纯依靠君师的道德教化，都是行不通的。一方面他质疑单纯依靠刑赏的可行性，说："雕雕焉县贵爵重赏于其前，县明刑大辱于其后，虽欲无化，能乎哉？"❸ 另一方面他也指出单纯道德教化的不足，说："尧、舜者，天下之善教化者也，不能使嵬琐化。"❹ 纵然是尧、舜这样天下最善于教育感化人的人，也不能教化天下最奸诈的人和行为卑鄙的小人，如尧的儿子丹朱、舜的异母弟弟象等，对这种教育感化无效的奸诈小人只能实行刑罚来惩治。因此，荀子主张，教化是刑赏的基础，刑赏为教化的辅助。

由此可见，先秦儒家已经明确认识到，人们可以通过自我的

---

❶ 荀子·性恶.
❷ 荀子·富国.
❸ 荀子·议兵.
❹ 荀子·正论.

学习修养以及君师的道德教化向着善良美好的人性转化、靠拢。只不过孟子更强调内在的自我反省，而荀子则更重视外在的教化影响。

　　董仲舒明确提出了教化万民的必要性与重要性。他首先讲明德治教化的天然合理性，说："天地之数，不能独以寒暑成岁，必有春夏秋冬；圣人之道，不能独以威势成政，必有教化。"❶ 他把教化看作像春夏秋冬一样天然自成，圣人用教化的功效弥补政治威严的不足，其原因在于："夫万民之从利也，如水之走下，不以教化堤防之，不能止也。是故教化立而奸邪皆止者，其堤防完也；教化废而奸邪并出，刑罚不能胜者，其堤防坏也。古之王者明于此，是故南面而治天下，莫不以教化为大务。"❷ 董仲舒认为，教化具有防止奸邪出现的功能，而这种预防的效果是刑罚所不能达到的。据此，董仲舒曰："教，政之本也。狱，政之末也。"❸ 他把教化看作为政的根本。他还回顾了历史，对实行教化的圣王治世局面非常神往，说圣王"教化已明，习俗已成，子孙循之，行五六百岁，尚未败也"❹。而秦始皇由于一味实行法治，放弃德治，废除教化的方式，所以秦王朝只存在了短短的十四年，就迅速灭亡了。

　　董仲舒的教化论与其性三品说有密切的关系。董仲舒将人性分为三等：圣人之性、中民之性、斗筲之性。他认为，圣人之性，不教自善，情欲较少；斗筲之性，教而不能为善，情欲较多；中民之性，有情欲，既可以为善，也可以为恶。不过，他又把可善可恶的中民之性作为基准。他说："圣人之性，不可名性；斗筲之性，又不可以名

---

❶ （汉）董仲舒. 春秋繁露·为人者天.
❷ （汉）班固. 汉书·董仲舒传.
❸ （汉）董仲舒. 春秋繁露·精华.
❹ （汉）班固. 汉书·董仲舒传.

性。名性者，中民之性。"❶ 据此，他认为，大部分人性都有善有恶，人性恶的原因在于性中有情，因而性情相连，而情是不善的，所以性中有恶。他又说："身之有性情也，若天之有阴阳也，言人之质而无其情，犹言天之阳而无其阴也。"❷ 在他看来，因为情的存在，所以人性有善有恶，必须依靠外在的道德教化才能弃恶从善，"今万民之性，待外教然后能善；善当与教，不当与性"❸。于是，他提出"明教化节情欲"的观点，说："质朴谓之性，性非教化不成；人欲谓之情，情非制度不节……下务明教化民，以成性也。"❹ 董仲舒认为，人性有三等，为了改恶从善，应该注重教化，人的情欲应该通过教化得到节制。他又说："性待渐于教训而后能为善；善，教训之所然也，非质朴之所能至也。"❺ 他认为，这个教化成善是逐渐变化的过程，善是慢慢教训的结果。他的这一观点为道德教化的合理性作了充分的论证："性者，天质是朴也。善者，王教之化也。无其质朴则王教不能化；无其王教，则质朴不能善。"❻ 他认为，因为人性天然质朴，可以改变，这就为君主的教化提供了可能的基础；如果没有君主教化的话，即使人性质朴，可以转化，也不能自行变为善。董仲舒把人性分为三等的思想对后世影响颇大，其后东汉的思想家王充、唐朝的韩愈、北宋的李觏都持"性三品"说。据此，董仲舒不仅强调了道德教化的功用，还提出了一系列具体的教化内容。他说："圣人之道，不能独以威势成政，必有教化。故曰：先之以博爱，教之以仁也；难得者，君子不贵，教以义也。虽天子必有尊也，教以孝也；必

---

❶ （汉）董仲舒. 春秋繁露·实性.
❷ （汉）董仲舒. 春秋繁露·深察名号.
❸ （汉）董仲舒. 春秋繁露·深察名号.
❹ （汉）班固. 汉书·董仲舒传.
❺ （汉）董仲舒. 春秋繁露·实性.
❻ （汉）董仲舒. 春秋繁露·实性.

有先也，教以弟也。此威势之不足独恃，而教化之功不大乎！"❶ 从中可以看出，董仲舒把儒家的仁、义、孝、悌作为道德教化的主要内容。

东汉时的扬雄、王充认为，人性有善有恶，经过教化可以转化为善。王符继承了孔子的观点，认为难以改变的上智与下愚之人很少，占大多数的是可以教化转变的中庸之民，他说："是以圣帝明王，皆敦德化而薄威刑。德者所以修己也，威者所以治人也。上智与下愚之民少，而中庸之民多。中民之生世也，犹铄金之在炉也，从笃变化，惟冶所为，方圆薄厚，随镕制尔。"❷

隋唐时期，韩愈把人性分为上、中、下三个等级，他说："性也者，与生俱生也。""性之品有上、中、下三：上焉者，善焉而已矣；中焉者，可导而上下也；下焉者，恶焉而已矣。"❸ 他把先天的人性分为上、中、下三品，还将情与性相对应，按照性的三品情也有相应的三品，据此将人划分为三个等级。韩愈认为，上品和下品的人性是不能改变的，但承认有"接于物而生"的"情"，认为"情"可变，后天的道德教化和刑罚的威慑都可以对情产生作用。因此，他指出"上之性就学而愈明，下之性畏威而寡罪。是故上者可教而下者可制也"❹，认为上等人可以通过学习而更加明白事理，下等人顾忌威势就能减少犯罪。韩愈的这一观点发展了孔子"惟上知下愚不移"的思想，通过一个可变的"情"把上品与下品之人也纳入可以改造的对象范围，从而间接地扩大了道德教化与刑罚威慑的作用。总体来说，在两汉隋唐时期，随着汉朝儒家正统地位的确立，德治思想被统治者实践，儒家注重道德教化的思想也随之发展、被运用，其

---

❶（汉）董仲舒. 春秋繁露·为人者天.
❷（汉）王符. 潜夫论·德化.
❸（唐）韩愈. 韩昌黎集·原性.
❹（唐）韩愈. 韩昌黎集·原性.

主要内容是以封建伦理规范来教化人们的言行,使人改变恶习、恢复善性。

李翱持性善情恶论,认为人性都是善的,性为"天之命",而情为"性之动"❶。性本来寂然不动、广大清明,当它感物而动时,就流为情,表现为喜、怒、哀、惧、爱、恶、欲七情。性无不善,其特点是明静;情则邪恶,特点是嗜欲。他指出"人之所以为圣人者,性也。人之所以惑其性者,情也"❷,认为情是造成恶的元凶,人性本来是善的,正是由于情的干扰,才使人放弃善行、行凶作恶。李翱在性善情恶说的基础上阐述了自己的教化观:"圣人知人之性皆善,可以循之不息而至于圣也,故制礼以节之,作乐以和之。安于和乐,乐之本也。动而中礼,礼之本也……视、听、言、行,循礼而动。所以教人忘嗜欲而归性命之道也。"❸ 在李翱看来,人性是善的,情欲是恶的,只有通过礼乐来教化人们,才能使其忘掉情欲恢复善良本性,并且圣人与百姓在人性上并无差别,差别只是在于息情复性的功夫不同。李翱还阐述了息情复性的方法,认为专心于仁义道德,一切行动遵循于礼是让人忘掉各种欲望、复归先天之性的根本方法,只有致力于修德才能成功复性,成为圣人君子。

到了宋元明清时期,不少思想家都提出了丰富而深刻的思想,教化论进一步完善起来。其中,李觏比较重视"礼"在道德教化中的作用,认为礼是人道的根本准则,是从事道德教化的主要依据。他在《礼论》中说:"夫礼,人道之准,世教之主也。"❹

张载在人性观上区分了"天地之性"和"气质之性",说:"形

---

❶ (唐)李翱. 李文公文集·复性书:卷二.
❷ (唐)李翱. 李文公文集·复性书:卷二.
❸ (唐)李翱. 李文公文集·复性书:卷二.
❹ (宋)李觏. 李觏集·礼论:卷二.

而后有气质之性，善反之，则天地之性存焉。"❶ 他认为，人类所具有的共同本性称为"天地之性"，这是纯善之性，但是由于种种原因人们的禀气在形成过程中会出现各种差别，形成不同的个性，称为"气质之性"，它有善也有不善。张载虽然认为气质之性有不善，但是通过努力可以改变它，这就需要后天道德教化的力量以及自身的学习。

程颢、程颐兄弟二人也探讨了人性善恶的来源以及如何改恶从善。二程在继"性即理"的命题后，提出了"性即气"的命题。程颢这样说："'生之谓性'，性即气，气即性，生之谓也。"❷ 程颐认为，"性"之所以有善和不善的区分，主要因为禀气有清有浊，即其所谓"禀得至清之气生者为圣人，禀得至浊之气生者为愚人"❸。二程把性分为天命之性和气质之性，由于禀气的不同，人们的气质之性也出现差异。圣人的气质之性和天命之性是和谐统一的，而众人的气质之性有善有恶，善恶的比例不一，要作具体的分析。这一类气质之性和天命之性不太一致，有时会产生冲突。众人要想成为圣人，必须靠后天的努力来改变气质。具体来说，必须恪守传统道德规范，一切都要按照"礼"的要求贯彻视、听、言、动，使天命之性得到很好的养护，从而达到圣人的境界。

二、无论人性善恶，皆可道德教化

不管是孟子等人的性善论也好，还是荀子的性恶论也罢，还是后

---

❶ （宋）张载. 张子正蒙·诚明.
❷ （宋）程颢，程颐. 二程集·河南程氏遗书：卷一.
❸ （宋）程颢，程颐. 二程集·河南程氏遗书：卷二十二上.

来儒者所主张的"性三品"说，中国古代儒家在人性善恶问题上的一个共同点就是：无论人性善恶，都可以用道德教化的力量潜移默化地改变人心，而这种改变是对人心灵的改造，使人自觉地向着善良靠拢，摒弃丑恶。所以，汉朝贾谊云："教者，政之本也；道者，教之本也。有道，然后教也；有教，然后政治也；政治，然后民劝之；民劝之，然后国丰富也。"❶ 贾谊认为，道德教化是达到政治成功、富国强民最彻底、最根本、最积极的办法。正是由于看到了道德教化的功用是如此强大、久远，所以古代儒家极力推崇教化，道德教化也就成了其"德治"思想的重要内容。

古代儒家基于人性可以改造的教化学说对历代统治者都有较大影响，不少君主都或多或少地接受了道德教化的思想观点，并将其应用于实践。

唐朝最具代表性的法典《唐律疏议》在其首篇《名例》中宣称："德礼为政教之本，刑罚为政教之用，犹昏晓阳秋相须而成者也。"❷ 明太祖在阅读《大学》一书之后对侍臣说："治道必本于教化，民俗之善恶，即教化之得失也。《大学》一书其要在于修身。身者教化之本也。人君修身而人化之，好仁者耻于为不仁，好义者耻于为不义，如此，则风俗岂有不美，国家岂有不兴。苟不明教化之本，致风俗陵替民不知趋善，流而为恶，国家欲长治久安不可得也。"❸ 还有清朝的康熙皇帝所主张的"以德化民，以刑弼教"❹，都在一定程度上反映了在德、刑二者之间强调道德教化的思想。有不少贤明君主都重视兴办学校，通过教育提高民众的思想素质、道德水平，从而达到移风易俗、稳定社会、巩固国家的目的。孟德斯鸠曾说："在政治

---

❶ （汉）贾谊. 新书·大政下.
❷ （唐）长孙无忌，等. 唐律疏议·名例.
❸ 吴枫. 中华思想宝库［M］. 长春：吉林人民出版社，1990：155.
❹ 清实录·圣祖仁皇帝实录（一）：卷九四［M］. 北京：中华书局，1985：3.

宽和的国家，爱国、知耻、畏惧责难，都是约束的力量，能够防止许多犯罪。……在这些国家里，一个良好的立法者关心预防犯罪，多于惩罚犯罪，注意激励良好的风俗，多于施用刑罚。"❶ 他所说的这种社会与中国古代儒家德治思想指导下的德治社会颇为相似。

总之，古代儒家认为，与政令刑法相比，教化的作用是一种改变人心的方法，是在人性上下功夫，不管人性本善、人性本恶，还是性善情恶，都可以通过君师后天的教化而转化为善，使人在潜移默化中接受道德规范和道德行为的熏染，并逐渐形成道德自觉。因此，对抑制犯罪来说，道德教化的优点是可以"预防在先"，在违法行为尚未发生之时通过内在的道德自觉进行先在的防范；而法律则只能做到"惩治在后"，在道德教化无效、违法行为已经发生时通过采取一定的措施进行惩罚。在古代儒家看来，在抑制犯罪方面，道德教化的功能是治本，法律的功能则是治标。据此，儒家的主流思想把道德教化放到了绝对优先的地位，认为统治者在管理百姓时，首先应该施行道德教化，在道德教化失效之后才能施行法律的惩戒，因此施政的根本是道德教化，法律惩治只是辅助手段，通过道德教化和道德修养克服人性中的弱点，改正行为习惯中的缺点与不足，提高人们的道德素质，提升人们的精神境界，养成良好的道德自觉，从而达到整个社会和谐运行的德治目标。这种注重道德教化，以德为主、以法为辅的教育预防思想，是儒家对中国文化乃至人类文明的创造与贡献，也是其德治思想的重要组成部分，直到今天仍然具有借鉴作用。

---

❶ [法]孟德斯鸠. 论法的精神：上册 [M]. 张雁深，译. 北京：商务印书馆，1961：83.

第二节　古代儒家德治思想的社会理想

中国古代儒家之所以大力倡导仁义礼乐和道德教化，是与它德治的社会理想分不开的。在古代儒家看来，和谐的人际关系、有序的社会运转，才是理想的社会状态。当然，古代儒家并不仅仅满足于社会和谐有序的运转，古代儒家德治的最终目标是要建立"天下为公"的大同社会，而短期的社会目标则是达到"小康"。因此，从社会的运行状态来说，和谐有序是古代儒家德治的重要目标，而从最终的社会模式来说则非"大同""小康"社会莫属。

一、注重和谐，推崇有序

自古以来，中国就十分重视和谐。这与中国的社会状况与特点密切相关。中国古代的生产方式基本以农牧业为主。面对洪水猛兽的威胁，人们需要团结合作才能克服种种困难求得生存与发展，这就培养了人们之间相互协作、和谐相处的习惯；我国古代以宗法血缘为纽带的宗族统治也需要"和"充分发挥作用，以调节统治者与被统治者之间的矛盾关系，缓和阶级矛盾与斗争；我国幅员辽阔，多民族混杂而居，民族融合的现象较为普遍，各民族之间的生产方式、风俗习惯各异，需要互相包容和理解，这也逐渐培养和造就了各民族人民的和谐观念。

和谐的社会状态是我国古已有之的一个社会理想。它具有丰富的内涵，大体说来，包括以下几个方面：第一，社会系统内部诸种基本社会关系、社会结构和要素之间关系的和谐；第二，人与他人关系的和谐；第三，人与社会关系的和谐；第四，人与自然关系的和谐。❶

（一）和谐社会的内涵

人是组成社会的最基本的单位，个人身心的和谐当然也属于社会和谐的一种表现。人类自身各系统的功能应当保持一种平衡状态，人体与自然界之间也应维持一种协调关系。《黄帝内经·素问》中说："内外调和，邪不能害"，表明只要人自身能够做到内部不受喜、怒、哀、乐、忧、惊、恐等情志变化的困扰，外部免于风、湿、寒、热、燥、虫等外邪的侵害，就能保持身心和泰、其乐融融。这种身体调和的思想显然是和谐思维方式的一种体现。现代的医学也证明：如果一个人情绪稳定、心理和顺，并且与他人、社会的关系协调顺畅，那么他（她）的免疫力会增强，从而提高其相应的健康程度。

《周易·乾·彖传》曰："乾道变化，各正性命。保合太和，乃利贞。"它把万物的协调化（即"太和"）看作一种高度理想化的宇宙整体和谐状态。董仲舒说："和者，天之正也，阴阳之平也，其气最良，物之所生也，诚择其和者，以为大得天地之奉也。天地之道，虽有不和者，必归之于和，而所为有功。""举天地之道，而美于和。"❷ 这充分说明董仲舒非常推崇宇宙整体和谐的思想。张载道："太和所谓道，中涵浮沉、升降、动静相感之性，是生氤氲、相荡、

---

❶ 侯才."和谐社会"具有深厚的文化底蕴和丰富的内涵[J]. 科学社会主义，2004（5）.
❷ （汉）董仲舒. 春秋繁露·循天之道.

胜负、屈伸之始。"❶ 他进一步强调宇宙的动态和谐性。后来，宋代的思想家程颢、程颐进一步发展了这一思想，说："刚正而和顺，天之道也。化育之功所以不息者，刚正和顺而已"❷。程颐曰："保合太和乃利贞，保谓常存，合谓常和，保合太和是以利且贞也。天地之道，常久而不已者，保合太和也。"❸ "保合太和"就是使太和之气长运不息，保持这一自然的和谐状态，就能使世间万物井然有序、各得其所。朱熹将"太和"解释为"阴阳会合，冲和之气也"❹。太和之气相当于《道德经·四十二章》中"万物负阴而抱阳，冲气以为和"所说的天地氤氲之气。王夫之曰："太和，和之至也。"❺ "天地以和顺为命，万物以和顺为性。继之者善，和顺故为善也。成之者性，和顺斯成也。"❻ 和顺，即和谐。如此一来，王夫之把和谐提升到宇宙万物存在和发展的基本性质的高度，从哲学本体论的角度肯定了宇宙的和谐本质。

中国古代特别强调人与人之间的关系以"和为贵"。孔子提出："礼之用，和为贵。先王之道，斯为美。"❼ 意思是说，孔子主张在社会人际交往过程中，以中和为指导原则，建立和保持和谐、良好的人际关系。为什么和具有这样大的价值呢？孔子在《论语·季氏》里提出"和无寡"的观点，从国家治理的角度肯定了和谐的作用。《礼记·经解》中有"发号出令而民说谓之和"，把治理国家成功的表现称为"和"。荀子也说："和则一，一则多力。"❽ 他认为，在一个组

---

❶ （宋）张载. 张子正蒙·太和.
❷ （宋）程颢，程颐. 二程集·伊川易传.
❸ （宋）程颢，程颐. 二程集·周易程氏传·乾·彖传.
❹ （宋）朱熹. 周易本义：卷一.
❺ （明末清初）王夫之. 张子正蒙注［M］. 上海：上海古籍出版社，2000：85.
❻ （明末清初）王夫之. 周易外传·说卦.
❼ 论语·学而.
❽ 荀子·王制.

织里，人们之间和睦相处就能达成思想的统一、行动的一致，思想统一、行动一致就能使组织的力量增强，力量增强就能使组织强大。孟子则明确提出"天时不如地利，地利不如人和"❶的观点，从战争的角度说明和谐对于一个组织的重要作用，在天、地、人三者之中，人处于中心的地位，在时、利、和三种因素中，"和"具有最大的价值。子思进一步论证："喜怒哀乐之未发，谓之中。发而皆中节，谓之和。"此处讲的似乎还是人自身的和谐，下面他又说："中也者，天下之大本也；和也者，天下之达道也。致中和，天地位焉，万物育焉。"❷ 如此一来，子思不仅将"和"提到"天下达道"的地位，还说明了其重要的作用：对于个人而言，和谐可以保持身心的健康；对于自然界而言，和谐可以化育万物；对于社会而言，和谐可以维持安定团结。中国向来提倡人和关系睦、家和万事兴、政和国强盛的观念。《周易·系辞上》曰："二人同心，其利断金。"这句话说明夫妻、朋友、同事等之间和谐一致、共同行动的威力和效果。刘向在《说苑·敬慎》中则反证了这一观点，说："四马不和，取道不长；父子不和，其世破亡；兄弟不和，不能久同；夫妻不和，家室大凶"。

关于人与自然之间和谐的思想，即"天人和谐"，最具有代表性的观点是儒家的"天人合一"论。儒家关于"天人合一"的哲学思想可以追溯至周代，经秦至明清，其发展历经两千多年。其中，汉朝的董仲舒将"天人合一"的思想大大地推进了一步。他说："事各顺于名，名各顺于天，天人之际，合而为一。"❸ 不过，他并未明确提出"天人合一"这个命题。一直到宋代，张载最先提出了"天人合一"的命题。他讲道："儒者则因明至诚，因诚至明，故天人合

---

❶ 孟子·公孙丑下．
❷ 礼记·中庸．
❸ （汉）董仲舒．春秋繁露·深察名号．

一。"❶ 按照王夫之的解释,"天人合一"是指天与人本来是统一的,这是"合"的前提;天与人又是有区别的,二者相辅相成,共同构成"合"的过程。在此基础上,张载进一步提出"民吾同胞,物吾与也"❷,此句概括为"民胞物与",该命题详细阐述了人与自然的和谐关系。明清之际的王夫之等人进一步论述了"天人合一"的思想。王夫之在《周易外传》中讲,"圣人尽人道而合天德,合天德者,健以存生之理"。此外,在阐发人与宇宙万物和谐共处的关系方面,《周易·乾·文言》中说,"夫大人者,与天地和其德,与日月和其明,与四时合其序",它既表达了一种天地人和谐的思想,又说明了天道与人道的一致性,人类参与自然界的变化,自然界也参与人类社会的变化,二者相互影响、相互作用、相互协调,所以人与自然应该和谐相处。

(二) 和谐的本质

关于和谐的本质,《国语·郑语》中说:"夫和实生物,同则不继。以他平他谓之和,故能丰长而物归之,若以同裨同,尽乃弃矣。故先王以土与金、木、水、火杂,以成百物。"意思是只有"和"才是产生万物的基本法则,而没有任何差别的"同"是不能产生新事物的,如正因为有金、木、水、火、土这些不同元素的存在,它们之间相互配合、相互补充,才能产生各种事物。这里所谓"和",是指由诸多性质不同或对立的因素构成的统一体。这些相互对立的因素同时又相互补充、相互协调,从而形成新的状态、产生新的事物。孔子也说:"君子和而不同,小人同而不和。"❸ 在孔子看来,"和"是

---

❶ (宋) 张载. 张子正蒙·乾称.
❷ (宋) 张载. 张子正蒙·乾称.
❸ 论语·子路.

一种有差别的统一,而非简单的同一。《尚书·尧典》中有:"八音克谐,无相夺伦,神人以和。"它把音乐理解为各种音符之间的协调配合,多种声调相互配合才能产生优美的音乐。由此看来,"和"的本质是多种因素的并存与互补,是统一体内部多种因素的差异和协调。

(三) 和谐社会是古代儒家德治思想所追求的社会状态

中国传统德治的一个重要目标就是建立和谐有序的社会。《尚书·尧典》中讲"协和万邦",要求普天之下的国家、民族都能和睦相处。那么,通过什么来实现呢?在中国古代的德治思想中,"仁"是一个重要的概念。孔子关于"仁"的一个核心命题就是"仁者爱人",其基本思想就是主张人与人之间应该相互友爱,每一个人都应该时时关心人、处处帮助人。由此看来,孔子最终的目的也是希望达到全社会的和谐运作,爱人的目的是建立健康和谐的人际关系。孔子认为,为政有宽、猛两手,这两手不可偏废,无论是宽,还是猛,都必须适度,才能使二者相互配合、补充,达到"和"的状态。他说:"政宽则民慢,慢则纠之以猛,猛则民残,残则施之以宽。宽以济猛,猛以济宽,政是以和。"❶ 孔子还主张"克己复礼",最终是为了协调人际关系,以达到社会人生和谐的目的,礼的功能就是建立和谐的人际关系。孔子说:"兴于诗,立于礼,成于乐。"❷ 意思是"礼"能使人在与其他人的交往中行为得体,从而能与别人和睦相处,也就能在社会上站得住脚。孔子又说:"君子义以为质,礼以行之,孙以出之,信以成之,君子哉。"❸ 在此他明确规定了君子的事业以"义"

---

❶ 春秋左传·昭公二十年.
❷ 论语·泰伯.
❸ 论语·卫灵公.

为原则,依照"礼"来实行,用谦逊的话语说出,用诚信来完成。孔子从建立和维持社会和谐秩序出发,要求人们按照礼的规定来行事,做到"非礼勿视,非礼勿听,非礼勿言,非礼勿动"❶。

齐国晏婴曰:"礼之可以为国也久矣,与天地并。君令臣共,父慈子孝,兄爱弟敬,夫和妻柔,姑慈妇听,礼也。君令而不违,臣共而不贰;父慈而教,子孝而箴;兄爱而友,弟敬而顺;夫和而义,妻柔而正;姑慈而从,妇听而婉:礼之善物也。"❷ 这说明了"礼"无论是在国家里还是在家庭中都起着重要的协调作用。荀子主张"隆礼重法",认为社会的和谐有序可以通过为人们制定礼与法来实现。他说:"先王案为之制礼义以分之,使有贵贱之等、长幼之差,知愚能不能之分,皆使人载其事,而各得其宜。"❸《汉书·公孙弘传》曰:"进退有度,尊卑有分,谓之礼。"礼本身并不是目的,只是用来实现建立有序社会的手段;礼的一个重要作用就是把人们划分出贫富贵贱的等级,为人们定位,让人们都按照既定的名分做事,从而建立和谐的社会秩序。若无礼,便无尊卑上下之序,那么差异性的社会秩序就不能维持了。

可以说,社会以和谐有序的状态运转既是古代儒家德治的目标,又是其实行德治方略的动力。

二、憧憬大同,立足小康

理想是人们对美好未来的向往、追求与设想,有个人理想、家庭

---

❶ 论语·颜渊.
❷ 春秋左传·昭公二十六年.
❸ 荀子·荣辱.

理想、国家理想、社会理想等，在理想的整个结构层次中，社会理想处于最高层次。每个历史时代都有其特定的社会理想。社会理想对社会的进步与发展起着指引作用，引导整个社会乃至个人的生活与实践。在中国古人看来，理想的社会模式应该是社会均平，人与人之间没有什么差别，并始终保持着"你中有我，我中有你"的和谐状态。古代儒家较早地系统阐明了这种均平、和谐的社会模式，具体又可以分为"大同"与"小康"两个层次。

古代儒家主张采用德治方式来治国理政，其理想就是要使社会和谐运转，最终建立"大同社会"。大同社会是儒家构想的以"天下为公"为特征、没有剥削、没有压迫、人们关系平等、和睦相处的理想社会。在大同社会中，德才兼备之人可以充分发挥自己的作用，人们道德高尚、团结平等，社会生活民主，不存在家长和君主专制。以此作为参照，历代儒士提出一系列改造传统、变革现实以图构建理想社会的标准、措施，把各自所设想的美好而合理的社会结构、人际状态融入其中，使大同社会成为人们所向往和追求的社会理想境界。

在我国古代，大同世界的社会理想就已经出现。最初的大同世界是对上古时期社会状态的理想化。在原始社会，基本的社会单位是农村公社，人们基本上处于封闭的状态，经济生活自给自足，社会成员之间地位平等、互相扶助，人际关系简单、和睦。这种原始的社会状态成为后世人们所憧憬的理想社会。《礼记·礼运》中记载了孔子对大同社会的向往："昔者，仲尼与于蜡宾；事毕，出游于观之上，喟然而叹，仲尼之叹，盖叹鲁也。言偃在侧，曰：'君子何叹?'孔子曰：'大道之行也，与三代之英，丘未之逮也，而有志焉。大道之行也，天下为公。选贤与能，讲信修睦，故人不独亲其亲，不独子其子，使老有所终，壮有所用，幼有所长，矜、寡、孤、独、废、疾者皆有所养。男有分、女有归。货，恶其弃于地也。不必藏于己；力，恶其不出于身也，不必为己。是故谋闭而不兴，盗窃乱贼而不作，故外户而不闭，是谓大同。'"一般认为，《礼运》出于孔子门徒子游一派人的手中，根植于儒家的基本立场，包含了孔子、孟子对社会理想的思考，发扬了传统儒家的根本宗旨，即用道德教化的方法，通过君师尊长潜移默化的教导作用，造就全体社会成员健康健全的身心素质以及正确合理的行为，使社会运行自然而然地处于一种和谐有序的状态，从而达到大同世界的境界。《礼记·礼运》中对大同社会的描述突出地体现了"天下为公"的特点：生产资料公有，不存在阶级，没有等级差别。这既是对原始社会氏族公有制的怀念，又是对现实社会中不公平的抗议，还是对未来社会的一种向往与憧憬。中国古代儒家所崇尚的大同世界，并不是指简单同一的世界，而是同中有异，大同可以存小异。大同社会作为一种社会理想，成为历代进步思想家、政治家以及普通民众追求的目标。几千年来，多少仁人志士为之奋斗不止，近代的康有为、孙中山也以此号召和鼓舞人民。

到了东汉末年，何休所提出的公羊三世说明确指出历史的发展需经过衰乱、升平、太平三个阶段，由低级到高级、从混乱到有序循序渐进，日益进步发展。何休所谓的太平盛世就相当于大同世界。难能可贵的是，何休指出这种理想的社会状态就是未来社会的发展方向。

隋朝王通吸取了前人的思想，构想了类似老子"小国寡民"的理想社会。他说："古者圣王在上，田里相距，鸡犬相闻，人至老死不相往来，盖自足也。是以至治之代，五典潜，五礼措，五服不章。人知饮食，不知盖藏；人知群居，不知爱敬；上如标枝，下如野鹿；何哉？盖上无为，下自足故也。"❶ 他把这种理想社会能够出现和存

---

❶（隋）王通. 中说·立命.

在的原因归结为统治者的无为和百姓的自足。

南宋词人康与之所构想的乌托邦式的社会图景则与封建等级制度根本对立,"凡衣服、饮食、牛畜、丝纩、麻枲之属,皆不私藏,与众共之""惟计口授地,以耕以蚕,不可取食于人耳"❶。在这种社会里,人人耕种、养蚕做衣,自食其力,劳动成果平均分配。

古代儒家意识到"大同"社会在短期内难以实现,就又提出"小康"社会的构想。小康社会是儒家所说的比"大同"理想低级的一种社会。《礼记·礼运》中指出它与"大道之行也,天下为公"的"大同"社会的根本区别是"今大道既隐,天下为家。各亲其亲,各子其子,货力为己;大人世及以为礼,城郭沟池以为固,礼义以为纪,以正君臣,以笃父子,以睦兄弟,以和夫妇,以设制度,以立田里,以贤勇知,以功为己"等。此处所指的是禹、汤、文、武、成王、周公之治。大同社会与小康社会的根本区别为:一个是"天下为公",一个则是"天下为家"。既然社会的基本单位是家庭,这个现实一时难以改变,就制定礼仪纲纪来规范天下。同时,为了巩固私家天下,又"以设制度,以立田里,以贤勇知,以功为己"。与大同社会相比,小康社会更具有现实性,离人们的现实生活并不遥远,因此也成为人们孜孜以求的生活目标。《诗经·大雅·民劳》里就有:"民亦劳止,汔可小康。"意思是百姓辛劳苦难当,只求稍稍得安康。由此可见,对稍富即安的普通百姓来说,"小康"社会才是最切实的生活目标。

虽然大同社会距离人们的现实生活比较远,相比来说难以实现,但是直到今天"天下为公"的大同社会仍然是我们为之奋斗的理想,只不过由于时代的不同,它已经有了新的名称和内容。我们仍然需要

---

❶ (宋)康与之. 昨梦录·穴中人语.

借鉴古代先贤的思想精华，结合新的时代特点进行继承，在建设有中国特色社会主义旗帜的指引下，走现代化强国之路，真正实现共同富裕，最终实现共产主义的伟大理想。

尽管古代儒家思想家对人性有着不同的认识与见解，但他们一致认为无论人性是善还是恶，都可以通过道德教化而改变。在贤人言传身教的影响下，人们可以迁恶从善。以此为思想前提，古代儒家重视德治教化，注重社会和谐，提倡以德治国，希望建立小康社会乃至大同世界。

第四章　古代儒家德治思想的基本原则和吏治主张

由于各级官吏是推行国家政策的主要力量，他们素质的高低直接关系到德治主张的贯彻和落实，所以古代儒家格外重视官员们的道德修养和知识水平，并从多方面对他们提出了具体的要求。

第一节　古代儒家德治思想的基本原则

古代儒家的德治思想具有丰富的内容，涉及上至君主、下至百姓的道德行为规范。这些内容以治国理政为基本理念，大体遵循着一定的原则，这些原则本身同时也是德治思想的主要内容。

一、民为邦本，修德保民

"德治"与"暴政"是两种对立的治国状态，二者截然相反，其中君与民、国与民、政府与民众的关系状况是其分水岭。儒家德治思想主张"民为邦本"的理念，主要包括爱民、重民、利民等内容。而暴政则以牧民、愚民为主导思想，强调对民众的绝对统治与支配。

民本思想是中国古代儒家德治思想的重要内容之一。中国传统德治思想认为，人民是国家的根本，民心向背直接影响社会的稳定或动荡，关系到国家的安危，因此主张把爱民、重民、利民、富民作为治国的重要目标。儒家德治思想中民本思想的特点是：为政者在对待百姓时，必须以道德为原则，首先提高自身的道德素养，用高尚的道德品格取信于民，通过言传身教，以道德教化为主要手段管理百姓，而不是像法家等所主张的那样，使用刑罚等暴力威胁的方式强制百姓。

早在殷周之际就已经出现以民为本思想的萌芽。《尚书》中有不少相关记载，如"民可近，不可下；民惟邦本，本固邦宁"❶"德惟善政，政在养民"❷"用康保民"❸"怀保小民"❹"皇天无亲，惟德是辅；民心无常，惟惠之怀"❺。大意为：君主对于百姓只能亲近而不可轻视，人民是国家的基础和根本，只有百姓安定富足了，这个根本不动摇，国家才能平定安宁；一定要实行旨在养民的德治善政，统治者应该关心和保护百姓的利益；上天对人不分亲疏，只辅佐那道德高尚的君主；民心并不永远属于某个君主，只归附于那惠民利民的君主。由此可见，在西周时期，当时的政治家、思想家周公已经初步提出了以民为本的"保民"思想。

春秋战国时期，社会因处于转型时期而动荡不安，普通百姓对土地和奴隶主的人身依附关系渐渐松弛，原来的奴隶制土崩瓦解，新的封建所有制刚刚建立。当时的思想家和统治者也逐渐认识到民众在国家中的重要地位，于是以民为本的思想受到了一定的重视。孔子看到在此过程中人民力量的强大，继承了殷周时期的民本思想，并对其进行总结和升华。孔子曾讲过："所重：民、食、丧、祭。"❻ 他强调

---

❶ 尚书·夏书·五子之歌.
❷ 尚书·禹书·大禹谟.
❸ 尚书·周书·康诰.
❹ 尚书·周书·无逸.
❺ 尚书·周书·蔡仲之命.
❻ 论语·尧曰.

了人民、粮食、丧礼、祭祀在国家中的重要性。在君民关系上，虽然当时孔子还没有提出民贵君轻的观点，但是认为从根本上说君、民的利益是一致的，君民之间休戚相关、兴亡与共。《礼记·缁衣》记载："子曰：民以君为心，君以民为体；心庄则体舒，心肃则容敬。心好之，身必安之；君好之，民必欲之。心以体全，亦以体伤；君以民存，亦以民亡。"孔子把民与君的关系比作体与心的关系，体亡心何以独存！马克思主义认为，人民群众是社会物质财富、精神财富的创造者，是革命变革的重要力量。孔子虽然没有像马克思主义的认识那样具体、深刻，却也已经意识到国家的财富、君主的一切用度都直接或间接地来源于百姓。"百姓足，君孰与不足？百姓不足，君孰与足？"❶ 百姓的富裕与否关系到君主的富足。

民本思想在孔子那里还有其他多种表现。孔子认为，既然民为社稷之本，那么人民是否富裕就成了国家是否富强的重要体现，也是衡量德治是否成功的重要标准与尺度。因此，统治者要想实现德治、仁政，就必须大力推行富民、教民政策。因此，当弟子冉有问孔子"既庶矣，又何加焉"时，孔子对曰："富之。"意思是人口已经很多了，就要使他们富裕起来。再问富裕之后又怎么办，孔子说："教之。"❷ 这种先富后教的富民、教民主张反映了孔子不仅关心民众的生存条件，还深切重视民众的道德素质。在富民的途径上，孔子也提出了自己的建议，即"节用而爱人，使民以时"❸，就是告诫统治者要节约物质、爱惜民力，保证老百姓按时耕作，不要误了农时。他还建议统治者要"度于礼，施取其厚。事举其中，敛从其薄"❹。

孟子则提出"民贵君轻"的思想。他说："民为贵，社稷次之，

---

❶ 论语·颜渊.
❷ 论语·子路.
❸ 论语·学而.
❹ 春秋左传·哀公十一年.

君为轻。是故得乎丘民而为天子，得乎天子而为诸侯，得乎诸侯而为大夫。"❶ 这种对中国古代社会影响巨大的民本思想是孟子德治思想的重要内容之一。孟子这一思想的可贵之处是从治国的角度提出了哪种因素更为重要的问题。他在分析思考之后把民放到了首要地位，郑重指出"民为贵"，认为在民、社稷、君三者中民最为重要，老百姓是国家存亡的根本，其重要性甚至超过国家社稷，而君主则处于三者中最次要的地位。在中国传统政治思想中，孟子的这一观点代表了先秦民本思想的高峰，他的民本思想同时也是其王道政治主张的基本出发点。他又说："得天下有道，得其民，斯得天下矣；得其民有道，得其心，斯得民矣。"❷ 孟子认为，没有老百姓的支持，失掉了民心，也就失去了国家、失去了天下，如"桀纣之失天下也，失其民也；失其民者，失其心也"❸。反之，如果君主治国有道，能够赢得民心，得到百姓的拥护，那么就能实现国家的长治久安。孟子还进一步指出："域民不以封疆之界，固国不以山溪之险，威天下不以兵革之利。得道者多助，失道者寡助。寡助之至，亲戚畔之；多助之至，天下顺之。"❹ 由此可见，限制人民不必用国家的疆界，保卫国家也不必依靠山川的险峻，威行天下不必凭借兵器的锐利。施行仁政得到的帮助就多，不行仁政得到的帮助就少。得到的帮助少到极点，连亲戚都反对他；得到的帮助多到极点，全天下都归顺他。这一观点表明：孟子已经清醒地认识到民心向背是政治成败的决定性因素。至于如何赢得民心，孟子也有一些主张。他说："得其心有道：所欲与之聚之，所恶勿施尔也。"❺ "乐民之乐者，民亦乐其乐；忧民之忧

---

❶ 孟子·尽心下.
❷ 孟子·离娄上.
❸ 孟子·离娄上.
❹ 孟子·公孙丑下.
❺ 孟子·离娄上.

者，民亦忧其忧。乐以天下，忧以天下，然而不王者，未之有也。"❶ 在他看来，应该按照老百姓的愿望，满足他们的需求，而不强加给他们所厌恶的东西，并与百姓同忧共乐。人民群众的存在状况决定着国家的盛衰安危，决定着统治者的统治秩序是否能够维持，因此，当齐宣王问孟子需要具有怎样的道德才能统一天下时，孟子回答"保民而王，莫之能御也"❷。在孟子看来，如果为政者一切为了使百姓的生活安定富足而努力，这样统一天下就没有人能够阻挡；反之，如果为政者辜负了百姓的托付，没有能力爱护百姓，甚至破坏社会道德法则，百姓就可以换掉他。孟子曰："君有大过则谏，反复之而不听，则易位。"❸ 这说明在孟子看来，包括君主在内的为政者存在的价值和意义在于利民，并通过利民实现长治久安。为政者一旦不能做到利民，也就丧失了其存在的应有之义。关于保民措施，孟子提出了"制民之产"的主张，即"明君制民之产，必使仰足以事父母，俯足以畜妻子，乐岁终身饱，凶年免于死亡；然后驱之而从善，故民之从之也轻"❹，意思是希望贤明的君主规定人们的产业，一定要使他们上足以赡养父母，下足以抚养妻子儿女；好年景，丰衣足食；坏年景，也不至于饿死；在解决了百姓的温饱问题之后再抓百姓的道德教化，就是比较容易的事了。除了要解决百姓的衣食生计问题、满足他们的基本生活需求之外，孟子还主张"省刑罚""薄税敛"，反对统治者实行苛刑繁法，对百姓过分剥削。孟子还说："民之为道也：有恒产者有恒心，无恒产者无恒心。苟无恒心，放辟邪侈，无不为已。及陷乎罪，然后从而刑之，是罔民也。"❺ 意思是，一般老百姓有一

---

❶ 孟子·梁惠王下.
❷ 孟子·梁惠王上.
❸ 孟子·万章下.
❹ 孟子·梁惠王上.
❺ 孟子·滕文公上.

个基本情况：有固定产业收入的人才有一定的伦理准则，否则没有。倘若没有一定的道德观念和行为准则，放纵自己的恶劣欲望，什么坏事都干得出来。等到他们犯了罪，再去惩罚，这就等于使他们投入罗网。哪里有仁慈的人主持朝政后却做出陷害百姓的事情呢？所以，贤明的君主一定会处事慎重，勤俭节约，并且礼贤下士，在征税方面有科学合理的规定。由此看来，孟子在不知经济基础决定上层建筑的情况下，自觉地把国家的经济政策作为道德教化的基础，将道德教化与解决百姓的温饱问题相联系，这是一种深刻的认识，闪耀出真理的火花。孟子在人民的生存温饱得到保证之后，又提出："设为庠序学校以教之。庠者，养也；校者，教也；序者，射也。夏曰校，殷曰序，周曰庠；学则三代共之，皆所以明人伦也。人伦明于上，小民亲于下。"❶ 意思是应该开办"庠""序""学""校"来教育人民。"庠"就是培养，"教"就是指导，"序"就是陈列实物进行教育。夏朝称之为"校"，商朝叫作"序"，周朝叫作"庠"；至于大学，三代都叫"学"。兴办教育的目的都是为了让人民学习人与人之间的伦理关系和道德准则。人与人之间的伦理关系和行为准则，如果在上位的人都遵守了，那么下层的百姓自然会和睦相处、亲密团结。至于教育的内容，孟子说："人之有道也，饱食煖衣，逸居而无教，则近于禽兽。圣人有忧之，使契为司徒，教以人伦：父子有亲，君臣有义，夫妇有别，长幼有叙，朋友有信。"❷ 在孟子看来，人之所以叫人就因为有行为规则和道德观念；吃饱穿暖，舒舒服服地生活着却不被教化，那和禽兽差不多。所以，圣人为此便让契做司徒的官，用人与人之间的道德伦理关系和准则教育人民：父子之间应有骨肉之亲，君臣之间应讲究礼义，夫妻之间应相爱但内外有别，老少之间有尊卑的秩

---

❶ 孟子·滕文公上.
❷ 孟子·滕文公上.

序，朋友之间应讲诚信。孟子还讲到"不教民"的严重危害，"不教民而用之，谓之殃民。殃民者，不容于尧舜之世"❶。既然如此，孟子便得出一个结论："善政，不如善教之得民也。善政民畏之，善教民爱之；善政得民财，善教得民心。"❷ 在孟子看来，善于教化民众比善于统治民众更为优越。孟子对教育人民的重视引起了美国学者J. M. 肯尼迪的注意，他说："在孟子那里，至少有一个特点是和近代的民主主义者所共同具有的，那就是对于教育人民的强烈渴望。"❸ 孟子以民本思想为基础的"仁政"思想虽然限制了统治者的权力，但从长远来看他修德保民的仁政思想实际上可以使统治者的政权存续得更为久远，因此开明的君子认识到孟子及其思想的价值，并给予其肯定与重视。北宋神宗熙宁四年（公元1071年），《孟子》一书首次被列入科举考试科目；元丰六年（公元1083年），孟子被官方追封为"邹国公"，元丰七年宋神宗宣布在孔庙中增加孟子的牌位，使孟子同颜渊一起配享孔庙。《元史·祭祀志五》记载：延佑三年，"以颜子、曾子、子思、孟子配享"。可见，孟子的思想受到部分英明统治者的推崇。

孟子的民本思想具有积极的意义，在中国古代儒家思想中有突出的表现。总观孟子的民本思想，它对"民为邦本"的推崇已达到君主专制政体所能容纳界限的最远之处，也正是因为它的这一特点，曾遭到集权君主的压制与篡改。明太祖洪武五年（公元1372年），朱元璋下令"罢孟子配享"❶，取消了孟子配享孔庙的特权，史称"罢配享"事件。不过，第二年，经廷臣苦谏，他又下令恢复了孟子

---

❶ 孟子·告子下.
❷ 孟子·尽心上.
❸ [美] J. M. 肯尼迪. 东方宗教与哲学 [M]. 董平, 译. 杭州：浙江人民出版社，1988：157.
❶ （清）张廷玉. 明史·志第二十六.

在孔庙的配享特权。然而，朱元璋仍然对《孟子》心有不满，洪武二十七年（公元 1394 年）"卒命儒臣修《孟子节文》"，删除了《孟子》中与轻君重民思想有关的大量文字。❶ 这也说明朱元璋未能完全理解孟子"民贵君轻"的深意，其实"民贵"是为"得天下"服务的。

荀子关于民本思想的著名比喻是："传曰：'君者，舟也；庶人者，水也。水则载舟，水则覆舟。'此之谓也。故君人者，欲安，则莫若平政爱民矣。"❷ 荀子把君主与庶民的关系比作舟与水的关系，指出统治者要想国家安定，必须实行德政，关爱百姓，为了百姓的利益而努力，只有赢得百姓的支持与赞誉才能赢得天下，取得王权。受其影响，后来的陈寿也借骆统之口说："夫国之有民，犹水有舟，停则以安，扰则以危，愚而不可欺，弱而不可胜，是以圣王重焉，祸福由之，故与民消息，观时制政。"❸ 对此，荀子有自己的理由。他说："用国者，得百姓之力者富，得百姓之死者强，得百姓之誉者荣。三得者具而天下归之，三得者亡而天下去之。天下归之之谓王，天下去之之谓亡。"❹ 荀子不但提出重民思想，而且提出了富民、裕民、教民的主张与措施。他说："不富无以养民情，不教无以理民性。故家五亩宅，百亩田，务其业而勿夺其时，所以富之也。立大学，设庠序，修六礼，明十教，所以道之也。"❺ 他继承了孔子对人民"富而教之"的思想。他又说："足国之道，节用裕民，而善藏其余。节用以礼，裕民以政。彼节用故多余，裕民则民富。"❻ 他认为，使国家

---

❶ （清）张廷玉. 明史・钱唐传.
❷ 荀子・王制.
❸ （晋）陈寿. 三国志・吴书・虞陆张骆陆吾硃传.
❹ 荀子・王霸.
❺ 荀子・大略.
❻ 荀子・富国.

富足的根本方法和原则就是节省费用，使人民宽裕，善于贮藏多余的粮食和财物。要按照礼所规定的不同等级地位的享用标准来节制消费，通过政治上的各种政策、措施使人民生活富裕。荀子看到，君主只有爱护百姓，使他们富裕起来，才能使他们为自己效劳，从而使国家安宁，这是治国的根本。为了使富民思想落到实处，荀子还提出一系列保护民众利益、发展经济的具体措施，如"节其流，开其源"❶，"罕举力役，无夺农时"❷ 以及"修堤梁，通沟浍，行水潦，安水藏，以时决塞"❸ 等。这些措施不仅包括宏观上的开源节流，而且强调为了保证农业耕作时间，不能轻易抽调农业劳动力，还在微观上阐述了一些农业耕作、灌溉等方面的具体方案。这些阐述进一步丰富了荀子的民本思想，使民本思想有了实现的措施保障，对后世的民本思想影响较大，在客观上也促进了生产的发展和社会的进步。其不足之处有：一方面荀子虽然强调民众的重要，重视富民、利民；另一方面又主张驱民、驭民，实现君主对民众的绝对统治。这反映了荀子富民、利民的思想归根到底是为维护统治阶级的政治统治服务的，这也是由其封建地主阶级的立场和地位造成的。

在秦王朝，秦始皇轻视了人民的力量，采用法家政策，以压制和奴役为主要手段对人民一味地实行暴政，结果貌似强大的秦朝很快落得爆炸式的灭亡，而这个爆炸的火药就是人民。秦朝的速亡使其后的政治家、思想家们看到了民众在秦末农民大起义中的威力，更深刻地体会到"民"在国家、社会中的重要地位与作用。汉朝的贾谊在总结秦亡教训时，不仅把人民看作国家的根本，而且看作君主的根本、官吏的根本。他说："闻之于政也，民无不为本也。国以为本，

---

❶ 荀子·富国.
❷ 荀子·王霸.
❸ 荀子·王制.

君以为本，吏以为本。故国以民为安危，君以民为威侮，吏以民为贵贱，此之谓民无不为本也。"❶ 他认为，民众不仅是国家的根本，君主和官吏在进行各种行政管理时也必须以民众作为根本出发点。贤明的统治者都知道尊重和爱护民众，而那些轻慢和亏待百姓的统治者则是愚昧的，"夫民者，万世之本也，不可欺。凡居于上位者，简士苦民者是谓愚，敬士爱民者是谓智"❷。他奉劝统治者接受历史教训，一定不要欺骗民众，与民为敌是绝对没有好下场的。刘向指出："国不务大，而务得民心，佐不务多，而务得贤俊。得民心者民往之，有贤佐者士归之。"❸ 他从民心向背的角度说明了民众的重要性。总之，汉代儒家的民本思想在深刻总结秦亡教训的基础上进一步发扬了先秦儒家的民本思想，形成比较系统的理论并确定为国家的基本政策，主张统治者应该重视人民在国家中的重要地位，关心广大人民的疾苦，做好"利民""富民"的工作。在历史上，这种思想对汉朝统治者采取休养生息的安民措施有着积极的影响。

以民为本，当然要重民、爱民。重民、爱民就要求统治者宽容待民，不要打扰人民的生产与生活，不可欺凌百姓和弱者，而是要根据世态变化不断制定合理的政策来协调社会，采取各种措施关心爱护民众。东汉思想家王符在《潜夫论·救边》中说："国以民为基，贵以贱为本。是以圣王养民，爱之如子，忧之如家，危者安之，亡者存之，救其灾患，除其祸乱。"王符主张统治者要爱民如子，替民分忧，为百姓解决各种困难。

东汉政论家、思想家荀悦在《申鉴·杂言上》中讲道："或曰：'爱民如子，仁之至乎？'曰：'未也。'曰：'爱民如身，仁之至

---

❶ （汉）贾谊. 新书·大政上.
❷ （汉）贾谊. 新书·大政上.
❸ （汉）刘向. 说苑·尊贤.

乎?'曰:'未也。汤祷桑林,邢迁于绎,景祠于旱,可谓爱民矣。'曰:'何重民而轻身也?'曰:'人主承天命以养民者也。民存则社稷存,民亡则社稷亡。故重民者,所以重社稷而承天命也。'"荀悦没有把重民仅仅停留在爱民如子、爱民如身的层次上,而是认为爱民要胜过爱惜自己的身体,因为人民的生存状况直接关系社稷的存亡。

北齐的刘昼也持类似的观点,如"是故善为理者,必以仁爱为本,不以苛酷为先。宽宥刑罚,以全人命;省彻徭役,以休民力;轻约赋敛,不匮人财;不夺农时,以足民用,则家给国富,而太平可致也"❶。显然,刘昼主张统治者应该对人民以仁爱为本,尊重并保全人民的生命,不可轻易使用严刑酷法,在经济上征收较少的赋税以减轻人民的负担,让他们有足够的时间从事正常的农业生产以保证丰收,这样就可以使百姓富足、国家富强,从而实现天下太平的理想。

以民为本,不仅要爱民、重民,还要安民、利民、富民,安民与利民、富民密不可分,爱民、重民的思想落实到行动上就是要安民、利民、富民。只有统治者实行利民政策,让民众富足了,他们才能安定平和地生活。中国古代儒家的德治思想强调安民、利民、富民,是希望统治者能够把国家的长远利益、根本利益与广大人民群众的现实利益统一起来,提倡统治者关心人民疾苦,为人民的生活着想,反对为满足一己暂时的私利而残酷剥削人民。《淮南子·氾论训》曰:"治国有常而利民为本,政教有经而令行为上。"意思是:治理国家虽有常规,但必须以便利民众为根本;政令教化虽有常法,但必须以切实有效为最好。三国的杜恕在其奏疏中说:"帝王之道,莫尚乎安民;安民之术,在于丰财。丰财者,务本而节用也。"❷ 他认为君主应该使百姓安居乐业,而只有百姓拥有了足够的财富才算得上安居

---

❶ (北齐)刘昼. 刘子新论·爱民.
❷ (晋)陈寿. 三国志·魏书·任苏杜郑仓传.

乐业。魏晋之际的傅玄总结秦朝速亡的教训，认为要实现长治久安，统治者必须富民、安民。他说："民富则安，贫则危。"他还提出了统治者应该实行的具体安民措施，说："明主之治也，分其业而一其事，业分则不相乱，事一则各尽其力。而不相乱，则民必安矣。重亲民之吏而不数迁，重则乐其职，不数迁则志不流于他官。乐其职而志不流于他官，则尽心恤其下。尽心以恤其下，则民必安矣。"❶ 杨泉的《物理论》中有言："民富则安乡重家，敬上而从教；贫则危乡轻家，相聚而犯上。饥寒切身而不行非者，寡矣。"他认为人民的贫困是导致国家不安定的重要因素，而人民富足就会留恋家中的安逸生活，不肯滋生是非过背井离乡的生活。

对于君与民的关系，有些贤明的君主和大臣也有着清醒的认识。唐太宗曾对其侍臣说："为君之道，必须先存百姓，若损百姓以奉其身，犹割股以啖腹，腹饱而身毙。"❷ 意思是当国君的原则就是必须首先保存百姓，如果以损害百姓为代价来奉养自身，就像割下自己大腿上的肉来填饱肚子，肚子虽然饱了，人却要死了。唐太宗充分认识到百姓生存状况的重要性，认为剥削百姓就像釜底抽薪，会导致亡国丧生的后果，所以君主应该关心民生，想方设法地使百姓安居乐业，而不是疲于奔命地忙于各种兵役或徭役。他说："饬兵备寇虽是要事，然朕唯欲卿等存心理道，务尽忠贞，使百姓安乐，便是朕之甲仗。隋炀帝岂为甲仗不足，以至灭亡？正由仁义不修，而群下怨叛故也。宜识此心。"❸ 正是由于唐太宗认真总结并吸取了隋朝灭亡的历史教训，重视人民的力量，所以在他即位之初就愿意以尧、舜为榜样，切实贯彻德治路线，实行与民休养生息的政策，采取一系列爱

---

❶（晋）傅玄. 傅子·安民.
❷（唐）吴兢. 贞观政要·论君道.
❸（唐）吴兢. 贞观政要·论仁义.

民、重民、利民、富民的措施，减轻人民的赋税负担，注重关心百姓疾苦并给予及时的救助，才出现了历史上著名的"贞观之治"，他也因此成为一代明君而名垂青史。唐太宗的著名大臣张九龄对国与民、君与民的关系也有深刻的认识："民者国之本也，惟本固而后邦宁，邦宁而后国治。是以自古帝王，又贵能保民育人，乃可以受天享国者。"❶ 他不但认为人民是国家的根本，而且把君主对人民的爱护与对国家的维护直接统一起来。

张载的民本观别具特色，他的"民胞物与"说把万事万物及整个宇宙看作一个有机的统一体，认为民众都是自己的同胞兄弟，自然界的万物是人们的亲密伙伴，天下的君主是天地的长子，各级大臣则是父母和兄长的管家。他说："乾称父，坤称母；予兹藐焉，乃混然中处。故天地之塞，吾其体；天地之帅，吾其性；民吾同胞，物吾与也。大君者吾父母宗子；其大臣，宗子之家相也。尊高年，所以长其长，慈孤弱，所以幼其幼。圣其合德，贤其秀也。"❷ 张载的这种思想把君主与民众的地位等同起来，认为他们都是天地父母的子女，是同胞兄弟的关系，而非父母与子女的关系。从他的这一观点出发，尊敬年长者、关怀爱护孤幼弱小都是自己对宇宙大家庭成员的神圣义务。他的这一观点颇具民主特色。张载被认为是北宋时期最富有创见性的思想家，他对儒学的创造性发展在当时及后世都影响颇大。

程颢、程颐的民本思想体现了对人民的尊重与体恤，主张统治者应该听取广大民众的意见，而不要偏听偏信个别人的言论。他们说："夫民，合而听之则圣，散而听之则愚。合而听之，则大同之中，有个秉彝❸在前，是是非非，无不当理，故圣。"❹ 同时，他们还看到这

---

❶ 吴枫. 中华思想宝库 [M]. 长春：吉林人民出版社，1990：578.
❷ （宋）张载. 西铭.
❸ 秉彝：指恒常的道理、规则、原则。——引者注
❹ （宋）程颢，程颐. 二程集·河南程氏遗书：卷二十三.

些政策不足以维持封建统治。程颐说："民可明也，不可愚也；民可教也，不可威也；民可顺也，不可强也；民可使也，不可欺也。"❶在新的历史条件下，程颐觉察到"愚民""威民""强（强制）民""欺民"是行不通的。他们看到民众的巨大力量，并企图化解这种力量，使之并入封建主义轨道。所以，他们认为："为民立君，所以养之也。养民之道，在爱其力。民力足则生养遂，生养遂则教化行而风俗美，故为政以民力为重也。"❷ 意思是爱惜民力，使百姓休养生息、丰衣足食，就可以移风易俗，教化得以推行而风俗美。既然君主的任务在于养民、爱民、教民，所以他们给统治者提出建议："为政之道，以顺民心为本，以厚民生为本，以安而不扰为本。"❸ 二程把顺乎民心民意、善待百姓作为统治者施政的要务，只有民安才能实现国泰。

朱熹作为理学的集大成者，也是传统民本主义的继承者与发扬者，认为民富与君富是统一的，而非相互矛盾的，以君民一体的思想充实了民本思想。他说："民富，则君不至独贫；民贫，则君不能独富。有若深言君民一体之意，以止公之厚敛，为人上者，所宜深念也。"❹ 这种思想体现了朱熹体恤百姓、关注民生的情怀。

王夫之处于中国封建统治的末期，能够在充分总结前人思想的基础上，结合当时的社会现实提出比较全面而又具有时代特点的主张。他把安民与富国联系起来，并对统治者提出了具体的期望："安民也，裕国也，兴贤而远恶也，固本而待变也，此大纲也。"❺ 除此之外，王夫之还提出了"严以治吏，宽以养民"的主张："严者，治

---

❶（宋）程颢，程颐. 二程集·河南程氏遗书：卷二十五.
❷（宋）程颢，程颐. 二程集·河南程氏经说：卷四.
❸（宋）程颢，程颐. 二程集·河南程氏文集：卷五.
❹（宋）朱熹. 四书集注·论语集注·颜渊.
❺（明末清初）王夫之. 读通鉴论：卷十.

吏之经也；宽者，养民之纬也；并行不悖，而非以时为进退者也。"❶ 王夫之将养民与治吏结合起来，否则安民、养民便是一句空话。

需要指出的是，在君与民、国与家的关系问题上，有些思想观点反映了中国古代宗法社会的特点，即家国同构。古代儒家的德治思想特别强调了这一思想，把国比作家，将君喻为父，国与天下相当于君主的家，而百姓则是其子女，君主对待百姓就应该像父母爱护子女一样，百姓爱戴君主须如敬重父母一般。刘蕡曾对其君主说："臣闻国君之所以尊者，重其社稷也。社稷之所以重者，存其百姓也。苟百姓不存，则虽社稷不得固其重。社稷之不重，则国君不得保其尊。故治天下者，不可不知百姓之情。夫百姓者，陛下之赤子，陛下宜令慈仁者亲育之，如保傅焉，如乳哺焉，如师之教导焉。故人之于上也，恭之如神明，爱之如父母。"❷ 在中国封建社会，像刘蕡这样把百姓直接看作君主的"赤子"的人绝对不占少数。而这种思想正是古代儒家所倡导的。既然宗法结构的社会现实不但早已成为传统，而且难以改变，不如就此采用一种温和的方法来维护它。这种方法就是提倡仁爱精神，用其作指导来对待民众、治理百姓。

古代儒家德治思想中的民本思想对中国影响颇大。在这种思想潜移默化的作用下，漫长的历史中曾出现不少仁君、贤吏，他们关心人民疾苦、安康，大力施行德政，受到百姓的衷心爱戴和敬仰。又有多少仁人志士抛头颅、洒热血，不惜牺牲自己的生命而为民请命，留下千古英名。由于古代儒家德治思想具有重民的内容，因而给中国的专制政治涂上了开明的色彩。这种民本思想的价值在于它能在某种程度上制约中国君主专制的无限膨胀。

古代儒家民本思想的不足之处是，虽然主张以民为本，但最终是

---

❶ （明末清初）王夫之. 读通鉴论：卷八.
❷ （宋）欧阳修，等. 新唐书·列传第一百三·刘蕡.

为巩固统治阶级的地位服务，是为了更加有效地"治民"。从整体来说，重民思想的提出是以君居其上为前提的，如荀子就明确说："君者，民之原也。"❶ 他们要求君主安民、利民，也是为了达到"求其为己用，为己死"❷ 的目的。由重民到安民、利民，他们也曾提出过一些保民、利民的措施，但是由于这些主张的出发点往往在统治者一方，所以人民始终处于消极被动的地位，只能仰仗统治者的主观意愿。虽然统治者赞同以民为本的主张，但实际上人民并不居于主体地位，所以古代儒家的以民为本并非现代意义上的以民为政治主体。

尽管如此，古代儒家对人民地位与利益的重视仍是值得尊重和重视的，他们从稳定政权、巩固统治出发所阐述的爱民、重民、利民、安民、保民等思想无疑为德治的实现提供了最基本的保障。难怪不少现代学者认为，"民本思想是德治思想的一块基石"❸。

二、仁者爱人，为政以德

古代儒家认为，尊重生命，关爱他人，为百姓创造宽松的政治生活环境，是"德治"精神实质的基本规定。

孔子是中国古代社会中对"仁"的含义阐述得最为全面、系统的思想家。美国学者休斯顿·史密斯先生认为，孔子的"仁同时指涉一种对他人的仁爱之情以及对自己的自尊，不论它在何处出现，对人的生命尊严都有一种不可分割的意义。辅助的态度自动地随之而来：宽宏大量、善的信念以及慈爱。在仁的指向下，有可以令人成为

---

❶ 荀子·君道.
❷ 荀子·君道.
❸ 罗国杰，夏伟东，等. 德治新论 [M]. 北京：研究出版社，2002：23.

最高的人之一切完美的东西。在公众事务上它会激发起无倦的勤奋。在私人生活中，它表现出礼貌与无私"❶。孔子对"仁"如此重视，以至于"仁"字在《论语》一书中出现了一百零九次之多。❷ 比如，孔子就说过："唯仁者能好人，能恶人。"❸ 孔子认为，只有具备仁德的人才能具有爱、憎的情感。虽然"仁"字在不同的场合具有不同的含义，但是其中有一条比较鲜明：樊迟请教孔子何为"仁"时，孔子回答："爱人。"❹ 因此，后来的孟子将这一思想概括为"仁者爱人"。可见，"仁"与"爱"密不可分。《说文解字·人部》中对"仁"的解释为"亲也，从人从二"❺。由此看来，仁的实质是一种社会关系，就是指人与人之间应该互相关爱、友好相处。作为社会的一分子，每个人都应该具有时时处处关心、爱护、帮助别人之心。在孔子那里，所爱的"人"是泛指的人，不是某个特定的人，它既包括父母、君主、兄弟、朋友等，又包括普通大众。孔子不仅是"仁者爱人"精神的提倡者，而且是一个在现实生活中身体力行的实践者。《论语·乡党》记载："厩焚。子退朝，曰：'伤人乎？'不问马。"孔子的马棚失了火。孔子从朝廷回来只问是否伤到人，而不问马的损失。孔子的这一行为反映了他关心人的仁爱精神。在孔子那里，"人"也不是指孤立的个人，孔子强调的是处在各种社会关系之中的个人。而"仁"的基本精神就是要求人们重视道德涵养，关爱人的生命，在家庭、宗族、国家中处理好各种各样的人际关系。

那么，"仁"的具体表现如何？怎样"爱人"呢？对此，孔子的

---

❶ [美]休斯顿·史密斯. 人的宗教 [M]. 刘安云，译. 海口：海南出版社，2001：185.
❷ 杨伯峻. 论语译注 [M]. 北京：中华书局，1980：221.
❸ 论语·里仁.
❹ 论语·颜渊.
❺ (汉) 许慎. 说文解字新订 [M]. 臧克和，王平，校订. 北京：中华书局，2002：518.

观点是："夫仁者，己欲立而立人，己欲达而达人。"❶仁是什么呢？自己要立身修德，同时也使别人立身修德；自己要通达事理，同时也使别人通达事理。还有孔子"己所不欲，勿施于人"❷的思想被宋儒概括为"推己及人"。《国语·晋语》记载孔子曾说"爱亲之谓仁"，他认为对父母双亲的爱是仁的重要内容，而对父母的爱则主要表现为"孝"，所以孔子把孝悌看作仁德的根本，"孝弟也者，其为仁之本与！"❸对此，孟子也持相同见解，他说："仁之实，事亲是也。"❹孟子把对"仁"的主要内容解释为侍奉父母。血缘亲情之爱是"仁"最深刻的本质体现，对父母的爱是非常重要的。如果一个人连生养自己的父母都不爱，不能做到孝敬尊奉，却声称自己如何热爱国家、热爱人民，那不是非常荒唐吗？所以，儒家要求人们对他人仁爱首先从最亲近的人做起，这样才不致使爱流于空泛，但是儒家并没有将爱局限于家庭，家庭之爱只是一个有效的起点，由此出发将仁爱的对象扩及一切人，因为"这种心的宽大是没有国界的，因为对于那些仁人，他们知道'四海之内皆兄弟也'"❺。

黑格尔认为，"所谓爱，一般说来，就是意识到我和别一个人的统一，使我不专为自己而孤立起来；相反地，我只有抛弃我独立的存在，并且知道自己是同别一个人以及别一个人同自己之间的统一，才获得我的自我意识"，因为"作为精神的直接实体性的家庭，以爱为其规定，而爱是精神对自身统一的感觉。因此，在家庭中，人们的情绪就是意识到自己是在这种统一中、即在自在自为地存在的实质中

---

❶ 论语·雍也.
❷ 论语·颜渊.
❸ 论语·学而.
❹ 孟子·离娄上.
❺ ［美］休斯顿·史密斯. 人的宗教［M］. 刘安云，译. 海口：海南出版社，2001：185.

的个体性,从而使自己在其中不是一个独立的人,而成为一个成员"❶。人们在家庭中可以感受到爱的存在,意识到自己不是一个孤立的个体。由于黑格尔将"爱"确定为一种感觉——具有自然形式的伦理,爱更多的是一种个人体验。因此,黑格尔断定,"爱"的地盘只限于家庭,而"在国家中就不再有这种感觉了,在其中人们所意识到的统一是法律,又在其中内容必然是合乎理性的,而我也必须知道这种内容"❷。在国家中,作为感觉的"爱"就只能让位于作为理性代表的法律。

与黑格尔不同的是,孔子、孟子并没有把所爱对象的范围仅仅局限于家庭中的父母兄弟,还把爱人、敬人的范围从家庭扩大到整个社会领域中的所有尊者、长辈。孔子曰:"弟子,入则孝,出则弟,谨而信,泛爱众,而亲仁。"❸ 总之,孔子主张,学生们在父母跟前要孝顺父母,离开家就敬爱兄长,谨慎有诚信,博爱大众,亲近有仁德的人。显然,在孔子那里,"爱"不仅仅作为一种感觉而存在,还含有理性的成分,要求人们即使对没有血缘亲情的普通大众也要自觉地心怀爱意,充满仁慈之念。由此,孔子把"爱从个人的体验转化为具有更广更深的道德功能的行为。作为国家基础的爱,来自我们把特定个人之间关系的爱转变为公正无私的爱。爱变成了所有伦理关系的基础,成了国家中的正义以及仁爱、和谐的基础"❶。而孔子与黑格尔对"爱"人对象范围的不同规定,从一个侧面反映了中国同西方社会状况的差异。在西方,家庭与国家是两个截然不同的概念,二者之间没有必不可少的联系。而在中国则不然,"国家"一词的构

---

❶ [德] 黑格尔. 法哲学原理 [M]. 范扬,张企泰,译. 北京:商务印书馆,1961:175.
❷ [德] 黑格尔. 法哲学原理 [M]. 范扬,张企泰,译. 北京:商务印书馆,1961:175.
❸ 论语·学而.
❹ [美] 霍西曼贤. 柏拉图和孔子思想中的爱与国家观 [M]//马德普. 政治文化论丛:第三辑. 天津:天津人民出版社,2003:2.

成暗含了国与家之间的密不可分性，国是家的扩展，家是国的缩小。因此，所有在家庭中适用的规则和原理也可以在国家中运用，"爱"也不例外。

《礼记·哀公问》记载孔子说："古之为政，爱人为大。不能爱人，不能有其身。不能有其身，不能安土。不能安土，不能乐天。不能乐天，不能成其身。"孔子把"爱人"放在施政之首，将"爱人"看作政治活动的一部分，而且是非常重要的部分。孔子认为，尤其是处于上位的人如果能够做到笃爱亲人，那么百姓中就会兴起仁德的风气；在上位的人不遗弃他的老朋友、老同事等，那么百姓也不会对人冷漠无情。因此，他说："君子笃于亲，则民兴于仁；故旧不遗，则民不偷。"❶ 从孔子对"仁"的解释可见，已经有了关于"仁政"的思想。

与中国古代儒家的观点不同，孟德斯鸠对君主的仁爱别有一番见解。他说："君主们可以从仁慈获得许多好处，仁慈的君主得到极大的爱戴和光荣，所以当君主有表示仁慈的机会的时候，他们总认为这是一件快乐的事。"❷ 孟德斯鸠把君主仁慈的动机归结为一种快乐的需要，而不是一种责任和义务，因为君主可以由仁慈获得民众爱戴与光荣的实惠，所以君主才向民众播仁施爱。显然，孟德斯鸠的这个见解虽然新颖，却不如古代儒家的观点深刻。他没有看到以君主为首的统治者的仁爱不仅可以满足他们心理上一时的快乐需要，而且具有相当大的政治意义，可以帮助他们巩固统治。而古代儒家从发扬人们普遍的仁爱精神出发，主张统治者实行德治。

孟子进一步阐述了仁爱精神在政治中的重要作用和意义，把仁的思想与孔子"为政以德"的思想结合起来，提出"仁政"的理论，

---

❶ 论语·泰伯.
❷ [法]孟德斯鸠. 论法的精神：上册 [M]. 张雁深，译. 北京：商务印书馆，1961：95.

主张统治者把恻隐之心、不忍人之心运用于社会政治领域，制定有利于百姓的政策。他提倡注重血缘亲情之爱，把亲亲之爱扩展开来就是要爱他人、爱万物。如果以这种仁爱作为治理国家的手段，便会形成仁政，成为德治。孟子认为，人们之间的相互态度和关系具有互动性，当你善意地对待别人时，别人也会以善意回敬你。所以，孟子说："仁者爱人，有礼者敬人。爱人者人恒爱之，敬人者人恒敬之。"❶ 在此基础上，孟子作了进一步发挥，提出"恻隐之心"❷ "老吾老，以及人之老；幼吾幼，以及人之幼。天下可运于掌"❸。其意为尊敬我家里的长辈，从而推广到尊敬别人家里的长辈；爱护我家里的儿女，从而推广到爱护别人家里的儿女。如果一切政治措施都从这一原则出发，要统一天下就像在手心里转动东西那样容易了。从此处可以看出，孟子把仁爱上升到治国大道，把爱百姓作为统治者的最高道德，认为治理国家、统一天下必须遵循和平的方式，把尊重生命、热爱人民作为根本原则，才能最终达到目的，实现长久、安定、和谐的统治。这一思想就是其"仁政"说。孟子把民众生活的和谐有序、国家的强大寄托在统治者的仁政上，他说："王如施仁政于民，省刑罚，薄税敛，深耕易耨，壮者以暇日修其孝悌忠信，入以事其父兄，出以事其长上，可使制梃以挞秦楚之坚甲利兵矣。"❹ 孟子认为，"仁政"的基础是统治者的善心，他说："人皆有不忍人之心，先王有不忍人之心，斯有不忍人之政矣。以不忍人之心，行不忍人之政，治天下可运之掌上。"❺ 此处的"不忍人之心"，即仁爱之心。在孟子看来，一个统治者首先应该是一位"仁者"，关心百姓疾苦，以爱心治

---

❶ 孟子·离娄下.
❷ 孟子·告子上.
❸ 孟子·梁惠王上.
❹ 孟子·梁惠王上.
❺ 孟子·公孙丑上.

理国家，就能收归民心，使老百姓自愿归附。同时，孟子的这一思想也针对当时法家"以力服人"的暴力论，反对通过武力和战争的手段治理国家、统一天下。他说："以力假仁者霸""以德行仁者王"❶。仗恃武力来使人服从的，虽能称霸诸侯，人家不会心悦诚服；依靠道德来使人服从的，人家才会内心顺服，才能真正统一天下。可见，儒家的仁爱学说在政治上主张统治者要施行仁政，以仁爱为原则，用道德教化的方式来管理人民，关心人民疾苦，反对使用残暴的手段压迫人民。

两汉隋唐时期和宋明时期的儒者都把"仁"作为道德的最高原则。贾谊认为，人们在人伦日常方面的种种"仁行"，实质上是德"生物养物"并使其"安利"的表现，而德的具体原则（"理"）与人的行为相一致就是义的要求。他说："仁者，德之出也；义者，德之理也。"❷ 如此一来，仁、义与道德融合在一起了。贾谊在总结秦亡的教训时说："然秦以区区之地致万乘之势，序八州而朝同列，百有余年矣，然后以六合为家，崤、函为宫；一夫作难而七庙隳，身死人手，为天下笑者，何也？仁义不施而攻守之势异也！"❸ 他认为，由于秦朝统治者对民众不施仁政，失去民心，才导致最终的灭亡。

汉朝大儒董仲舒也没有忽视对仁爱内容与意义的阐述。他说："何谓仁？仁者，憯怛爱人，谨翕不争，好恶敦伦，无伤恶之心，无隐忌之志，无嫉妒之气，无感愁之欲，无险诐之事，无辟违之行。故其心舒，其志平，其气和，其欲节，其事易，其行道，故能平易和理而无争也。如此者，谓之仁。"❹ 他认为，仁者怀有忧伤怜惜别人的爱心，为人恭谨和易，无论喜好还是厌恶都注重伦理，没有伤害憎恶

---

❶ 孟子·公孙丑上.
❷ （汉）贾谊. 新书·道德说.
❸ （汉）贾谊. 新书·过秦论上.
❹ （汉）董仲舒. 春秋繁露·必仁且智.

他人之心，没有不可告人的目的，没有嫉妒他人的意念，没有令人伤感忧愁的欲望，没有危险邪僻的事情，没有招人讨厌忌讳的行为，因此就会心情舒畅，意气平和，欲望节制有度，办起事来就会顺利而容易，行为符合规矩为人称赞，能够平易而符合道理，也就没有是非。这就是"仁"。董仲舒还举例说："昔者晋灵公杀膳宰以淑饮食，弹大夫以娱其意，非不厚自爱也；然而不得为淑人者，不爱人也。质于爱民，以下至于鸟兽昆虫莫不爱。不爱，奚足谓仁？仁者，爱人之名也。"❶ 大意是：过去晋灵公为了使自己的饮食改善就杀死膳宰，为了心里愉快就用弹弓弹大夫，不是不自爱，却不是好人，因为他不爱别人。真诚地爱护人民，以至于鸟兽昆虫没有不爱护的，如果不爱护，怎么能说是仁呢？董仲舒在这里强调，仁不仅是爱自己，更重要的是爱别人。刘向曾对君子之仁提出了具体的要求。他说："夫仁者，必恕然后行。行一不义，杀一无罪，虽以得高官大位，仁者不为也。夫大仁者，爱近以及远，及其有所不谐，则亏小仁以就大仁。大仁者，恩及四海；小仁者，止于妻子。"❷ 按照刘向的标准，仁爱之人一定会设身处地为他人着想，然后再做。如果做一件不仁义的事情，杀死一个无罪之人，即使能够身居高位，仁厚之人也不会去做。真正具有仁爱之心的人，他的爱心施及远近。如果这中间有不和谐，他就牺牲小仁来成就大仁。大仁的恩泽惠及四海，小仁的恩泽仅惠及妻子儿女。

南朝刘勰从惠民利民、安抚民心以巩固国家统治出发，把统治者的仁爱看作治国理政的原则，并提出了一系列政治要求。他说："夫足寒伤心，民劳伤国；足温而心平，人佚而国宁。是故善为理者，必以仁爱为本，不以苛酷为先。宽宥刑罚，以全人命；省彻徭役，以休

---

❶ （汉）董仲舒. 春秋繁露·仁义法.
❷ （汉）刘向. 说苑·贵德.

民力；轻约赋敛，不匮人财；不夺农时，以足民用；则家给国富，而太平可致也。"❶ 在刘勰看来，仁爱具有双向反馈性，这种以仁爱为指导思想所采取的惠民措施，不仅是爱民的表现，更是统治者掌控政权、稳定统治秩序的重要手段。

所以，在中国古代社会中，"仁"是一个重要的范畴，与政治息息相关。治国之道也以"仁"来判定。唐太宗认为，隋朝的灭亡正是由于隋炀帝的奢侈重敛、不修仁义招致百姓怨恨背叛的结果，所以他要求身边大臣用"仁义"来辅佐自己治理国家。他在《贞观政要·论仁义》中说："为国之道，必须抚之以仁义，示之以威信，因人之心，去其苛刻，不作异端，自然安静，公等宜共行斯事也。"还有许多儒者发表了关于"仁"的议论，其中的主要代表为韩愈。韩愈对仁爱之心作了进一步阐述，提出了关于"仁"的新界说，即"博爱之谓仁"❷，明确指出"仁"就是广泛的爱，爱一切人。因此，韩愈主张对施爱的对象"一视而同仁，笃近而举远"❸，在亲亲尊尊的前提下做到人与人互相尊重、自爱爱人。无论他的仁爱之说能否真正实现，对人民都是有利的。作为一种舆论导向，仁爱之说反对残酷剥削压迫人民的暴政，要求统治者关爱百姓，减轻人民的负担，在一定程度上起到了保护人民利益的作用。相比之下，李觏的仁爱之道更加详细而具体。他说："百亩之田，不夺其时，而民不饥矣。五亩之宅，树之以桑，而民不寒矣。达孝悌，则老者有归，病者有养矣。正丧纪，则死者得其藏。修祭祀，则鬼神得其飨矣。征伐有节，诛杀有度，而民不横死矣。此温厚而广爱者也，仁之道也。"❹

宋明时期，儒家的德治思想进一步发展。张载说："为政不以

---

❶（北齐）刘昼. 刘子·爱民.
❷（唐）韩愈. 韩昌黎集·杂著·原道.
❸（唐）韩愈. 韩昌黎集·杂著·原人.
❹（宋）李觏. 李觏集·礼论.

德，人不附且劳。"❶他认为，统治者如果不实行德治仁政，就是费力而不讨好。以程朱为代表的理学派建立了以天理为最高范畴的世界观体系。在他们看来，仁就是天理，是整个宇宙的最高原则，"仁者天下之正理，失正理则无序而不和"❷。在程颢、程颐的思想中，仁是最基本的道德原则和最高的道德境界。因此，二程云："王道之本，仁也。"❸他们将仁的要义归结为公，但是又指出公却并不等同于仁，只有当人自觉体察实践公心的时候，才能实现仁，而仁则是爱的源泉和根据，仁的落实和应用则体现为爱，所以程颐说："仁之道，要之只消道一公字。公只是仁之理，不可将公便唤作仁。公而以人体之，故为仁。只为公，则物我兼照，故仁，所以能恕，所以能爱，恕则仁之施，爱则仁之用也。"❹

朱熹也把仁看作爱的根据，是产生于内心的德性，具有仁性，就会有爱心。他说："仁者，爱之理，心之德也。"❺"仁是爱底道理，公是仁底道理。故公则仁，仁则爱。"❻他还把同情心看作仁的开端，他说："仁是根，恻隐是萌芽。亲亲、仁民、爱物，便是推广到枝叶处。"❼在此理论基础上，朱熹同样主张以仁爱治理天下，他所提倡的德治更加重视统治者用德来感化民众、感化社会。他说："'为政以德'，不是欲以德去为政，亦不是块然全无所作为，但德修于己而人自感化。"❽

以陆九渊、王守仁为代表的心学派主要继承和发扬了孟子的理

---

❶（宋）张载. 张子正蒙·有司.
❷（宋）程颢，程颐. 二程集·河南程氏经说：卷六.
❸（宋）程颢，程颐. 二程文集：卷五.
❹（宋）程颢，程颐. 二程集·遗书：卷十五.
❺（宋）朱熹. 四书集注·论语集注·学而.
❻（宋）黎靖德. 朱子语类：卷六.
❼（宋）黎靖德. 朱子语类：卷六.
❽（宋）黎靖德. 朱子语类：卷二十三.

论，认为仁并不是程朱所说的某种客观理念，而是人心中固有的道德情感和道德观念。其内容虽然仍旧是爱，但是具有无与伦比的普遍性，这种爱以天地万物为一体。人的仁爱之心遍及一切，人类、草木、禽兽、花鸟、顽石都在仁心之光的照耀中。同时，仁心是与生俱来的，不需要后天学习，因此说它是良知良能。王守仁说："天命之性，粹然至善，其灵昭不昧者，此其至善之发见，是乃明德之本体，而即所谓良知者也。"❶

清朝儒者戴震说："仁者，生生之德也；'民之质矣，日用饮食'，无非人道。所以生生者，一人遂其生，推之而与天下共遂其生，仁也。"❷ 他还指出，仁是恻隐之心，来自人的怀生畏死的欲望，人的最大欲望就是怀生畏死，一个人出于怀生畏死的心理，推知别人同样如此，才尊重爱护别人的生命，从而乐于帮助别人，而这就是仁。戴震的仁学观点是在肯定人的普遍私欲的前提下建立的，认为人们之所以具有仁爱之心的道德观念，是自己怀生畏死的结果，人们行善也是出于推己及人的心理需要。他的这一观点颇有新意，具有重要的意义。

孟德斯鸠对中国思想家、政治家们将仁爱与政治挂钩的思想有所思考。他说："尊敬父亲就必然和尊敬一切可以视同父亲的人物，如老人、师傅、官吏、皇帝等联系着。对父亲的这种尊敬，就要父亲以爱还报其子女。由此推论，老人也要以爱还报青年；官吏要以爱还报其治下的老百姓；皇帝要以爱还报其子民。"他接着分析，"我们现在可以看到，在表面上似乎是最无关紧要的东西却可能和中国的基本政制有关系。这个帝国的构成，是以治家的思想为基础的。如果你削减亲权，甚至只是删除对亲权表示尊重的礼仪的话，那么就等于

---

❶（明）王守仁. 大学问.
❷（清）戴震. 孟子字义疏证·仁义礼智.

削减人们对于视同父母的官吏的尊敬了，因此，官吏也就不能爱护老百姓了，而官吏本来是应该把百姓看作像子女一样的；这样一来，君主和臣民之间所存在着的爱的关系也将逐渐消失。只要削减掉这些习惯的一种，你便动摇了国家"❶。孟德斯鸠敏锐地认识到，在古代中国，人们常常强调孝道，格外重视对父母的爱，是有其必然性的，因为古代的中国具有"家国同构""家国一体"的特点，这一特点决定了其政治统治方式也必然具有家庭、家族治理方式的性质。家为国本，"一家仁，一国兴仁；一家让，一国兴让"❷。古代中国的特点是"家国一体""家国同构"，国家是家庭、宗族的扩大，社会关系是家庭关系、宗族关系的延伸，所以在治理国家的方式上不能脱离治家的理念，家庭成员之间的相互态度同样适用于国家成员。

总之，"仁"是古代儒家德治思想学说一以贯之的原则。孔子反复强调的就是"仁"。在孔子看来，"仁"是调节人际关系的行为准则，基本含义是"爱人"。孔子的这一思想是与他关爱人的生命价值、重视人们的道德修养紧密相连的。孟子在孔子"仁"的学说基础上进一步提出"仁政"主张。可以说，从孔子开始，古代儒家就把"仁"这一道德原则推及国家的政治生活，将其上升到治国之道的高度，使之成为协调社会政治关系的准则。特别是在汉武帝"罢黜百家，独尊儒术"以后，儒家学说被奉为正统，作为儒家德治思想核心理念的"仁"也就成了中国古代治国思想的重要概念。李泽厚曾经指出儒家的"仁"具有人道主义的特性。他说：儒家的"仁""是建立在血缘基础上，以'人情味'（社会性）的亲子之爱为辐射核心，扩展为对外的人道主义和对内的理想人格，它确乎构成了一个

---

❶ [法]孟德斯鸠. 论法的精神：上册 [M]. 张雁深，译. 北京：商务印书馆，1961：315-316.
❷ 大学·第十章.

具有实践性格而不待外求的心理模式"❶。

也正是基于对"仁"具有某种人道主义特性和政治意义的这种认识,中国古代儒家要求上至天子下至庶人都应该以修身为本,从而达到上正下从、君明臣贤、官清民服的目的。德治思想的这种人道主义特性也许是中国专制制度长期为百姓普遍接受并获得延续的原因之一。

三、政者正也,修己安人

古代儒家的德治思想既然承认人性可以通过道德教化不断地朝善良发展,据此他们把道德教化与政治统治联系起来。道德教化本来最适用于家庭,在处理家庭事务时,无论是教导晚辈,还是处理矛盾纠葛,一般都不必动用国家大法来解决,而只要依靠长辈或尊者的个人威望,采用说服教育的方式即可。由于中国古代社会的特殊情况,即国家形成的基础是宗法制,国家特点是"家国同构""家国一体",因此治理国家必须参照管理家庭、宗族的方式来进行。于是,道德教化就由治家的方法上升为治国的方式。而道德教化所遵循的原则是依靠施教者的个人品格与影响力发挥作用,所以各类各级施教者尤其是统治者自身的道德素质就成了实施以德治国的关键,统治者只有自己做到身正德高,才有资格和资本教化百姓,使百姓安居乐业。

孔子深刻认识到,实现德治的关键是个人的道德修养,尤其是统治者的道德修养。因此,当季康子向孔子问政时,孔子对曰:"政者,正也。子帅以正,孰敢不正?"❷ 这里,"政者"中的"政"指

---

❶ 李泽厚. 中国古代思想史论 [M]. 天津:天津社会科学院出版社,2003:25.
❷ 论语·颜渊.

的是政治的政,"正也"中的"正"指的是正气的正、公正的正。什么是政治?用我们今天的话说,政治就是如何实现公正,孔子说其身正"孰敢不正",就是说如果统治者坚持公正或行为端正,下面的风气自然也就随之而正了。此处的"正"既包括正己,又包括正人。为政,即正民,统治者施政的过程就是一个以自己的道德修养、人格魅力影响和教化百姓的过程。如此一来,政治在一定程度上被伦理化,具有浓厚的道德教化色彩。既然统治者承担正人的任务,正人之人首先就要自正,在上位的人须德高望重、言高为师、身正为范。根据上行下效的原理,处于下位的民众才能追随跟从,否则难以起到正人的效果,即所谓"其身正,不令而行;其身不正,虽令不从"❶。孔子在《论语》中多次讲到"身正"的重要,如"苟正其身矣,于从政乎何有?不能正其身,如正人何?"❷可见,孔子深刻地认识到,在当时君主专制的社会现实状况下,要想实现社会和国家的道德建设,处在上位的统治者必须从自我涵养道德做起,只有他们具备高贵的品质,才能影响和带动别人。统治者的正与不正直接关系到政治活动的成败得失,关系到国家的兴衰成亡。

在此基础上,孔子进一步明确提出"修己以安人""修己以安百姓"❸的观点,主张君子应该修养自己使上层人物安乐,统治者修养自己使百姓都能安居乐业,从而实现国泰民安、人民富足、社会和谐发展。在此,"修己"是前提条件,而"安人"则是理想目标。是否能够达到"安人"的理想目标,百姓能否安居乐业,关键取决于君主和各级官吏是否做到"修己"、能否具有良好的道德素质,他们的所作所为具有社会风气的导向作用。

---

❶ 论语·子路.
❷ 论语·子路.
❸ 论语·宪问.

上行下效一直是古代儒家所津津乐道的理论之一。孔子曰："上好礼，则民莫敢不敬；上好义，则民莫敢不服；上好信，则民莫敢不用情。夫如是，则四方之民襁负其子而至矣，焉用稼？"❶ 只要居于上位的统治者崇尚礼节、行为正当、诚恳信实，老百姓就能尊敬、服从统治者，不敢撒谎欺诈；能够做到这些，四方的百姓就会背负着小儿女前来投奔，哪里用得着自己去种庄稼呢？孔子认为，统治者具有社会表率的作用，因此社会中广泛地存在着上行下效的现象。居于上位之人的言行对百姓具有很大的影响，统治者的一言一行都会影响下级和民众，"上敬老，则下益孝；上尊齿，则下益悌；上乐施，则下益宽；上亲贤，则下择友；上好德，则下不隐；上恶贪，则下耻争；上廉让，则下耻节，此之谓七教。七教者，治民之本也。政教定，则本正矣。凡上者，民之表也，表正则何物不正！"❷ 在修身方法上，孔子认为可以有多种形式。他说："君子求诸己，小人求诸人。"❸ 他一方面强调内省的重要，另一方面认为外在的学习必不可少，因此又说："三人行，必有我师焉：择其善者而从之，其不善者而改之。"❹ 儒家经典《大学》中说："自天子以至于庶人，一是皆以修身为本。"

《大学》将道德与政治融为一体，从而比较全面地总结了先秦儒家关于道德修养及其作用与治国平天下之间的关系，鲜明地体现了"德治"的思想主张。《大学》把"格物致知"作为加强自我修养的重要途径，"欲修其身者，先正其心。欲正其心者，先诚其意。欲诚其意者，先致其知。致知在格物，物格而后知至，知至而后意诚，意诚而后心正，心正而后身修，身修而后齐家，齐家而后国治，国治而

---

❶ 论语·子路.
❷ 孔子家语·王言解.
❸ 论语·卫灵公.
❹ 论语·述而.

后天下平"。这段话反映了中国传统宗法思想中的家国一体概念，国是家的扩大，社会关系是家庭关系、家族关系的延伸，所以正如孟子所说："人有恒言，皆曰'天下国家'。天下之本在国，国之本在家，家之本在身。"❶ 治国必须先治家，治家必须先修身。这就把治国的关键具体到修身之上，从而落实到了个人，尤其是作为各级统治者的个人。而个人的修身是通过"格物以致知"的功夫来完成的，讲的是通过亲身接触事物，认真地进行思考研究，以明辨是非，区别善恶美丑。此外，《大学》还提出"慎其独"的修养方法："诚于中，形于外，故君子必慎其独也。"由此可见，《大学》非常重视"诚"在修养中的作用。后来，"慎独"不仅被认为是一种修养方法，而且被看作修养所达到的境界。

在中国古代，不少思想家都认为，道德规范主要是自我的内心反省，而非外在的规定，君亲师友的教化规劝也必须通过本人内心的道德转化，才能成为自身的基本素质。孟子在《孟子·离娄上》中讲："君仁，莫不仁；君义，莫不义；君正，莫不正。一正君而国定矣。"他认为，君主仁义了，就没有人不仁义，君主言行端正，就没有人不端正；一旦君主端正了，国家也就安定了。他还说："枉己者，未有能直人者也。"❷ 在他看来，从来没有自己不正却能够使别人正直的人。儒家之所以一再强调德治的重要，提倡统治者要修身律己，目的就是希望通过这种说教使统治者自觉地约束自己的行为。统治者只有自身不断地进行道德修养，成为品德高尚的君子，才有资格管理国家、教化万民，才能真正实现以德治国。关于修身的方法，由于孟子主要发展了孔子"仁者爱人"的思想，所以更强调对内心的诉求，重视"存心""养心"的作用。修身主要是发现本有的"仁"，自己

---

❶ 孟子·离娄上.
❷ 孟子·滕文公下.

首先做到身正，然后影响他人。孟子说："爱人不亲，反其仁；治人不治，反其智；礼人不答，反其敬——行有不得者皆反求诸己，其身正而天下归之。"❶ 他又说："君子所以异于人者，以其存心也。君子以仁存心，以礼存心。仁者爱人，有礼者敬人；爱人者人恒爱之，敬人者人恒敬之。"❷ 另外，孟子还提出了养"浩然之气"❸ 说，把道德境界称为"浩然之气"，因此在修养方法上重视气节，强调要充分发挥人的主观能动性，不要急于求成，也不要受外界的影响，不被生死利害左右，通过日积月累的努力获得良好的道德品质。

与孟子多讲仁义修身不同，荀子着重发展了孔子"克己复礼为仁"的思想，重视外在的学习与行动，偏重于"修身"，把礼作为道德生活、社会政治生活的最高原则。礼是个人修身与治国安邦的根本。在荀子那里，修身主要是通过学习并遵守道德规范（即礼的活动）实现的。他所强调的不是意识，而是规范。规范如同法律条文一样，不是个人内心的东西，而是心外之物，不会因为人性的善恶而改变。荀子认为，道德意识是与社会规范联系在一起的，不能脱离各种社会关系而独立存在。与其性恶论主张一致，荀子所强调的是对道德的外在约束，而非内在的固有，所以在修身的方法上强调学与行，修身就是学礼、守礼的过程。《荀子》第一篇《劝学》集中阐述修身的方法，《修身》是其阐述修养方法的代表作，强调礼在修身与治国中的重要地位与作用，认为"人无礼则不生，事无礼则不成，国家无礼则不宁"。荀子认为君主的个人修养对于治国至关重要，他说："请问为国？曰：闻修身，未尝闻为国也。君者仪也，民者景也，仪正而景正。"❹ 在此，荀子把君比作依照日影测量时间的日晷，而把

---

❶ 孟子·离娄上.
❷ 孟子·离娄下.
❸ 孟子·公孙丑上.
❹ 荀子·君道.

百姓比作日晷所投下的影子,可见君主以身作则的重要性。荀子强调的修身是要求君主培养自己的道德品质,通过自身的影响力治理国家。

总之,先秦时期孔子提出修养原则,后来孟子、荀子各有侧重地进行了发挥,即孟子主张内向型的养心方式,而荀子则更重视外向型的修身方式。在此时期,中国古代儒家修养论的基本原则与方法都已初具雏形,以后的思想家大都从一个方面或者两个方面相结合的角度加以阐述或发挥。

西汉时期贾谊对居于上位之人提出要求:"正身行,广教化,修礼乐,以美风俗。"❶ 他认为,居于上位之人端正自己的行为,普及教化,加强礼乐修养,就可以美化风俗,纯正社会风气。汉朝大儒董仲舒曰:"故为人君者,正心以正朝廷,正朝廷以正百官,正百官以正万民,正万民以正四方。"❷ 他认为,君主要实现教化百姓、统治天下的目的,首先必须自己正心,通过正己整肃朝廷百官,从而正天下百姓。桓宽的汇编作品《盐铁论》中记载:"夫欲影正者端其表,欲下廉者先之身。故贪鄙在率不在下,教训在政不在民也。……驷马不驯,御者之过也;百姓不治,有司之罪也。"❸ 其意为,没有不好的百姓,只有不称职的官吏;百姓没有治理好,正是官吏的罪过。这种"教训在政不在民"的观点意义深刻。

三国时期的诸葛亮把统治者是否严格要求自己作为标准,将政治区分为"逆政"和"顺政",而"顺政"的特点是"正己教人"。他说:"非法不言,非道不行,上之所为,人之所瞻也。夫释己教人,是谓逆政;正己教人,是谓顺政。故人君先正其身,然后乃行其

---

❶ (汉)贾谊. 新书·辅佐.
❷ (汉)班固. 汉书·董仲舒传·举贤良对策一.
❸ (汉)桓宽. 盐铁论·疾贪.

令。身不正则令不从，令不从则生变乱。"❶ 在诸葛亮看来，"正己"是"教人"的条件，只有首先做到严格要求自己，才能教化别人，才能发号施令开展管理工作。

唐朝的统治者对国君的影响作用深有体会。唐太宗对侍臣说："若安天下，必须先正其身。未有身正而影曲，上治而下乱者。"❷ 意思是如果想安定天下，必须首先使自身行为端正。没有身体正而影子弯曲、上边治理好下边反而混乱的。他还说："古人云：'君犹器也，人犹水也，方圆在于器，不在于水。'故尧、舜率天下以仁，而人从之；桀、纣率天下以暴，而人从之。下之所行，皆从上之所好。……朕今所好者，惟在尧舜之道，周孔之教，以为如鸟有翼，如鱼依水，失之必死，不可暂无耳。"❸ 唐太宗充分认识到君主修身的重要性，决心以尧舜为榜样，实践周公、孔子的教导、主张。历史证明，唐太宗是历史上少有的以自身的行动基本实现修己安人的政治实践家。在他统治期间及以后的一段时期内，中国出现了历史上比较典型的"德治"局面，国家安定而强盛，社会也比较和谐有序。

《尚书·洪范》曰："五事：一曰貌，二曰言，三曰视，四曰听，五曰思。"北宋名臣王安石在吸收前人思想的基础上，从五个方面讲了修心治身的方法。他说"五事，人君所以修其心、治其身者也"❹，把心与身结合起来，认为无论是人的生理活动，还是心理活动，都可以成为修养的方式。张载关于修身的观点与其气论密切相关，认为人具有先天之性（即气质之性）与后天之性之分，人的先天之性是禀受阴阳二气而产生，有善有恶，为了去除恶，需要后天的修养。据

---

❶（三国）诸葛亮. 诸葛亮集·便宜十六策·教令.
❷（唐）吴兢. 贞观政要·论君道.
❸（唐）吴兢. 贞观政要·慎所好.
❹（宋）王安石. 王文公文集·洪范传.

此，他提出改变气质的主张:"养其气，反之本而不偏，则尽性而天矣。"❶ 张载认为，改变气质的方式是养气，通过养气使禀气不偏颇；人的气质与后天的修养密切相关，如果后天的道德修养弱于先天之气，那么人的性命主要取决于气，如果胜过先天之气，则性命主要取决于德，"德不胜气，性命于气，德胜其气，性命于德"❷。

王守仁主张"心即理"说，所以其修养方法多与心有关。他说："夫正心、诚意、致知、格物，皆所以修身。""格物者，格其心之物也。"❸ 他认为，格物致知是修身的内容，格物就是正心。由此可知，王守仁的修养论是一种内修。相比之下，王廷相则主张内外兼修，他说："作圣之涂，其要也二端而已矣：澄思寡欲以致睿也；补过从义以日新也。"❹ 他认为，成为圣人需要两方面的修养：一是澄清思虑，清心寡欲，就可以获得智慧，是内修；二是择善而行，弥补过失，强调行动，是外修。

黑格尔对古代中国德治思想指导下的君主培养作过阐述：中国的天子"他的职权虽然大，但是他没有行使他个人意志的余地；因为他的随时督察固然必要，全部行政却以国中许多古训为准则。所以各个皇子的教育，都遵照最严格的规程。他们的体格要用有纪律的生活来锻炼强健，从能说话、学步的年龄起，他们便须专攻学术。他们的学业是由皇帝亲自来监督的，他们很早就知道，天子是一国之主，所以他们的言行举止都应该做百姓的榜样。……因此，中国能够得到最伟大、最优秀的执政者，'所罗门的智慧'这句话可以用在他们身上；……自芬乃龙所著的《太里马格》行世以来，关于君主和君主教育的理想不知有多少，这一切理想都在中国实现了。欧洲不能产生

---

❶（宋）张载. 张子正蒙·诚明.
❷（宋）张载. 张子正蒙·诚明.
❸（明）王守仁. 王阳明全集·知行录二·答罗整庵少宰书.
❹（明）王廷相. 慎言·作圣篇.

什么所罗门的。中国正是这种政府适当的场所，而且有这种需要；因为全国臣民的公正、福利和安宁，都依靠这种责任政治的锁链上的第一环的牢固坚强"❶。黑格尔的这段话反映了中国古代对君主的严格要求与培养，而这种要求与培养正是基于古代儒家德治思想的原则进行的。在古代儒家所特有的德治思想的滋养下，中国古代社会也明显地形成了自己的特色，古代的教育很早就具有相当成熟的体系，包括对国君、各级官吏及其后备力量的教育都有相当完备的制度。

由于古代儒家认为统治者承担着治理安抚百姓的责任，统治者自身的素养与政治的优劣休戚相关，统治者的言传身教直接影响社会风气的好坏，所以居于上位的人应当格外注重加强自身修养，自身素质过硬，才有资格和能力治理国家、教化百姓。古代儒家把统治者的自身素质与国家政治挂钩的思想，既是其德治思想的理论前提，又是实施德治思想的基本要求。古代儒家的以上这些言论、思想实际上体现出这样的政治理念：政治的好坏取决于居于上位之人素质的高低，而并非取决于百姓的素质。在某种意义上说，古代儒家认为没有不好的百姓，只有不称职的统治者，政治清明还是腐败，民风良好还是败坏，责任在于施政者（即管理的主体），而非施政的对象（即管理的客体）。古代儒家的这一思想对后世影响颇大，即使在今天仍然具有重要的借鉴意义。

四、处世为政，诚信为本

诚信是中华民族的传统美德，也是古代儒家德治思想的重要

---

❶ ［德］黑格尔. 历史哲学［M］. 王造时，译. 上海：上海书店出版社，2001：124.

内容。

所谓"诚",就是一种真实不欺的品格。东汉许慎在《说文解字·言部》中说:"诚,信也。从言成声。"❶《礼记·大学》中对"诚"的解释是:"所谓诚其意者,毋自欺也。"朱熹说:"诚者,真实无妄之谓。"❷所谓"信",就是遵守诺言、不欺骗。《说文解字·言部》中对"信"的解释为:"诚也。从人从言。"❸从信的字形结构来看,从"人"从"言",会意为人言可信。孔子把"文、行、忠、信"并列为"四教"❹。可见,"信"在孔子那里具有重要的地位。孔子说:"与朋友交,言而有信。"❺孔子把"信"作为人际交往的首要原则。当子贡问怎样才可以为"士"时,孔子回答:"言必信,行必果。"❻孔子认为,可称为"士"的重要品德之一就是说话要讲信用,行动要果断,说到做到。他还说:"人而无信,不知其可也。大车无輗,小车无軏,其何以行之哉?"❼孔子认为,一个人不讲信誉,就像大车没有车辕与轭相连接的木销子、小车没有车杠与横木相衔接的销钉无法行进一样。孟子也很重视"信",把"信"看作"五伦"之一,是交友中必须遵守的道德准则。他说:"父子有亲,君臣有义,夫妇有别,长幼有序,朋友有信。"❽班固对"信"的解释是:"信者,诚也,专一不移也。"❾而张载从"诚"与"信"之间的关系阐释信的内涵:"诚善于心之谓信"❿。由此可见,"诚"与"信"

---

❶ (汉) 许慎. 说文解字新订 [M]. 臧克和, 王平, 校订. 北京: 中华书局, 2002: 145.
❷ (宋) 朱熹. 礼记·中庸集注.
❸ (汉) 许慎. 说文解字新订 [M]. 臧克和, 王平, 校订. 北京: 中华书局, 2002: 144.
❹ 论语·述而.
❺ 论语·学而.
❻ 论语·子路.
❼ 论语·为政.
❽ 孟子·滕文公上.
❾ (汉) 班固. 白虎通义·情性·论五性六情.
❿ (宋) 张载. 张子正蒙·中正.

这两个概念是有共通之处的，有时可以互为解释。诚与信是统一的，密不可分，可谓"诚则信矣，信则诚矣"[1]。一方面诚是信的基础，只有真诚无私才能赢得信任。张载说："诚故信，无私故威。"[2] 反之，对人没有诚心便不能获得别人的信任，正如诸葛亮所说"不诚者失信"[3]。另一方面信是诚的结果，有了诚意自然便能赢得信任。王通说："推之以诚，则不言而信。"[4] 总之，正像朱熹所说："诚是自然底实，信是人做底实。"[5] 诚是赢得别人信任的前提。人们只要做到真诚自然，便能获得他人的信任与尊重。

现代所谓诚信，就是诚实而讲信用。它要求人们诚实善良，遵守诺言，言行一致，表里如一。自古以来就有"诚信"一词。《礼记·祭统》曰："是故贤者之祭也，致其诚信与其忠敬。"意思是，贤人进行祭祀时，能表达自己的诚信与忠敬。《礼记·祭统》还说："天子诸侯非莫耕也，王后夫人非莫蚕也，身致其诚信，诚信之谓尽，尽之谓敬，敬尽然后可以事神明。"其大意为：贵为天子诸侯，并非没有人为他们耕种，贵为王后、诸侯夫人，并非没有人替她们采桑养蚕，而他们之所以这样做就是为了亲身表达诚信。有了诚信才能算是尽心，尽心才能算是敬，做到诚敬而尽心尽意，然后才可以事奉神明。《孔子家语·儒行解》中则有"言必诚信，行必忠正"之语，同样强调在言行中讲诚信。

在古代儒家那里，诚信并非单纯的道德规范，它还具有重要的政治意义，诚信不仅是"进德修业之本""立人之道"，还是"立政之本"。可见，诚信是古代儒家德治思想的重要组成部分。孔子不但提

---

[1] （宋）程颢，程颐. 二程集·河南程氏遗书：卷二十五.
[2] （宋）张载. 张子正蒙·天道.
[3] （三国）诸葛亮. 诸葛亮集·便宜十六策·阴察.
[4] （隋）王通. 中说·周公.
[5] （宋）黎靖德. 朱子语类：卷六.

出"言必信，行必果"的士人君子的立人思想，而且把讲诚信提到治理国家的政治高度。他说："上好信，则民莫敢不用情。"❶ 孔子认为，诚信固然是对一切人的道德要求，但是统治者的诚信尤为重要，可以起到社会表率的作用，如果统治者诚恳信实，百姓就没人敢不说真话。孔子还说："宽则得众，信则人任焉。"❷ 在孔子看来，宽厚就会得到百姓的拥护，诚实守信就会得到别人的任用。孔子的这些看法反映了他对诚信的政治价值的重视。

《春秋左传·成公八年》中记载："君命无贰，失信不立。"这句话强调了君主诚信的重要性，认为君主的命令不能朝令夕改，否则会失去诚信，失去诚信就难以立身立国。《春秋左传·襄公二十二年》中说："君人执信，臣人执共，忠信笃敬，上下同之，天之道也。"意思是天下的大道要求君主要树立诚信，臣民尊敬君主，上上下下都忠诚、信任、专一、恭敬。

荀子尤其重视诚信在治国理政中的重要作用。他在《王霸》中反复强调诚信的威力和效果，阐述诚信对君主称王成霸的重要价值。他说："故用国者，义立而王，信立而霸，权谋立而亡。"意思是治理国家的人树立礼义就可以称王于天下，树立信用就可以称霸于天下，玩弄权术就会灭亡。在这里，荀子把树立礼义作为治理国家的高明的方法，把树立诚信作为退而求其次的途径，而把玩弄权术看作最低下的手段，其结果只会导致灭亡。荀子认为，在品德还没有达到完善的程度、礼义还没有完全具备的情况下，虽然不能实现称王于天下的理想，但是仍可以通过树立诚信、取信于天下达到称霸天下的目的。他在《王霸》中详细解释："德虽未至也，义虽未济也，然而天下之理略奏矣，刑赏已诺信乎天下矣，臣下晓然皆知其可要也。政令

---

❶ 论语·子路.
❷ 论语·阳货.

已陈，虽睹利败，不欺其民；约结已定，虽睹利败，不欺其与。如是，则兵劲城固，敌国畏之；国一綦明，与国信之。虽在僻陋之国，威动天下，五伯是也。非本政教也，非致隆高也，非綦文理也，非服人之心也，乡方略，审劳佚，谨畜积，修战备，齺然上下相信，而天下莫之敢当。故齐桓、晋文、楚庄、吴阖闾、越勾践，是皆僻陋之国也，威动天下，强殆中国，无它故焉，略信也。是所谓信立而霸也。"荀子主张对内通过刑赏、政令始终如一的方法取信于民，对外通过坚持遵守盟约的行为取信于盟国，就能够兵力强劲、城池坚固，使敌国畏惧；国家上下一致不失信用，再加上盟国信任，即使国家所处的地方偏僻狭小，它的威名也能震动天下。在荀子看来，一个国家的君民上下一心、互相信任就像牙齿上下相合一样，威力无比，力不可摧，牢不可破。这就是通过获得信任而称霸天下的道理。荀子强调："故与积礼义之君子为之则王，与端诚信全之士为之则霸，与权谋倾覆之人为之则亡。"他认为，同积累礼义的君子一起治理国家就能称王于天下，同品行端正、忠诚守信的士人一起治理国家就可以称霸天下，同玩弄权术反复无常的人一起治理国家就会亡国。

  正因为诚信具有这样大的作用，荀子指出赢得人们信任的方法，即"劳苦之事则争先，饶乐之事则能让，端悫诚信，拘守而详；横行天下，虽困四夷，人莫不任"❶。荀子指出，要想获得别人的信任，必须是吃苦在前、享乐在后，诚实守信，谨守法度，明察事理。如果能做到这些，那么走遍天下，哪怕是困处边远地区，也能取得人们的信任。此外，荀子还把是否讲信用作为衡量"士君子"的一个重要标准。他讲道："士君子之所能不能为：君子能为可贵，不能使人必贵己；能为可信，不能使人必信己；能为可用，不能使人必用己。故

---

❶ 荀子·修身.

君子耻不修，不耻见污；耻不信，不耻不见信；耻不能，不耻不见用。是以不诱于誉，不恐于诽，率道而行，端然正己，不为物倾侧，夫是之谓诚君子。"❶ 他认为，真正的君子能够做到讲信用因而被人相信，却并不要求别人必须相信自己；真诚的君子以不讲信用为耻辱，而不以不被人相信为耻辱。荀子论述了诚信不仅是朋友伦理、交往伦理的规范，还是君臣上下伦理的基本准则。后来的儒家也大都继承了这个传统。

《吕氏春秋》指出，如果能做到诚信，那么人们亲附他，事业就能成功，天地万物会为己所用，就能称王于天下。《吕氏春秋·离俗览·贵信》中曰："凡人主必信，信而又信，谁人不亲？故《周书》曰：'允哉！允哉！'以言非信则百事不满也，故信之为功大矣。信立则虚言可以赏矣。虚言可以赏，则六合之内皆为己府矣。信之所及，尽制之矣。制之而不用，人之有也；制之而用之，己之有也。己有之，则天地之物毕为用矣。人主有见此论者，其王不久矣；人臣有知此论者，可以为王者佐矣。"意思是凡是君主一定要诚信。诚信了再诚信，什么人不来亲附？所以《周书》上说："真诚啊！真诚啊！"如果不诚信，就什么事都做不成，所以诚信产生的功效太大了。诚信树立了，那么虚假的话就可以鉴别了，虚假的话可以鉴别，那么天地四方都成为自己的。诚信所达到的地方就都控制住了。控制住了却不加以利用，仍然是为他人所有；控制住了又加以利用，就为自己所有。为自己所有，那么天地间的事物全都为自己所用。君主如有知道这个道理的，那他很快能称王了；臣子如有知道这个道理的，就可以辅佐帝王了。《吕氏春秋》还详细阐明不诚信的种种危害："君臣不信，则百姓诽谤，社稷不宁；处官不信，则少不畏长，贵贱相轻；赏

---

❶ 荀子·非十二子.

罚不信，则民易犯法，不可使令；交友不信，则离散郁怨，不能相亲；百工不信，则器械苦伪，丹漆染色不贞。夫可与为始，可与为终，可与尊通，可与卑穷者，其唯信乎！信而又信，重袭于身，乃通于天。"❶ 意思是君臣不守信用，百姓就要非议，国家就不得安宁；做官的不守信用，年轻的人就不会敬畏年长的人，贵人和贱人就互相轻视；施行赏罚不守信用，百姓就会轻易犯法，不听从使用，不听从命令；交朋友不讲信用，就会互相离散和埋怨，不能相亲；百工不守信用，做的器械就会低劣，丹漆的颜色就不正。可以和人善始，可以和人善终，可以和人共富贵相通达，可以和人共患难受穷困，大概只有诚信（之人）吧！信而又信，自己严格遵守，就能通达于天。《盐铁论·世务》中也肯定诚信的威力，"诚信著乎天下，醇德流乎四海，则近者哥❷讴而乐之，远者执禽而朝之"。执政者诚信的美德一旦名扬天下，近处的人就会高兴地歌颂他，远方的人就会来朝拜他。

  唐朝的名臣魏征认识到诚信的力量。贞观十年，魏征上疏曰："臣闻为国之基，必资于德礼；君之所保，惟在于诚信。诚信立则下无二心，德礼形则远人斯格。然则德礼诚信，国之大纲，在于君臣父子，不可斯须而废也。故孔子曰：'君使臣以礼，臣事君以忠。'又曰：'自古皆有死，民无信不立。'文子曰：'同言而行信，信在言前；同令而行诚，诚在令后。'然则言而不行，言无信也；令而不从，令无诚也。不信之言，无诚之令，为上则败德，为下则危身，虽在颠沛之中，君子之所不为也。"❸ 在魏征看来，德行、礼义是治理国家的基础；而诚信是国君的保障，诚信一旦建立，臣下就没有异心。德行、礼义形成了，远方的人就会来归顺。德行、礼义、诚实、

---

❶ （秦）吕不韦，等. 吕氏春秋·离俗览·贵信.
❷ 哥：通"歌"。——作者注
❸ （唐）吴兢. 贞观政要·论诚信.

信用是国家的大纲，决定着君臣父子的伦理关系，一刻也不能废弃。如果说了话却做不到，说话就没有信用；发布命令却不执行，法令就没有诚意。没有信用的言语、没有诚意的法令，对国君来说就会败坏品德，对臣下来说就会招来杀身之祸。即使在世道衰乱之时，有德有才之人也不会这么做。

古代儒家不仅将诚信作为人际交往的基本准则，而且也非常重视诚信在治国理政中的重要价值。他们认为，诚信是治理国家的基本原则，统治者与被统治者都要讲诚信，尤其是统治者的诚信已经超出个人的品格问题，直接关系国家的治乱、社稷的安危。因此，执政者要以诚信赢得臣民的忠心。只有上下都讲诚信，彼此才能相互信任，社会秩序才能稳定，国家才能长治久安。

第二节 古代儒家德治思想的吏治主张

吏治主张是中国古代儒家德治思想的重要内容。中国封建统治的中央权威是依靠众多地方和部门的行政官吏来执行与传达，才能普遍深入家庭与个人。吏治的成败得失直接关系德治仁政能否得以顺利实现。从某种意义上来说，德治首先是官德建设，然后才是对社会其他群体的社会伦理规范。因此，古代儒家用一系列观点来阐发其吏治主张，分别从选拔人才的标准、选拔各级官吏的具体制度、选拔任用之后对各级官吏职责的要求等方面作了明确而详细的阐述。

一、尚贤任能，德才并重

如前所述，古代儒家已经认识到统治者个人的素质修养所产生的影响在治理国家中的重要意义。要实现以德治国，除了要求已经处于统治地位的人"修身""正己""安百姓"之外，还要求统治者赋予那些道德修养较高的人们以政治权力和社会地位，让他们参与国家的治理，推动以德治国的实施。由此，古代儒家德治思想提出：国家在提拔任用各级官吏时，从已经具备较高道德品质与才能的人中选择，从而有效地保障道德教化的开展。选贤任能就成了古代儒家实施以德治国的重要保证。中国古代儒家一直有着德才并重的思想传统。

毛泽东指出，"我们民族历史中从来就有两个对立的路线：一个是'任人唯贤'的路线，一个是'任人唯亲'的路线。前者是正派的路线，后者是不正派的路线"[1]。西周以后、春秋以前，由于实行宗法制与分封制，选拔人才、任用官吏都是在有血缘关系的宗族范围内进行，是宗族世袭制下"任人唯亲"的路线。春秋时期，孔子在反思历史传统的基础上提出"举贤才"的观点，开始对"任人唯贤"路线的探索与实践。

古代儒家德治思想不仅要求统治者个人通过修身养性具备较高的素养，英明地治理国家，而且积极提倡统治者选拔任用贤能之才参与国家的管理。因为无论国君多么贤明能干，他个人的精力都是有限的，对于一个国家的庞杂政务不可能事无巨细地亲自过问，所

---

[1] 毛泽东选集：第二卷 [M]. 北京：人民出版社，1991：527.

以他必须挑选一些优秀的人才担任各级官吏，帮他分担国务。举贤才、纳忠良、除贪官、去污吏是实现德治的重要保证，在选拔人才时要求国君及各级官吏有知人之明，知道如何发现、使用贤才，懂得什么是德才兼备的贤士、什么是有才无德的小人、什么是有德无才的庸人，明白什么层次的贤才用在什么级别、什么类型的人才放在什么位置。

儒家的创始人孔子一反传统宗族世袭制下任人唯亲的主张，提出要用"仁"作为考察人的基本原则，打破根据人的出身授予官职的惯例，以德、才作为标准选拔人才、任用官吏，只有这样，民众才会信服，国家才能兴盛。《论语·为政》记载哀公问孔子："何为民服？"孔子回答说："举直错诸枉，则民服；举枉错诸直，则民不服。"孔子认为，国家在选拔任用官员时，为人正直是一个重要的标准，如果把正直的人提拔到不正直的人之上，百姓就诚服，如果把邪恶的人提拔到正直的人之上，百姓就难以心服。孔子还以历史上的具体事例说明举贤的重要意义，他说："舜有天下，选于众，举皋陶，不仁者远矣。汤有天下，选于众，举伊尹，不仁者远矣。"❶ 孔子强调正确提拔任用官吏的重要性，它是关系到百姓对政府是否拥护、信服的问题。孔子甚至认为当政者是否是贤德之才，直接关系国家的兴衰成败，"其人存，则其政举；其人亡，则其政息。……故为政在人"❷。因此，孔子对秦穆公对异国奴隶百里奚"爵以大夫""授之以政"之举大加赞赏，甚至认为秦国能够重视、任用贤士是其称霸诸侯的重要原因。他说："秦，国虽小，其志大；处虽辟，行中正。身举五羖，爵之大夫，起累绁之中，与语三日，授之以政。以此取之，

---

❶ 论语·颜渊.
❷ 礼记·中庸.

虽王可也，其霸小矣。"❶ 相反，孔子批评那些不能合理识人用人的统治者。他曾说："臧文仲其窃位者与！知柳下惠之贤而不与立也。"❷ 由于鲁国大夫臧文仲明知柳下惠贤良却不举荐官职，孔子就谴责他是个做官不管事的人。孔子还说，"十室之邑，必有忠信"❸。他认为，每一个时代每一个地区都有人才，只不过由于种种屏蔽和障碍没有被人发现罢了。

在举贤标准上，孔子主张德才兼备，又不求全责备。在德、才两者之中，孔子更看重德。孔子认为，无能固然是颇为惭愧的事，也不必因别人不了解自己而忧虑。他说："君子病无能焉，不病人之不己知也。"❹ 但是，无德干脆不能称之为君子，因为孔子曾说："如有周公之才之美，使骄且吝，其余不足观也已。"❺ 意思是即使具有周公那样美妙的才能，只要骄傲且吝啬，别的方面也就不值得一看了。可见，在孔子那里，德比才更为重要，一个人的知识水平再高、能力再强，如果没有良好的品德，也是不足称道的。孔子深刻认识到，处于上位的人，尤其是君主和各级官吏，他们的道德素养不但关系到对自己职责的履行，而且关乎整个社会道德风气与习俗的导向。因此，通过一定的方式、方法选拔任用具有较高道德素养的官员就成了实现德治的重要保证。孔子提出的举贤任能、以德为本、德才并举的观点适应当时社会发展的需要，对前代的用人思想有所改进，强调"德"的重要意义，对后世产生了积极的影响。

《礼记》是儒家的主要典籍之一，它同样表达了对选贤任能的重视。《礼记·礼运》曰："大道之行也，天下为公，选贤与能，讲信

---

❶ （汉）司马迁. 史记·孔子世家.
❷ 论语·卫灵公.
❸ 论语·公冶长.
❹ 论语·卫灵公.
❺ 论语·泰伯.

修睦。"意思是在大道通行的时代，天下为人民公有，选举有贤德、有才能的人来管理事务，讲求诚信，致力于团结友爱。

孟子发展了孔子的重贤贵德思想。他说："用下敬上，谓之贵贵；用上敬下，谓之尊贤。贵贵尊贤，其义一也。"❶ 孟子把贵人与贤人并列作为人们应该尊敬的对象，还列举了许多人们传颂和敬仰且出身微贱的高贤大德。他说："舜发于畎亩之中，傅说举于版筑之间，胶鬲举于鱼盐之中，管夷吾举于士，孙叔敖举于海，百里奚举于市。"❷ 孟子认为，人只要有德有才，不应该受出身富贵贫贱的限制而被任用，只有这样，才能招徕天下之士归服。他还说："尊贤使能，俊杰在位，则天下之士皆悦，而愿立于其朝矣。"❸ 在孟子看来，如果君主尊重有道德的人、任用有能力的人，使德才出众之人都有官位，那么天下的士子都会高兴，愿意到他的朝廷服务。因此，孟子力主仁者在位，"是以惟仁者宜在高位，不仁者而在高位，是播其恶于众也"❹。据此，孟子不仅主张国君任用有德有才之人，而且建议国君在选人、用人时应该不避尊卑、亲疏，还劝导国君一定不可偏听偏信周围亲信及官员的言论，而应听取国民的意见，进行仔细考察。他说："国君进贤，如不得已，将使卑逾尊，疏逾戚，可不慎与？左右皆曰贤，未可也；诸大夫皆曰贤，未可也；国人皆曰贤，然后察之；见贤焉，然后用之。左右皆曰不可，勿听；诸大夫皆曰不可，勿听；国人皆曰不可，然后察之；见不可焉，然后去之。"❺ 孟子观点的可贵之处在于把考察机制引入用人之中，而且考察的对象是民意，而非某些特定人员的一面之词，这样就能有效地避免人才不实的状况，杜

---

❶ 孟子·万章下.
❷ 孟子·告子下.
❸ 孟子·公孙丑上.
❹ 孟子·离娄上.
❺ 孟子·梁惠王下.

绝用人方面营私舞弊的现象。他的这一主张对后来汉朝所实行的举荐制有一定的影响。

荀子也看到了尚贤的重要。他身处的战国时期，各国诸侯纷纷争霸，统治者急需得到一批贤才帮助他们富国强兵，实现政治、经济实力的迅速增强。荀子顺应当时社会发展的形势，更加重视对贤能之人的选用。他说："故尊圣者王，贵贤者霸，敬贤者存，慢贤者亡，古今一也。"❶ 荀子把对贤者的尊重与任用看作关系社稷存亡的大事。在荀子那里，君子是所谓贤士的代称。他说："无土则人不安居，无人则土不守，无道法则人不至，无君子则道不举。故土之与人也，道之与法也者，国家之本作也。君子也者，道法之总要也，不可少顷旷也。得之则治，失之则乱；得之则安，失之则危；得之则存，失之则亡。故有良法而乱者有之矣；有君子而乱者，自古及今，未尝闻也。"❷ 荀子认为，没有国土，人民就不能安居；没有人民，国土就不能保持；没有道德礼法，人民就不会归附；没有贤人君子，道就不能实行。因此，土地和人民、道和法都是国家的根本；君子是道和法的总管，不可片刻没有。得到君子，国家就能得到治理，失去君子，国家就会灭亡，所以有好的法制而国家混乱的情况是有的，有君子而国家混乱的情况从古到今从来没听说过。荀子还通过贤人君子与法在国家中的地位、作用的对比，阐述尚贤任贤的思想。他说："故法不能独立，类不能自行，得其人则存，失其人则亡。法者，治之端也；君子者，法之原也。故有君子，则法虽省，足以遍矣；无君子，则法虽具，失先后之施，不能应事之变，足以乱矣。不知法之义而正法之数者，虽博，临事必乱。故明主急得其人，而暗主急得其势。"❸

---

❶ 荀子·君子.
❷ 荀子·致士.
❸ 荀子·君道.

荀子认为，法律不能自动发生作用，依法类推也不能自动运行。只要在位的人是贤人君子，那么即使法律比较简单，也可以解决一切问题；反之，即使法律健全，如果没有贤人君子执行，在施行法律时先后顺序颠倒，不能依法处理各种事变，完全可以乱国。不懂得立法的根本意义而只注重确定各种法律条文，即使条文再多，处理具体事情也会引起混乱，所以明智之君急于得到人才，昏庸之主急于得到权势。荀子的这番话反映儒家重视人才的思想。他极力强调人在治理国家、运用法律中的根本作用。这在古代专制集权的社会历史条件下有其合理性。

荀子在重视任贤使能的基础上，还分析君主的任贤使能与臣民的辞让忠信之间的因果互动关系。他说："故上好礼义，尚贤使能，无贪利之心，则下亦将綦辞让，致忠信，而谨于臣子矣。"[1] 由此可见，荀子要求统治者按照尚贤任能的原则选拔和任用人才，辅佐君主管理国家。同时，他明确表达对贵族世袭制的反对。他说："虽王公士大夫之子孙也，不能属于礼义，则归之庶人。虽庶人之子孙也，积文学，正身行，能属于礼义，则归之卿相士大夫。"[2] 荀子认为，等级的划分应该根据贤能与否而变化，不能世袭而一成不变，强调在选用人才时需遵循这样一个准则，即"论德而定次，量能而授官，皆使人载其事而各得其所宜"[3]。显然，在这里荀子把德放在了首位。

荀子还分析君主在求贤任能过程中容易犯的错误及避免的方法。他说："人主之患，不在乎不言用贤，而在乎不诚必用贤。夫言用贤者，口也；却贤者，行也；口行相反，而欲贤者之至、不肖者之退也，不亦难乎！夫耀蝉者，务在明其火、振其树而已；火不明，虽振

---

[1] 荀子·君道.
[2] 荀子·王制.
[3] 荀子·君道.

其树，无益也。今人主有能明其德者，则天下归之，若蝉之归明火也。"❶ 在荀子看来，在选贤任能上，君主的缺点不是不说任用贤人，而是缺少必须任用贤人的诚心。虽然他们口口声声说要任用贤人，但在行动上排斥贤人。口头上说的和行动上做的完全相反，却想让贤人到来、不肖之人离开，这不也很难吗？夜晚用灯火照明捕蝉，必须做到灯火明亮、摇动树身才行，灯火不明亮，即使摇动树身也没有作用。现在君主如果能显示自己的美德，那么天下百姓前来归顺他，就像飞蝉投火而来一样。在这里，荀子不仅指出君主在用贤时常犯的言行不一的错误，而且明确要求君主如果真心求贤纳士，必须首先将自己的美德展现出来，以此吸引贤士君子归附。

先秦儒家尚贤任能、德才并举的思想为后世儒家所继承和发扬。汉初陆贾说："人君莫不知求贤以自助，近贤以自辅。然贤圣或隐于田里，而不预国家之事者，乃观听之臣不明于下，则闭塞之讥归于君；闭塞之讥归于君，则忠贤之士弃于野；忠贤之士弃于野，则佞臣之党存于朝；佞臣之党存于朝，则下不忠于君；下不忠于君，则上不明于下；上不明于下，是故天下所以倾覆也。"❷ 陆贾用这种递进式的语句揭示贤士不被重用与国家覆亡之间的关系。

汉朝大儒董仲舒说："建治之术，贵得贤而同心。"❸ 在董仲舒看来，为人主者建功立业贵在不仅求得有德之贤士，还要同心同德。为求得贤士，国君必须有宽阔的胸怀，以谦卑的态度对待贤士君子。只有拥有贤士，才能做到道德流行、国家太平。因此，他说："治国者，务尽卑谦以致贤；能致精，则合明而寿；能致贤，则德泽洽而国太平。"❹ 董仲舒还讲述使用无德无才之人造成的危害。他说："莫近

---

❶ 荀子·致士.
❷ （汉）陆贾. 新语·资质.
❸ （汉）董仲舒. 春秋繁露·立元神.
❹ （汉）董仲舒. 春秋繁露·通国身.

于仁，莫急于智。不仁而有勇力材能，则狂而操利兵也；不智而辩慧狯给，则迷而乘良马也。故不仁不智而有材能，将以其材能以辅其邪狂之心，而赞其僻违之行，适足以大其非而甚其恶耳。"❶

东汉桓谭将贤士划分为五个层次。他说："贤有五品：谨敕于家事。顺悌于伦党，乡里之士也；作健晓惠，文史无害，县廷之士也；信诚笃行，廉平公，理下务上者，州郡之士也；通经术，名行高，能达于从政，宽和有固守者，公辅之士也；才高卓绝，疏殊于众，多筹大略，能图世建功者，天下之士也。"❷ 由此可见，桓谭所谓的贤士既具有较高的道德修养，又具备一定的知识和才能。值得注意的是，他对"通经术"的强调，这里所谓"经"，就是儒家经典。

三国时刘备求贤若渴，为了当时的举世贤才诸葛亮曾三顾茅庐，被传为佳话。诸葛亮也深知贤才对治国的重要性，在《便宜十六策·举措》中说："治国之道，务在举贤。若夫国危不治，民不安居，此失贤之过也。"治理国家的根本是举贤，国家的混乱源于失贤。得贤臣者得天下，失贤臣者失天下。

唐太宗李世民说："夫国之匡辅，必有忠良。任使得人，天下自治。"❸ "为政之要，惟在得人。"❹ "致安之本，惟在得人。"❺ 唐太宗把忠良贤士作为治国为政的关键，认为有忠良贤士的辅佐，国家自然会安定有序。因此，唐太宗对使臣说："朕今孜孜求士，欲专心政道，闻有好人，则抽擢驱使。而议者多称'彼者皆宰臣亲故'，但公等至公行事，勿避此言，便为形迹。古人'内举不避亲，外举不避仇'，而为举得其真贤故也。但能举用得才，虽是子弟及有仇嫌，不

---

❶ （汉）董仲舒. 春秋繁露·必仁且智.
❷ （汉）桓谭. 新论·求辅.
❸ （唐）李世民. 帝范·求贤.
❹ （唐）吴兢. 贞观政要·崇儒学.
❺ （唐）吴兢. 贞观政要·论择官.

得不举。"❶ 唐太宗深知贤才的重要，在执政期间按照德才兼备、以德为先的标准选拔任用了不少官员，著名的如魏征、房玄龄、杜如晦等。贞观初年，交州都督因为贪污冒领失职，一时没有合适的人选补任，后来推举了廉洁公正的卢祖尚。在众多贤士君子的辅佐下，唐朝的政治清明、经济繁荣、国力强盛，在中国历史上写下了辉煌的一笔。

北宋宰相王安石说："国以任贤使能而兴，弃贤专己而衰。"❷ 意思是国家由于任用贤能之士而兴盛，由于舍弃贤能、独断专行而衰败。司马光虽然在许多政见上与王安石相左，但是在选人用人思想上两人却是一致的。司马光说："选举之法，先门第而后贤才，此魏晋之深弊，而历代相因，莫之能改也。夫君子、小人，不在于世禄与侧微。"❸ 司马光指出魏晋时期以门第为依据进行选人用人的弊病，阐明贤德的君子并不一定出身世家，缺德少才的小人也未必出身贫贱。在德与才的关系上，司马光认为才是德的资本，德是才的统帅。他说："夫聪察强毅之谓才，正直中和之谓德。才者，德之资也。德者，才之帅也。"❹ 他还总结了一条重要的历史教训，即"自古昔以来，国之乱臣，家之败子，才有余而德不足，以至于颠覆者多矣"❺。司马光的这段话犀利而尖锐，对世俗重才轻德引起败亡的现象进行了批判，其重德的思想由此可见一斑。

程颐也表达了类似的观点，如"古者使以德，爵以功，世禄而不世官，故贤才众而庶绩成。及周之衰，公卿大夫皆世官，政由是败矣"❻。他赞扬古代以德作为用人标准、以功作为晋爵依据的优良传

---

❶ （唐）吴兢. 贞观政要·论公平.
❷ （宋）王安石. 兴贤.
❸ （宋）司马光. 资治通鉴：卷一百四十·齐纪六·高宗明皇帝中.
❹ （宋）司马光. 资治通鉴：卷一·周纪一·威烈王二十三年.
❺ （宋）司马光. 资治通鉴：卷一·周纪一·威烈王二十三年.
❻ （宋）程颢，程颐. 河南程氏粹言·论政.

统，批评后世贵族世袭制对任用贤才的阻碍与破坏，从而导致政治的腐败。程颢、程颐兄弟都重视君主的知人善任。他们说："不知人，则所亲者或非其人，所由者或非其道，而辱身危亲者有之，故'思事亲不可不知人'。故尧之亲九族，亦明俊德之人为先，盖有天下者，以知人为难，以亲贤为急。"❶ 二程把君主知人善任作为治理国家的大事，认为君主是否能够正确知人、识人、任人关系国家兴亡，说明知人的困难与任贤的急迫。这段话也反映了这样一个问题，那就是在选拔德才兼备之贤士的时候，才与非才、德与无德往往鱼目混珠难辨真伪。难怪唐朝的韩愈感叹道："世有伯乐，然后有千里马。千里马常有，而伯乐不常有。"❷ 在德与才的关系上，朱熹认为二者是体用关系，"德者，体也；才者，用也"❸。而明代思想家洪应明在《菜根谭·闲适》中则以主奴关系来比喻德与才之间的关系。他说："德者才之主，才者德之奴。有才无德，如家无主而奴用事矣，几何不魍魉猖狂。"其重德思想显而易见。

总之，古代儒家认为，只有贤德有才之人才能担当治国安民的重任，因此在选拔任用人才时对道德与才能提出了全面的要求。在德与才的关系上，古代儒家认为德是根本，是才的灵魂、统帅，才从属于德。据此，古代儒家的一个基本倾向是要求用"德"统帅、驾驭才，认为只有首先具备德，才能保证才的正确发挥，收到正面的效果，而不致选错了方向，带来消极的影响，引起负面效应。正是基于对德与才的重视及对德与才关系的认识，古代儒家在选拔任用各级官吏时格外重视人的思想品质和道德修养。可以说，古代儒家的这些观点都有一定的合理性，在历史上也产生了积极的影响。但是，由于缺少对

---

❶（宋）程颢，程颐. 河南程氏遗书·二先生语：卷四.
❷（唐）韩愈. 韩昌黎集·杂说.
❸（宋）黎靖德. 朱子语类：卷二十四.

德与才辩证关系的全面认识，有些儒家学者片面地发展了德对才的统帅思想，以致逐渐产生了重德轻才甚至以德代才的不良倾向。比如，曾国藩曾说："德而无才以辅之，则近于愚人；才而无德以主之，则近于小人。……二者既不可兼，与其无德而近于小人，毋宁无才而近于愚人。"❶ 在封建社会广为流传的"男子有德便是才，女子无才便是德"等观点就是受重德轻才思想影响的结果。

二、察举制度，科举制度

在不同的历史阶段、不同的社会形态下，统治者都会根据当时统治职能所需建立一套选拔官吏的制度，以便不断补充与调整各级官员队伍，保证统治顺利实现。在我国漫长的历史中，原始社会的部落首领、奴隶社会的奴隶主阶级、封建社会的封建地主阶级等统治者为了巩固统治，曾经使用各种不同的方式选拔和任用符合统治需要的人才，如原始社会的禅让制、商代的嫡长子继承制、周朝的世卿世袭制、魏晋南北朝时期的九品中正制、隋朝开始的科举制等。需要说明的是，在同一朝代，通常有一种选官制度，但这种选官制度并不是唯一的选拔方式，往往还有其他方式。比如，自隋朝至明清科举制是封建社会重要的选官制度，同时还有保举、捐官等途径。

基于对德与才的重视，古代儒家在选拔和任用各级官吏时自然会垂青于有德有才之人。同时，中国传统德治治国方式的落实与中国各级官吏的素质、状况密切相关。他们所受的教育、所持的思想观

---

❶ （清）曾国藩. 曾文正公全集・杂著：卷四・笔记十二篇・才德.

念、选拔的方法途径、为官理念等,直接影响德治的实现。考察中国古代的选官史可以发现,中国古代所实行的两种具有代表性的选官制度有效地支持和保障德治的实施,这就是察举制度和科举制度。而这两种制度的共同特点是渗透着儒家治国用人的基本思想,体现了儒家重贤任能的治国理念。

据记载,"大约在公元前二十一世纪到公元前五世纪的奴隶制时代,奴隶主贵族按血缘关系的远近分封自己的亲属,中央和地方的权力,分别掌握在大大小小的奴隶主贵族手中,而且世代相传,不能随意任免"[1]。这就是历史上宗法制下的官爵世袭制度。春秋时期,各诸侯国为了争霸,急需在政治、经济上迅速崛起,于是改变选拔官吏的办法,纷纷放弃仅以血缘为标准、以亲属为范围的选官方法,而以贤能作为标准进行选拔。这种选贤任能的用人方法成为各国增强政治、经济实力的重要措施。比如,齐桓公对管仲的重用、秦穆公对百里奚的任用等,都反映了统治者在官吏选拔任用上的大胆变革,但是此时的选贤任能还没有成为普遍使用的方法。战国时期,这种情况逐渐发生了变化,一些国家的君主和贵族在选拔人才方面开始实行变法,正式使用和推行新的方法途径。一是"养士",即把一些有才能的人供养起来,以便随时任用;二是"军功",即在立过战功的人中选拔人才。

《礼记》中反映了春秋战国之际儒家的举荐原则和思想,如"儒有内称不辟亲,外举不辟怨。程功积事,推贤而进达之,不望其报;君得其志,苟利国家,不求富贵。其举贤援能有如此者"[2]。意思是:儒者举荐人才,只要对方德才兼备能够胜任职位,对内不避称举亲属,对外不避推举怨家。儒者度量功绩,积累事实,推荐贤能而进达

---

[1] 王道成. 科举史话 [M]. 北京:中华书局,1988:1.
[2] 礼记·儒行.

于上，不期望他们的报答，满足国君用贤的心愿；只要有利于国家就行，儒者并不通过荐贤而期求富贵。儒者推举贤能的风格就是这样。《礼记》中的记载反映了当时儒家推举贤士的基本原则，即以德才兼备为根本标准，不考虑个人恩怨，不贪图私利，以有利于国家为目的。

到了汉朝，当刘邦夸耀自己是"以马上得天下"时，儒生陆贾告诫他说："居马上得之，宁可以马上治之乎？"❶ 刘邦深以为然，认识到在治理国家时应该重视和平的手段，任用贤能之士为官，充分发挥他们的道德示范作用。后来，刘邦曾把自己取得天下的根本原因归功于善于使用贤才。他说："夫运筹帷幄之中，决胜千里之外，吾不如子房；镇国家，抚百姓，给饷馈，不绝粮道，吾不如萧何；连百万之众，战必胜，攻必取，吾不如韩信。三者皆人杰，吾能用之，此吾所以取天下者也。项羽有一范增而不能用，此所以为我禽也。"❷ 刘邦重视官吏的选拔和任用，在选拔官吏时非常看重真才实学。汉文帝时，在官吏的选拔任用上逐渐建立了察举制度。"这种选官方法，一般分为四个步骤进行。第一，先由皇帝不定期下诏令，根据所需人才，指定荐举科目；第二，自丞相、列侯、公卿至地方郡国，按所定科目察举人才；第三，各地把所推荐的人才送集京都，由皇帝亲自对他们进行策问；第四，据对策的高下，依次授官。"❸ 据史书记载，汉文帝二年（公元前 178 年）十一月，文帝下诏求贤："举贤良方正能直言极谏者，以匡朕之不逮。"文帝十五年（公元前 165 年）九月他再次下诏："诸侯王公卿郡守举贤良能直言极谏者，上亲策之，傅纳以言。"❹ 察举制度虽然在汉文帝时已经初步建立，但在当时还没

---

❶ （汉）司马迁. 史记·郦生陆贾列传.
❷ （汉）班固. 汉书·高帝纪.
❸ 陈茂同. 中国历代选官制度 [M]. 上海：华东师范大学出版社，1994：56.
❹ （汉）班固. 汉书·文帝纪.

有成为选拔任用官吏的常制,只是用于从低级官吏中选拔高级官吏,普通百姓基本不在察举对象之列。

到了汉武帝时,察举制开始作为官吏选拔制度真正得以确立。首先,这时察举的对象扩大到普通民众,百姓和官吏都可以被察举。董仲舒曾说:"使诸列侯、郡守、二千石各择其吏民之贤者,岁贡各二人以给宿卫,且以观大臣之能;所贡贤者有赏,所贡不肖者有罚。"❶其次,更重要的是这时的察举制度制定了察举的主要标准,对所要察举的人才作了明确的规定。史书中记载:"建元元年冬十月,诏丞相、御史、列侯、中二千石、二千石、诸侯相举贤良方正直言极谏之士。丞相绾奏:'所举贤良,或治申、商、韩非、苏秦、张仪之言,乱国政,请皆罢。'奏可。"❷这段文字表明,当时察举的主要标准具体落实在儒学修养的高低上,凡是崇尚儒家之外学派的,一律作为"乱国政"者而不予察举。史书中还记载:"自武帝初立,魏其、武安侯为相而隆儒矣。及仲舒对策,推明孔氏,抑黜百家,立学校之官,州郡举茂才、孝廉,皆自仲舒发之。"❸这就是历史上著名的"罢黜百家,独尊儒术"。在董仲舒以后,儒家学说一跃成为唯一受官方支持的学说,结束了中国学术思想史上百家争鸣的局面,确立了在中国学术思想中的正统地位,也相应地成为察举的主要标准。汉朝除了察举制度外,虽然还有其他选官方式,但是察举制是最主要的选官制度。

汉朝各科的察举还要通过朝廷设立的考试。其中,儒家经典中的章句注疏是考试的必备内容,所以儒学水平的高低是选拔人才的重要依据。这一点对德治来说具有重要的意义。根据这个标准选拔出来

---

❶ (汉)班固. 汉书·董仲舒列传.
❷ (汉)班固. 汉书·武帝纪.
❸ (汉)班固. 汉书·董仲舒列传.

的人才深受儒家思想的浸染。这为士子们拜官受职、手握政权之后按照儒家的基本主张行事提供了可能的条件。回顾汉朝历史，察举制度被严格执行、能够成功选拔优秀人才做官的时期，就是德治思想被切实贯彻的时期，也是社会繁荣、国家兴盛的时期，如西汉著名政治家、文学家晁错就是在汉文帝时通过察举制度选拔出来的。❶ 汉武帝时，布衣出身的公孙弘通过察举与董仲舒一同被汉武帝重用，后来官至宰相，为官期间充分发扬一位儒者的道德风范，以身作则，为国家的兴盛作出了贡献。还有许多其他人才通过察举走上仕途，对充实和提高统治阶级队伍起了不小的作用。汉朝之所以能够成为中国历史上第一个长久统一且保持稳定发展的封建朝代，与选拔任用贤能之士做官的察举制度有很大关系。汉朝察举制度的特点是以举荐为主、考试为辅。它对后世的影响也颇为深远，是后来科举制度的源头。

魏晋南北朝时期，在选拔任用官吏方面主要实行九品中正制。东汉末年，由于当时战争频仍、社会动荡不安，百姓四处迁徙，无法安居生活，导致户籍管理混乱。因此，汉朝以来依靠乡党的举荐并"先核之乡闾"❷ 的察举制很难再推行下去。在此社会背景下，魏文帝曹丕开始实行九品中正制，主要根据家世、才、德，通过品评把人才分为九个等级，然后再根据人才的等级安排职位。这种制度实行之初，由于顺应当时社会形势，人们认真执行，所以使朝廷获得一批德才兼备之士，收到一定的成效。但是，不久这种制度的弊端就暴露出来，形成"上品无寒门，下品无世族"❸ 的局面。

隋朝初年，为了适应社会形势的发展变化，加强中央集权，隋文帝于公元589年废止九品中正制，开始实行分科举人的选才用人方

---

❶ （汉）班固. 汉书·晁错传.
❷ （西晋）陈寿. 三国志·魏书·何夔传.
❸ （唐）房玄龄，等. 晋书·刘毅传.

法,"科举"概念由此产生。后来,隋炀帝设置进士科,进士科以考试策问为主要考察方式,标志着科举制度的正式确立。由于这种制度以考试与策问等为主要方式,就把读书、考试与做官紧密联系起来。❶ 隋朝所创建的科举选官制是一项新的政治举措,在历史上产生了巨大而深远的影响,为后世历朝所沿用。科举制的产生是中国乃至世界文化史上的创举,具有重要的社会意义和历史意义。一方面科举制使得一般百姓可以通过读书获得参与政权的机会,知识分子的政治地位进一步提高;另一方面由于朝廷规定的考试内容、录取标准等,都是以儒家思想、封建伦理道德为基本准则的,所以它们好像一根指挥棒,引导人们朝这个方向努力,从而保证各级官吏的文化素质和思想修养,有利于统治阶级政权的巩固。然而,科举制度的局限性也比较明显。许多读书人在功名利禄的诱惑下,不再关心社会现实和人民的疾苦,埋头于经书之中,取得功名之后则对封建统治者俯首帖耳,缺少独立的思考能力与创造精神。

为适应封建官僚政治发展的需要,唐朝全面确立了科举选官制度。《新唐书·选举志》中曰:"唐制,取士之科,多因隋旧。然其大要有三:由学馆者曰生徒,由州县者曰乡贡,皆升于有司而进退之。其科之目,有秀才,有明经,有俊士,有进士,有明法,有明字,有明算,有一史,有三史,有开元礼,有道举,有童子。而明经之别,有五经,有三经,有二经,有学究一经,有三礼,有三传,有史科。此岁举之常选也。其天子自诏者曰制举,所以待非常之才焉。"这些科目的考生来源有两个:一是生徒,包括国子监、弘文馆、崇文馆的学生,他们在学校内考试合格后即可直接参加尚书省礼部举行的考试,称为省试;二是乡贡,凡是不属于第一类的其他考

---

❶ 陈茂同. 中国历代选官制度 [M]. 上海:华东师范大学出版社,1994:86-114.

生，必须先持身份、履历证书向州县报名，通过县、州逐级考试，合格者被保送至京城参加省试。在唐朝，中央和地方都设立学校。学校所教授的主要内容是《诗经》《尚书》《周易》《周礼》《仪礼》《礼记》《孝经》《春秋左传》《公羊传》《谷梁传》等儒家经典，还有一些关于文字、算术、法律等方面的书籍。从教授的这些内容来看，当时的统治者非常看重各级官员的儒学修养。在考试录用方面同样体现了重视儒学的特点。在唐代，考取进士后还不能做官，还必须经过吏部的复试，复试合格后才能授予官职。据《新唐书·选举志》记载，吏部复试分为身、言、书、判四个方面的内容，最后要审查品德行为，"凡择人之法有四：一曰身，体貌丰伟；二曰言，言辞辩正；三曰书，楷法遒美；四曰判，文理优长。四事皆可取，则先德行，德均以才，才均以劳。得者为留，不得者为放"。这段文字表明，虽然德行被放在最后考察，却是关键的一步，决定最终的结果。这与儒家重视人才的道德品质相一致。

到了宋朝，科举制进一步成熟与完善，儒学复兴运动也全面胜利，进入新的发展阶段——理学阶段。科举考试的内容也进一步固定为儒家的"经义"学说。理学通过科举对后期封建社会实现了更加强有力的统治。在唐朝考中进士只是有了做官的资格，要想得到官职，还需通过吏部的复试。相对于唐朝来说，宋朝在科举考试方面的一个重要变化是：凡是通过省试、殿试之后，朝廷就马上授予官职，考试成绩位居前列的人很快可以身居高位。宋朝统治者通过科举制度，以功名利禄为诱饵，要求各级官吏必须熟读儒家经典，擅长封建说教，从而把各阶层知识分子都笼络在自己周围，强化思想的统一，巩固封建专制统治。尤其是通过南宋大儒朱熹的努力，儒家理学备受当时统治者的欢迎与推崇，确立了在思想领域中的统治地位。在科举考试时，那些崇尚理学的儒生更易受到信任、重视与任用。于是，儒家理学便成为封建王朝科举选官的最高标准。

明、清两朝的科举制度与具体考试程序大体一致，都把进士科作为最重要的内容。明朝开始实行"八股取士"，明、清两朝统治者都规定：科举考试中必须用八股文做文章。八股文就从"四书五经"取题，其中又以四书命题为多。八股文有固定的文体格式，每篇开始以两句点破题意，叫作"破题"，然后承接破题而进行阐发，叫作"承题"，接着开始议论，称为"起讲"，后再为"入手"，意为起讲后的入手之处，以下再分为起股（也称起比或提比）、中股（也称中比）、后股（也称后比）、束股（也称束比）。末尾有数十字或百余字的总结性文字，亦称"大结"。从起股至束股，每组都有两排排比对偶的文字，共为八股，故称"八股文"。写八股文有一系列的清规戒律，要求据题立论，主要诠释经书的义理，作者不能自由阐发自己的观点。统治者规定，在八股取士的考试中，要从充满儒家说教的四书五经中命题，并且强调以朱熹的集注作为批卷标准。虽然从整体上来看，八股取士导致科举制度的衰落，并且产生消极的影响和不良的社会效应，造成官场的腐败和政治的黑暗，加速封建王朝的灭亡，但是它从形式到内容限定了以考取功名为目的的读书人的学习范围，在某种程度上强化了儒家思想对人们的统治，尽管它是以禁锢人们思想的方式。

回顾中国的科举史，不难发现，在科举考试制度开始实行、日趋完善且被认真执行的时候，大量德才兼备之人被选拔任用，这些时期儒家德治主张也被贯彻落实。唐朝是科举制度最完善成熟的时期。通过科举考试，大批优秀的知识分子担任重要官职，如房玄龄、杜如晦等人本来都是布衣出身，科举制度成全了他们的个人抱负，也造就了唐朝的清明政治和德治局面。到了封建社会的后期，由于科举考试的内容和形式发生了重大变化，科举制度被严重扭曲，逐渐失去最初的积极意义，以致产生很大的消极作用，成为阻碍社会发展的一个因素。

从整体来看，由于中国的奴隶社会、封建社会基本上是一个行政权力支配一切的"官本位"社会，官员作为社会的最高阶层，不但直接控制国家的行政、立法、司法、经济、军事、外交等，而且控制或影响思想、教育、学术、宗教等意识形态和文化观念。而在官本位处于支配地位的相当长的历史时期内，能够创造出这样一种造就官僚阶层的科举制度，也算是一个具有重要价值的贡献。美国学者史密斯先生甚至认为，这种科举考试制度在一定程度上实现了中国古代国家政府的"公共机关民主化"。他说："中国著名的文官考试制度，在世界其他地方做梦都还未曾想到的时候，就把公共机关民主化了，其中心就是儒家的典籍。"他的理由大体是"孔子那外表看起来平凡的事业，其令人难以置信的结果是，建立了一个成为中国统治精英的学者阶层，而孔子本人则升起成为中国历史上最重要的人物"[1]。他的意思是，由于中国的统治精英是由儒家学者充任，中国的封建专制在一定程度上被改良、弱化，以致产生某种民主化的色彩。

的确，在漫长的封建社会中，科举制度对中国社会产生了重要影响。在科举制度中考试科目、考试内容的指挥下，中国的知识分子埋头苦读以儒家学说为主的"圣贤书"，试图通过科举考试跻身于手握重权的统治阶层。在中国封建社会的大部分朝代，无数通过科举考试跻身仕途的各级官吏的面貌、精神在他们还是普通知识分子的时候就已经由儒家学说通过科举制度塑造出来。史密斯先生还讲道："几乎可以说每一位中国学子都会对他的《论语》下过好多功夫，其结果是它们变成了中国人心灵的一部分，而且以口语的格言慢慢渗透

---

[1] [美] 休斯顿·史密斯. 人的宗教 [M]. 刘安云，译. 海口：海南出版社，2001：200.

到不识字的人心中。中国的政府也受到他的影响，并且比受到任何其他人的影响都要深。……大量的政府部门，包括一些最高的机关，要求官员具有儒家经典的知识。"❶

我们可以说，由于科举制度这个杠杆，作为中国统治阶级主体的各级官吏从以儒家学说为代表的文化土壤中产生以后，又反过来在政治上进一步强化了中国文化的儒家学说色彩，巩固中国政治、文化中儒家学说的基因。在科举制度下，以孔子为代表的儒家学说成为影响中国政治等最重要的文化来源。简单地说，在科举制度的作用下，儒家学说塑造了知识分子出身的中国官吏。这些登上政治舞台的官吏们纷纷以各种方式不同程度地实践着儒家的政治主张，推行用道德治国的政治理念。明朝末年来到中国传教的利玛窦认识到，在中国"标志着与西方的一大差别而值得注意的另一重大事实是，他们全国都是由知识阶层，即一般叫做哲学家的人来治理的，井然有序地管理整个国家的责任完全交付给他们来掌握"❷。利玛窦看到在中国"哲学家"（即儒生）治国的现象并予以肯定，对中国的科举制也非常赞赏。黑格尔也曾对此现象深有感触地讲道，在中国"凡是要想当士大夫、做国家官吏的人，必须研究孔子的哲学而且须经过各样的考试。这样，孔子的哲学就是国家哲学，构成中国人教育、文化和实际活动的基础"❸。

综上所述，汉朝的察举制度和隋唐以来的科举制度是中国古代社会选拔任用官吏制度的重要代表。这两种制度有一个共同特点，就是为德治的实现提供了制度的依托。通过举荐或考试制度，那些饱读

---

❶ [美] 休斯顿·史密斯. 人的宗教 [M]. 刘安云, 译. 海口：海南出版社, 2001：169.
❷ [意] 利玛窦, [比] 金尼阁. 利玛窦中国札记 [M]. 何高济, 等译. 北京：中华书局, 1983：59.
❸ [德] 黑格尔. 哲学史讲演录：第 1 卷 [M]. 北京大学哲学系外国哲学史教研室, 译. 北京：生活·读书·新知三联书店, 1956：125.

儒家经典而深受儒家思想浸染且道德行为良好的人被纳入统治阶层。这一点具有两方面的作用：一是通过这种制度化的激励机制引导整个社会形成道德倾向，人们切实认识到修身养德的益处；二是这些被选拔出来的人在儒家德治思想的指导下，可以运用手中的政治权力惩恶扬善，进一步强化社会上以德治国的理念，从而形成一个良性循环机制。当然，无论是察举制度还是科举制度，都不能确保所选之士全部是德才兼备之人。事实上，迄今为止，无论是中国，还是外国，都没有哪种人才选拔制度能够真正做到这一点。但是在中国，科举选官制至少保证国家是由儒家学说培养出来的知识分子统治的，以儒家学说为科举考试准则，保证官员们的道德素质与知识结构跟儒家所提倡的德治主张相一致。这些官员有可能使国家按照他们头脑中的德治模式进行运转。儒家学说是中国文化的核心，在长达两千多年的中国历史中居于统治地位。其德治主张在不同时期被程度不同地运用和实践，这一状况正是通过官吏的选拔考试制度确立并维持的，其中察举制度和科举制度功不可没。察举制度和科举制度曾经为中国的历史打造了一支有较高道德素养和知识水平的儒生出身的官员队伍，为古代中国实行德治提供了必备的政府组织方式。

三、克己奉公，清正廉洁

自国家及其各种附属机构产生以来，为辅助最高统治者的统治，官吏也就相应产生，于是对官吏的性质、地位、职能、要求等的表述也随之出现。其中，"廉洁""奉公"作为职业道德，是对官吏的基本要求。从很早开始，古人在这方面就有大量论述。而中国古代儒家提倡德治，强调道德教化，尤其重视统治者的道德表率作用和榜样示范的力量，所以格外重视各级官吏"廉洁""奉公"的职业道德。

廉洁是古代儒家对官吏的一个基本要求，被视作"仕者之德""为政之本"。所谓廉洁，是指不贪钱财，立身清白。在中国，往往把清正廉洁、为民做事的官员尊为"清官"，而把居官不正、贪污腐化的官吏斥为"赃官"。一清一浊，对比鲜明，反映了人们对不同官员爱憎分明的态度。

把廉洁作为官吏从政的根本要义一直是古代儒家的传统。《周礼》中把对官吏的要求分为六种："一曰廉善，二曰廉能，三曰廉敬，四曰廉正，五曰廉法，六曰廉辨。"❶ 廉正是其中重要的一条。晏子把廉洁看作政治的根本。他说："廉者，政之本也，民之惠也；贪者，政之腐也，民之贼也。"❷ 东汉的王符则站在道德教化为治国之本的立场，把"清廉洁白"作为教化的根本内容之一。他讲道："夫修身慎行，敦方正直，清廉洁白，恬淡无为，化之本也。"❸ 在王符看来，教化的根本就是修养身心、谨慎行事，忠厚规矩、公平正直，清廉洁白，恬淡无为。中国历史上唯一的女皇帝武则天则把公平、廉正看作"吏之宝"，号召士人君子们以义和德为重，做一个清白廉洁的好官，哪怕以牺牲升迁为代价。她为教育臣子曾专门编撰了《臣轨》一书，集中阐述官德修养理论。《臣轨》中有："理官莫如平，临财莫如廉。廉平之德，吏之宝也。非其路而行之，虽劳不至；非其有而求之，虽强不得。知者不为非其事，廉者不求非其有。是以远害而名彰也。故君子行廉以全其真，守清以保其身。富财不如义多，高位不如德尊。"❹ 相比之下，清朝前期名臣张伯行的话更为明确。他毫不含糊地把廉洁奉公看作官吏的基本节操，说："照得洁己

---

❶ 周礼·天官冢宰·小宰.
❷ （汉）刘向. 晏子春秋·内篇·杂下第六.
❸ （汉）王符. 潜夫论·实贡.
❹ （唐）武则天. 臣轨·廉洁.

奉公，官守之常节。存心爱物，吏治之本原。"❶ 他的这一思想有把廉洁奉公当作官吏的职业道德的意味，只是当时还没有"职业道德"这个概念而已。难能可贵的是，张伯行一生洁己奉公，践行自己的廉洁思想。而王夫之的话则更加意味深长。他说："夫为政者，廉以洁己，慈以爱民。"❷ 他所说的"为政者"，不仅包括普通官吏，而且包括最高统治者——君主。这样，廉洁自爱不仅是道德要求，而且是影响教化别人的需要。

既然廉洁如此重要，那么，如何做才算廉洁呢？孟子曰："可以取，可以无取，取伤廉。"❸ 在孟子看来，在可取与不可取之间，取就玷污廉洁的品德。显然，如果在可取与不可取之间，坚决不取，则是廉洁的表现。《春秋左传·襄公十五年》记载："宋人或得玉，献诸子罕，子罕弗受。献玉者曰：'以示玉人，玉人以为宝也，故敢献之。'子罕曰：'我以不贪为宝，尔以玉为宝。若以与我，皆丧宝也。不若人有其宝。'"子罕在可取与不可取之间，毫不动摇地选择了"不贪"之宝，正是身正廉洁的光辉写照。董仲舒对清正廉平也有自己的看法。他说，"至清廉平，赂遗不受，请谒不听"❹。他也把不接受贿赂馈赠和送礼吃请作为清正廉平的重要标准。由此可见，不贪是廉洁的重要标志。值得一提的是，明代的薛瑄按照思想动机的不同，将廉洁分为三种境界，并对之作出评价。他说："世之廉者有三：有见理明而不妄取者，有尚名节而不苟取者，有畏法律保禄位而不敢取者。见理明而不妄取，无所为而然，上也；尚名节而不苟取，狷介之士，其次也；畏法律保禄位而不敢取，则勉强而然，斯又为次之。"❺

---

❶（清）张伯行. 正谊堂文集·敷文：卷五.
❷（明末清初）王夫之. 读通鉴论·隋文帝：卷十九.
❸ 孟子·离娄下.
❹（汉）董仲舒. 春秋繁露·五行相生.
❺（明）薛瑄. 薛文清公从政录.

在薛瑄看来，只有出自内心真诚的信念，自觉自愿地不贪占、不妄取才算是真正的廉洁，这也是廉洁的最高境界，值得人们尊敬和颂扬。而那些出于沽名钓誉或者迫于法律威严而作出的廉洁行为，则要大打折扣。

对官吏来说，清正廉洁至关重要，但是要做到清正廉洁并不容易，需要一定的思想信念作支撑才能实现，这种思想就是克己奉公、为民做事。没有这种自觉奉献的精神作指导，做官时难免会因受到种种诱惑而失去操守，一旦不慎甚至会沦为万民唾弃的贪官污吏，成为侵害国家、人民利益的"硕鼠"。人们身处现实生活，难免会有各种需求和欲念。正如杨万里所说："利于私，必不利于公。公与私不两胜，利与害不两能。"❶ 利与害、公与私常常不能两全。如果在公私之间常常杂入个人的私欲，立场不坚、信念不强，就会用国家、人民的公共利益来满足自己的欲求。因此，能否处理好公私关系是廉洁的关键，正确地处理公私利益的矛盾问题无疑是清正廉洁的前提条件，没有这个前提条件，廉洁只是一句空话，很难落到实处。古人在主张廉洁的同时，总不忘提倡"克己奉公"的精神。贾谊说："故化成俗定，则为人臣者主而忘身，国而忘家，公而忘私。利不苟就，害不苟去，唯义所在。"❷ 贾谊认为，教化成功就成了风俗，那么作为臣子应该一心为君主而忘掉自身的福祸得失，一心报国而忘记自己的家庭利益，一心为公而忘记个人私利，不该得到的利益不随便趋就，有了危害不随便逃避，就因为道义的存在。在贾谊看来，"国而忘家，公而忘私"是作为臣子的应守之义，即使在今天，也值得我们提倡和颂扬。隋朝的王通则具体分析了无私与至公之间的关系。他说："夫能遗其身，然后能无私；无私，然后能至公。至公，然后以天下

---

❶（宋）杨万里. 诚斋集·代萧岳英上宰相书：卷五十六.
❷（汉）班固. 汉书·贾谊传.

为心矣。道可行矣。"❶ 在王通看来，能够抛开自身的利害得失，然后才能做到无私；无私，才能做到极端公平。做到极端公平以后就可以心怀天下。这种递进渐长的关系反映了真正达到公而忘私、心怀天下境界的来之不易。武则天在《臣轨》中说："忍所私而行大义，可谓公矣。……人臣之公者，理官事则不营私家。"❷ 其中，这个"忍"字用得较为巧妙，形象地说明"人臣之公者"克服内心私欲、坚忍地"理官事则不营私家"时进行激烈的思想斗争。

古代儒家还深刻认识到，官吏如果做不到廉洁的话，对国家和人民利益的危害是非常大的。班固在详细考察了各国历史之后得出一个结论："吏不廉平，则治道衰。"❸ 在他看来，如果各级官吏的官德修养普遍不高、思想境界上不去，那么这个国家离衰落不远了。明太祖曾下谕曰："然惟廉者能约己而爱人，贪者必朘人以肥己，尔等戒之。"❹ 明太祖认识到官吏廉洁的重要性，下决心对吏治进行大刀阔斧的整顿，"一时守令畏法，洁己爱民，以当上指，吏治焕然丕变矣。下逮仁、宣，抚循休息，民人安乐，吏治澄清者百余年。英、武之际，内外多故，而民心无土崩瓦解之虞者，亦由吏鲜贪残，故祸乱易弭也。嘉、隆以后，资格既重甲科，县令多以廉卓被征，梯取台省，而龚、黄之治，或未之觏焉"❺。

要做一个清正廉洁的好官，仅仅不贪不占、不欺压百姓、不鱼肉乡里远远不够，还必须把克己奉公的思想落到实处，为百姓着想，替他们做实事、做好事才行，应该努力帮助他们发展生产、提高生活水平，体察民众疾苦，替他们排忧解难。西汉大臣召信臣在元帝时历任

---

❶（隋）王通. 中说·魏相.
❷（唐）武则天. 臣轨·公正.
❸（汉）班固. 汉书·宣帝纪.
❹（清）张廷玉. 明史·循吏传.
❺（清）张廷玉. 明史·循吏传.

零陵、南阳太守。据《汉书》卷八十九之《循吏传·召信臣传》记载："信臣为人勤力有方略，好为民兴利，务在富之。躬劝耕农，出入阡陌，止舍离乡亭，稀有安居时。行视郡中水泉，开通沟渎，起水门提阏凡数十处，以广溉灌，岁岁增加，多至三万顷。民得其利，蓄积有余。信臣为民作均水约束，刻石立于田畔，以防分争。禁止嫁娶送终奢靡，务出于俭约。府县吏家子弟好游敖，不以田作为事，辄斥罢之，甚者案其不法，以视好恶。其化大行，郡中莫不耕稼力田，百姓归之，户口增倍，盗贼狱讼衰止。吏民亲爱信臣，号之曰召父。"正是由于召信臣以爱国富民为宗旨，不贪图一己私利，为民谋事，兴利除弊，造福于民，才得到人民的拥护和爱戴。

总之，克己奉公、廉洁自律是古代儒家德治思想在吏治方面的基本表现，不仅是古代儒家德治思想的重要内容，还是历代统治者和百姓衡量各级官吏官德水平高低的一项重要标准。直到今天，这一思想和标准仍然发挥着重要作用。

综上所述，古代儒家的德治思想具有一系列原则与实施理念，本书只是概括了其中最有代表性、最基本的几项。而在德治思想的贯彻与落实过程中，统治者、各级官吏的道德素养尤其关键。因此，上至帝王，下至普通儒家学者，都在提高道德修养方面阐发了自己的主张。

第五章　古代儒家视野中德治与法治的关系

研究古代儒家的德治思想，常常会涉及德治与法治的关系。儒家内部对二者之间的关系有一定的主张；古代儒家在与法家的争论中也有大量关于德治与法治关系的思想。

第一节　古代儒家内部对德治与法治关系的认识

中国古代德治与法治的关系在某种意义上可以还原为道德教化与法律刑罚的关系。在此问题上，中国古代儒家内部也有自己的看法。总的说来，虽然儒家的基本主张就是德治，强调道德教化的重要作用，但是从孔子开始古代儒家就没有否定法律刑罚的作用，只是认为道德教化治的是人心，道德教化治的是本，而法律刑罚只能治标。这一精神基本贯串古代儒家思想发展的始终。

一、礼法并用，德主刑辅

在德与法相对应之前，德与刑相对应。在国家尚未产生之前的原始社会，德的观念已经产生，但那时的德主要适用于部族内部成员，对于不同部族的成员则用刑。国家产生以后，德与刑成为治理国家的手段。从总体来看，在德与刑、礼与法的关系问题上，古代儒家基本持德主刑辅的观点。

孔子身处春秋末期，当时社会处于转型时期，各种矛盾剧烈冲突。通过对历史与现实状况的思考，他深刻地认识到，仅仅凭借道德教化是行不通的，要想社会安定、协调，还必须辅之以刑罚，德刑并用、宽猛相济、刚柔并施才能达到治国目的。他说："政宽则民慢，慢则纠之以猛。猛则民残，残则施之以宽。宽以济猛，猛以济宽，政是以和。"❶

不过，孔子认为在国家治理上道德教化是首要的、根本的方式，而刑罚惩治则是次要的、辅助的手段。因此，孔子提倡"以德化民"，反对"不教而杀"。据《荀子·宥坐》记载，孔子曾说："不教其民而听其狱，杀不辜也。"这反映孔子认为平日不教育民众却判定民众的官司，这样做等于杀无罪之人。孔子还说："不教而杀谓之虐，不戒视成谓之暴。"❷ 孔子认为，对百姓应该首先实行道德教化，教化不起作用之后再考虑使用刑罚；如果对民众不进行道德教化、教诫，民众一旦犯罪便加杀戮，这叫虐杀民众，是一种暴政。他说："圣人之治化也，必刑政相参焉。太上以德教民，而以礼齐之。其次以政焉导民，以刑禁之，刑不刑也。化之弗变，导之弗从，伤义以败俗，于是乎用刑矣。"❸ 孔子把刑罚作为道德教化失效情况下的无奈之举，充分表明道德教化在他那里所具有的优先地位。这表明孔子虽然主张以教化为先、以德治为本，但在道德教化的同时，必须辅以刑罚政治。因此，孔子极力主张"为政以德"❹"胜残去杀"❺，对当时

---

❶ 春秋左传·昭公二十年.
❷ 论语·尧曰.
❸ 孔子家语·刑政.
❹ 论语·为政.
❺ 论语·子路.

礼崩乐坏的社会极为不满，认为通过道德教化的方式使百姓自觉遵守"礼"所规定的社会秩序，是实现社会安定的根本途径。虽然孔子并没有直接贬低法律刑罚的言论，但对道德教化的强调表明，他认为德与刑的地位不能并列，有主次之分。显然，在刑与德的关系上，孔子具有明显的"德主刑辅"倾向，重视道德教化的功能，但并未否认刑罚的作用，也不排斥刑罚的使用。

孟子继承了孔子的思想，提出"仁政"的主张。他说："不以仁政，不能平治天下。"❶ "善政不如善教之得民也。善政，民畏之；善教，民爱之。善政得民财，善教得民心。"❷ 这些表明孟子虽然认为实行仁政是治理国家的根本，但不否认法律的作用。在孟子看来，统治者只怀有仁慈之心，不足以治国理政；即使有完备之法，法律也不能自行运作。他说："徒善不足以为政，徒法不能以自行。"❸ 孟子主张善心与良法必须配合而行。更何况，法律必定由人解读、执行才能发挥作用，没有品德高尚、正直公允的执法队伍，即使是良法也会在执行过程中走样。

比起孟子，荀子对刑罚的重视程度有所加强。这显然是吸收了法家思想的结果。他在主张德主刑辅的基本前提下，把法提到了一个比较重要的地位，提出"隆礼重法"的著名观点。他指出固然不能单纯依靠刑罚治理国家管理民众，道德教化也不是万能的，对于顽固不化的奸邪之人就会失去作用。他说："羿、蠭门者，天下之善射者也，不能以拨弓曲矢中微；王梁、造父者，天下之善驭者也，不能以辟马毁舆致远；尧、舜者，天下之善教化者也，不能使嵬琐化。"❹ 正因为荀子清醒地看到了道德教化的局限性，所以主张要把礼和法、

---

❶ 孟子·离娄上.
❷ 孟子·尽心上.
❸ 孟子·离娄上.
❹ 荀子·正论.

德与刑结合起来，使它们共同发挥作用，但是荀子的基本立场仍然是强调以德治为本、教化为先。荀子提出"隆礼重法，则国有常"❶ 的思想，主张针对不同的对象分别采取不同的手段。他说："以善至者待之以礼，以不善至者待之以刑。"❷ 荀子的这一观点使德治得到刑罚的有力支持与保障。荀子进一步提出援礼入法的观点，主张教化与刑罚相结合，还分别从反面作了相关的论证，阐述了单纯的刑罚和单一的教化都不能达到治国的目的。他说："故不教而诛，则刑繁而邪不胜；教而不诛，则奸民不惩；诛而不赏，则勤励之民不劝；诛赏而不类，则下疑、俗险而百姓不一。"❸

贾谊在总结秦亡教训时认为，强秦之所以迅速灭亡就是秦始皇一味迷信法家的主张、片面推行严刑酷法、忽视道德教化的力量。他把礼与法、教与刑作了一番对比，说："夫礼者禁于将然之前，而法者禁于已然之后，是故法之所用易见，而礼之所为生难知也。若夫庆赏以劝善，刑罚以惩恶，先王执此之政，坚如金石，行此之令，信如四时，据此之公，无私如天地耳，岂顾不用哉？然而曰礼云礼云者，贵绝恶于未萌，而起教于微眇，使民日迁善远罪而不自知也。"❶ 通过对比，贾谊一针见血地指出教化与刑罚的特点，即教化是"禁于将然之前"，刑罚则是"禁于已然之后"。相比之下，"使民日迁善远罪而不自知"的教化的优越性显而易见。

董仲舒作为古代儒家的重要代表，对德治与法治的关系作了进一步探讨。他把对人的治理与人性联系起来，认为趋利避害是人的天性，就如水向低处流动一样，而道德教化如同为人性之水流设置的一道堤防。如果堤防设置得完备，奸邪的行为自然就会止息；假如堤防

---

❶ 荀子·君道.
❷ 荀子·王制.
❸ 荀子·富国.
❶ （汉）班固. 汉书·贾谊传.

垮塌，对于层出不穷的奸邪刑罚也无法制止。他说："夫万民之从利也，如水之走下，不以教化堤防之，不能止也。是故教化立而奸邪皆止者，其堤防完也；教化废而奸邪并出，刑罚不能胜者，其堤防坏也。古之王者明于此，是故南面而治天下，莫不以教化为大务。立太学以教于国，设庠序以化于邑，渐民以仁，摩民以谊，节民以礼，故其刑罚甚轻而禁不犯者，教化行而习俗美也。"❶ 董仲舒认为，单靠刑罚犹如火上浇油，不能灭火，反而助燃，只有加强道德教化，才能实现百姓安居乐业、国家和谐有序。在此理论基础上，他明确提出"刑者，德之辅"❷，极力主张"厚其德而简其刑""大其德而小其刑"❸，要求统治者加强道德修养而简化法律、减轻刑罚。董仲舒认为："以德为国者，甘于饴蜜，固于胶漆，是以圣贤勉而崇本，而不敢失也。"❹ 董仲舒强调德治的稳固作用为圣贤所推崇。由此，董仲舒正式确立古代儒家德主刑辅的治国模式。对儒家来说，他的思想具有补充和丰富孔子德主刑辅理论的作用。自董仲舒以后，儒家思想家们在德治与法治的关系问题上基本沿袭了以德为主、以刑为辅的思想观点，历代统治者也大体采取重德轻罚的统治模式。另外，董仲舒还指出，断狱的是非会影响教化的实行，法律刑罚的实施关涉到道德教化的效果，"听讼折狱，可无审耶！故折狱而是也，理益明，教益行；折狱而非也，暗理迷众，与教相妨。教，政之本也；狱，政之末也。其事异域，其用一也，不可不以相顺，故君子重之也"❺。正因为法律刑罚对教化具有或促进或妨碍的作用，所以董仲舒认为尽管教化是政之本、司法断案是政之末，二者发挥作用的领域不同，目的

---

❶ （汉）班固. 汉书·董仲舒传.
❷ （汉）董仲舒. 春秋繁露·天辨在人.
❸ （汉）董仲舒. 春秋繁露·基义.
❹ （汉）董仲舒. 春秋繁露·立元神.
❺ （汉）董仲舒. 春秋繁露·精华.

却是一致的。董仲舒的这一观点表明：德治与法治并非绝对独立，更不是矛盾对立的，不但相互补充，而且相互影响、相互促进。他的这一见解弥补了以前思想家尤其是先秦法家和儒家往往各执一方，把刑德、礼法割裂开来的不足，克服了思想的片面性。

《盐铁论·后刑》中认为，法律刑罚的存在和实施有助于教化的推行，如果教化成功了，即使有法律刑罚也没有实施的必要；它说："刑之于治，犹策之于御也。良工不能无策而御，有策而勿用。圣人假法以成教，教成而刑不施。故威厉而不杀，刑设而不犯。"《盐铁论·刑德》中通过批判秦朝法治策略的失败阐述礼义教化的不可或缺；它说："昔秦法繁于秋荼，而网密于凝脂。然而上下相遁，奸伪萌生，有司治之，若救烂扑焦，而不能禁；非网疏而罪漏，礼义废而刑罚任也。"《盐铁论·申韩》中还阐述了法律刑罚作用的局限性："法能刑人而不能使人廉，能杀人而不能使人仁。所贵良医者，贵其审消息而退邪气也，非贵其下针石而钻肌肤也。所贵良吏者，贵其绝恶于未萌，使之不为非，非贵其拘之囹圄而刑杀之也。"从总体来看，《盐铁论》的编者桓宽是倾向于儒家之德治的，它从不同的角度对法律刑罚的局限及道德教化的重要作用进行了论证。

东汉的王符也非常重视教化的作用。他的《潜夫论·德化》专门论述"德化"的作用，开宗明义地说："人君之治，莫大于道，莫盛于德，莫美于教，莫神于化。道者所以持之也，德者所以苞之也，教者所以知之也，化者所以致之也。民有性，有情，有化，有俗。情性者，心也，本也。化俗者，行也，末也。末生于本，行起于心。是以上君抚世，先其本而后其末，顺其心而理其行。心精苟正，则奸匿无所生，邪意无所载矣。"王符提出"心"与"行"这对概念，论述二者的关系，认为心为本、行是末，"行起于心"，行为受思想支配，因此治理国家、管理人民要"务治民心"。由此出发，他将道德教化的地位抬到至高处，认为如果道德教化推行得好，那么奸邪就不会发生，所以道德教化为本，仁义为末，威刑法律又在其下。他对比道德教化与法律刑罚之后认为，教化的治心作用可以使民众互相关爱，从而预防伤害诉讼事件的发生，而法律所做的只是一种补救工作。他在《潜夫论·德化》中还说："是故上圣不务治民事而务治民心，故曰：'听讼，吾犹人也。必也使无讼乎！'导之以德，齐之以礼，务厚其情而明则务义，民亲爱则无相害伤之意，动思义则无奸邪之心。夫若此者，非法律之所使也，非威刑之所强也，此乃教化之所致也。……是故凡立法者，非以司民短而诛过误，乃以防奸恶而救祸败，检淫邪而内正道尔。"

唐朝时期，虽然制定了比较详备的法律（即唐律），但是在德治与法治的关系上仍有重德而轻法的倾向。唐太宗曾说："朕看古来帝王以仁义为治者，国祚延长，任法御人者，虽救弊于一时，败亡亦促。"❶ 他认为，使用仁义德政治理国家能够收到长远的效果，而凭借法律驾驭百姓，只能收到暂时的效果，会很快败亡。因此，《贞观政要》中把仁义道德教化看作治理国家之本，而把刑罚看作治国理政之末，认为如果人人都能够归顺于道德教化，那么刑罚就没有必要了。魏征在《贞观政要》中说："故圣哲君临，移风易俗，不资严刑峻法，在仁义而已。……然则仁义，理之本也；刑罚，理之末也。为理之有刑罚，犹执御之有鞭策也，人皆从化，而刑罚无所施；马尽其力，则有鞭策无所用。由此言之，刑罚不可致理，亦已明矣。故《潜夫论》曰：'人君之治莫大于道德教化也……'"❷ 显然，这里从强调道德教化的根本地位出发，将道德教化理想化，把理论假设当作社会现实，过分夸大道德教化的作用，在一定程度上否定刑罚的作

---

❶（唐）吴兢. 贞观政要·论仁义.
❷（唐）吴兢. 贞观政要·论公平.

用，认为刑罚不能达到治理国家的目的，从而陷入某种绝对主义。

到了汉唐时期，儒家对德治与法治之间的关系判断由原来的主辅关系悄悄地变为本末关系。这一变化进一步突显了重德轻法的倾向。到了宋明时期，一些思想家进一步加强这种倾向，片面强调德治的重要，轻视法律及法治的作用，甚至提出所谓"半部论语治天下""任德不任刑"等极端的主张。他们的思想已经背离了先前孔子所提出的观点。本来，道德与法律之间并无矛盾，严格执行法律本身也是一种难能可贵的品质，尤其是在执法中触及当权者的利益时更能显示执法者刚正不阿的品格。西汉时的张释之在当时的察举制下，通过袁盎的举荐而被汉文帝重用。受命之后，他不负厚望，发挥自己的治国才能，尤其在法律执行方面公正严明，处处为国家的安危着想，真正做到"王子犯法，与庶民同罪"。张释之执法公正、敢于直谏的品行为天下人所称道❶。这一现象本身就是道德教化成功的表现。因此，客观地讲，德治与法治是统一的关系，二者相互支持、相互补充，而不是矛盾对立的关系。可以说治国理政不能单独依靠法律刑罚，而不能说法律刑罚一无用处。

程颢、程颐在德教与刑罚的关系上，一方面继承了古代儒家以德教为本的思想，认为"知天下之恶不可以力制也，则察其机。持其要，塞绝其本原，故不假刑法严峻，而恶自止也。且如止盗，民有欲心，见利则动，苟不知教，而迫于饥寒，虽刑杀日施，其能胜亿兆利欲之心乎？圣人则知所以止之之道，不尚威刑，而修政教，使之有农桑之业，知廉耻之道，虽赏之不窃矣。故止恶之道，在知其本，得其要而已"❷。另一方面他们又在分析刑罚与德教的不同功用及应用范围的基础上，阐明刑罚与德教相互促进的道理，提出德刑不可偏废的

---

❶ （汉）班固. 汉书·张释之传.
❷ （宋）程颢，程颐. 二程集·周易程氏传：卷二.

观点："圣王为治，修刑罚以齐众，明教化以善俗。刑罚立则教化行矣，教化行而刑措矣。虽曰尚德而不尚刑，顾岂偏废哉？"❶

宋代吕祖谦从分析实行法治与德教之效果的不同阐述德治教化的优越。他说："以法服人，其外若密，其中实疏；以德结人，其外虽疏，其中实密。"❷ 他认为靠刑法制服百姓，表面看来很严密，但实质上很松散；用道德凝聚百姓，表面看来很疏松，但实质上很严密。

综上所述，古代儒家思想家从不同的视角对德与刑、礼与法作了详细的比较，并进行大量的论述。他们关于德主刑辅的主要观点可以概括为以下几点。

第一，在发挥作用的方式上，与人性相联系。他们认为道德教化改变人心，其作用的发挥是由内而外的，从改变人的内心到改造人的行为；而法律刑罚则是在国家机器正常运转的情况下，依靠强制力规范人的行为，其作用的发挥是凭借外部的力量，一旦法律出现漏洞或偏差，或者国家机器出现故障，法律刑罚的功用也就会烟消云散，甚至产生负面作用。这也是古代儒家主张德主刑辅、德本法末的一个重要依据。

第二，从发挥作用的实效来看，道德教化能够做到预防犯罪在先，而法律刑罚只能做到惩治犯罪在后，这样道德教化就具有法律刑罚所不能企及的优越性。因为从结果来看，即使法律刑罚起到了应有的作用，那也是在犯罪行为发生之后，犯罪行为往往已经给受害者带来损失或伤害。相比而言，道德教化的作用是预防犯罪行为的发生，消弭损失或伤害于无形，当然更具有优越性。

第三，从发挥作用的程度来看，道德与法律相比更具有基础性。

---

❶ （宋）程颢，程颐. 二程集·河南程氏粹言·论政.
❷ （宋）吕祖谦. 史说.

守法之人不一定道德高尚，而道德高尚之人一定会守法；良好的守法意识需要一定的道德修养作基础。古代儒家正是看到了道德教化的这种优越性，才把道德教化放在优先的地位。古代儒家之所以没有摒弃法律刑罚，是因为他们把法律刑罚作为道德的一个保障，在道德教化不起作用的时候，法律刑罚可以对犯罪之人进行惩罚。实际上，法律就是社会道德的底线，为人们规定了道德的最低标准。据此，古代儒家主张，治国理政应该积极提高人们的道德水平，不应该仅仅停留在消极地惩罚犯罪上。古代儒家的这一思想观点，既是其德治思想的精华，又是其思想的最大特点，具有重要的理论价值，为中国文化乃至世界文化作出了重要贡献。

总的来说，虽然有些儒者在阐述德主刑辅的基本观点时，过于强调道德教化的作用，使得德治仁政的思想多少有些片面化，但古代儒家在漫长的历史发展中，经过与法家的激烈争论和对自我的反思，对德刑关系的认识逐渐深化，并一步步趋于全面、合理。概括地说，古代儒家在德刑、礼法、德治与法治关系等问题上的基本观点是德主刑辅、德本法末。这种治国方略以德礼为主、法刑为辅为原则，包括法律强制与道德教化相结合、重视执政者的道德素质、反对不教而杀等思想内容，其主导思想是道德教化治心、治本，法律刑罚治身、治标。从社会调控、预防犯罪和矫治犯罪的角度来看，古代儒家德主刑辅的观点具有"标本兼治，重在治本"的辩证法特点。若能避开这一学说中的泛道德主义与道德至上论的倾向，那么其不失为一种完善的理论。

二、援礼入法，循德制律

中国古代儒家关于德法关系的思想还有另一个特点，那就是德与礼对法律的统摄与渗透。在古代儒家那里，德主刑辅是从二者的地位来讲的，而在实际发挥作用时礼与法、德与刑也是不对等的，因为法律、律令的制定从根本上说是以礼和德为指导原则的，法律、律令、刑罚都是为实现德治服务的。说到道德对法律刑罚的影响，那就是援礼入法、循德制律。这也是古代儒家德主刑辅观点的另一种体现。

在西方早期阶段，法律曾经与宗教相结合，成为规约社会的基本准则。"西方文明始于希伯莱。希伯莱的法律与宗教是不分的。摩西五经所记载的，既是上帝的诫命，又是人间的法律，这就是律法。在西方文明的这一时期，法律与宗教共享同一种仪式、传统，且具有同样的权威与普遍性。"❶ 这说明，在西方的早期社会，宗教道德渗透于法律之中。中世纪的欧洲，甚至曾一度出现世俗法律沦为宗教伦理之"婢女"的局面。在中世纪的欧洲，基督教占据统治地位，为强调宗教伦理的重要，主张法治应该在宗教礼治主导之下。中世纪的"两把剑理论"表明，代表宗教伦理的"灵魂的剑"高于代表世俗统治的"世俗的剑"，"基督把两把剑都交给了教会，其中，那'世俗的剑'不过是由教皇授予作为其臣民的国王的，而且国王对这把剑的行使必须依据教皇的指示"❷。但是，在整个西方的历史上，这种宗教伦理凌驾于世俗法治之上的"德主刑辅"格局并不是主要的，占主导的还是法治传统。中世纪以后，西方法治思想的目标之一就是排斥宗教的影响，强调政教分离的理念。即便如此，在西方，宗教伦理仍然是影响人们行为以至于法律的一个重要因素，西方法治环境下的法律仍然没能彻底摆脱宗教的影响，依然带有深厚的宗教性。只不过宗教伦理对法律、政治等的影响是以潜移默化的方式进行，并不像中国古代那

---

❶ [美]哈罗德·J. 伯尔曼. 法律与宗教 [M]. 梁治平，译. 北京：生活·读书·新知三联书店，1991：6.
❷ [爱尔兰] J. M. 凯利. 西方法律思想简史 [M]. 王笑红，译. 北京：法律出版社，2002：115.

样把德与礼的标签贴在法律的条文上。正如马克斯·韦伯曾说："各种神秘的和宗教的力量，以及以它们为基础的关于责任的伦理观念，在以往一直都对行为发生着至关重要的和决定性的影响。"❶

与西方不同的是，在中国古代，法律与道德结合起来共同发挥规范社会的作用，这种结合主要以"礼"的形式体现出来。其具体表现是，在法律的制定、罪行的判定、刑罚的使用中处处体现着道德礼义的精神。尤其是儒家出现以后，他们在极力主张德治的同时，并没有排斥"法"与"刑"，而是把德与刑、礼与法结合起来。孔子曾说："圣人之治化也，必刑政相参焉。"❷这表明孔子虽然主张以教化为先、以德治为本，但认为在道德教化的同时，必须辅之以刑法政治。孟子也认为仅有仁慈之心，不足以治理政治；只有完备之法，法律也不能自行运作。他说："徒善不足以为政；徒法不能以自行。"❸孟子主张善心与良法必须配合实行。荀子则提出"隆礼重法，则国有常"❹的思想。他说："以善至者待之以礼，以不善至者待之以刑。"❺荀子的这一观点使德治得到刑罚的有力支持与保障。荀子进一步提出援礼入法的观点，主张教化与刑罚相结合。总之，尽管古代儒家极力主张德治，却并没有否定法律刑罚的作用，也不排斥法治的运用。只不过在他们眼里，法律刑罚是实行德治的一种工具和手段，而援礼入法、循德制律既是他们对法制建设的一个基本主张，又是他们德主刑辅思想的另一种体现。

在中国古代，由于独特的宗法社会结构、对人情的重视等，人们

---

❶ [德] 马克斯·韦伯. 新教伦理与资本主义精神 [M]. 于晓，陈维纲，等译. 北京：生活·读书·新知三联书店，1987：15 - 16.
❷ 孔子家语·刑政.
❸ 孟子·离娄上.
❹ 荀子·君道.
❺ 荀子·王制.

对犯罪的判断和制裁也遵循着一个古老的传统，即"原情定罪"或"论心定罪"，"哀矜折狱"原则就是这一古老传统的一种体现。据《尚书·吕刑》记载："上刑适轻，下服；下刑适重，上服。轻重诸罚有权。刑罚世轻世重，惟齐非齐，有伦有要。"意思是：虽然犯了应处以重刑的罪，但有适用从轻处罚的情节（如过失犯罪、防卫过当等），则可以从轻处刑；虽然犯的是轻罪，但存在适用从重处罚的情节（如惯犯、恶意犯罪等），则应从重处刑。总之，刑罚的轻重要根据具体情况进行全面权衡、灵活掌握。刑罚的适用还要考虑社会治乱、政治形势等因素，做到"世轻世重"。这样既与法律规定保持一致，又根据主客观情势有所变通，在处刑时依据法律条款和纲要原则，不至于任意裁判。《尚书·吕刑》中还说："哀敬折狱，明启刑书胥占，咸庶中正。"所谓"哀敬"，即哀矜。"哀敬折狱"的意思是司法判案人员应该怀着悲悯审慎之心来断狱。断狱时应把刑书打开，将罪行与法律条文仔细对照，做到判决正确无误、公正合理、不偏不倚。❶ 这说明，至少在西周时期就已经出现"哀矜折狱"的现象。《国语·鲁语上》记载鲁庄公的话说："余听狱虽不能察，必以情断之。"这里鲁庄公的"以情断狱"正是"原情定罪"之意。可见，在春秋战国时期，"原情定罪"也是被统治者认可和执行的。

秦朝采用法家的法治主张，制定了严酷繁多的秦律，确定了量罪定刑的基本原则。同时，秦律还严格规定司法追究责任，对不依律断案定刑的司法官员追究刑事责任。虽然在实际操作时皇帝本人或者一些司法、行政人员的个人意志不免也会起决定性的作用，但从整体来讲占主导地位的量刑定罪原则还是按法断案、依律定罪，甚至达到机械地客观归罪的地步。至于"哀矜折狱"的说法、"原情定罪"的

---

❶ 俞荣根. 儒家法思想通论［M］. 南宁：广西人民出版社，1992：90-95.

原则，根本无从谈起，早被秦朝统治者弃之门外。

秦朝败亡之后，汉朝的统治者和思想家看到了法家主张在秦朝实践的后果，认识到单纯强调法治的不足。当然，在总结秦王朝短命而亡的教训时，认为秦朝放弃哀矜折狱也是其中一条。因此，汉朝统治阶级试图整合道德教化与刑罚惩治的作用，又有了"哀矜折狱""原情定罪"古老传统的复兴。他们在理论上提出"出礼入刑"的观点，在实践中开始"以礼入律"。王充说："出于礼，入于刑，礼之所去，刑之所取。"❶ 他认为，凡是违背礼的行为应该为刑法所禁止，礼无法论处的由刑罚来惩治。《后汉书·陈宠传》亦云："礼之所去，刑之所取，失礼则入刑，相为表里者也。"意思是礼与刑互为表里、相辅相成。

汉初贾谊用礼的精神原则修订法律，董仲舒的"春秋决狱"使礼法合为一体，使法制律令成为实施德治的重要保障。自汉朝以来，历朝历代的立法都基本遵循汉唐律例的精神。这种"援礼入法""循德制律"的过程，不仅在法典的制定中贯彻了儒家的德治思想与德治原则，还将具体的礼制规范引入法律。这样一来，法律的强制实施过程就变成了道德的推行过程，道德要求转化成法律义务，道德理念变成可以具体操作的规则和条例，从而使德治的实行得到制度上的保障。而历代君主从维护统治、巩固政权的需要出发，往往使纲常伦理法律化、制度化。如果人们违背了社会道德要求，不但会受到宗族的惩罚，而且要受到国家法律的制裁。东汉班固根据东汉第三位皇帝汉章帝建初四年（公元 79 年）经学辩论的结果编撰而成《白虎通义》一书，就提出了"三纲""六纪"的伦理金条："三纲者，何谓也？谓君臣、父子、夫妇也。六纪者，谓诸父、兄弟、族人、诸舅、师长、朋友也。故《含文嘉》曰：'君为臣纲，父为子纲，夫为妻

---

❶（汉）王充. 论衡·谢短.

纲.'"❶ 书中认为"三纲法天地人，六纪法六合"，即"六纪"是从"三纲"而来，是"三纲"之纪，将封建社会的伦理关系说成合乎天意的、永恒的自然关系。

马克斯·韦伯在论及中国古代的法律体系时，认为中国古代的刑律实质上是"伦理法规"或"伦理法则的法典化"，而不是保障现代资本主义运行的"形式法"。考察中国古代的法制史可以发现，中国古代的法律具有明显的伦理化色彩。中国古代法律自产生之日起，就已经染上伦理的色彩。从传说中的伏羲氏治礼、三皇五帝用德治管理天下时，礼与法、德与刑的斗争与融合就开启了中国古代法律伦理化的发展演变史。其中，礼与德在中国古代法律发展史中的踪迹给中国古代的法律深深地打上了伦理化的烙印。中国伦理化法律的产生、发展和终结跨越了奴隶社会和封建社会等阶段，经历了一个十分漫长的历史时期。在此过程中，随着朝代的更替，由于社会形势的需要等因素，法律伦理化藕断丝连地进行着，或迟滞性或者飞跃式发展，呈现出曲折发展的轨迹，其内容、程度不断地发生变化。其中，最明显的是在汉朝时期，中国的法制出现了转折性的变化，即法律不再仅仅停留在伦理化层面上，而是非常明确地具体到儒家伦理上。这就是中国古代法律的重要特点，即法律儒家化，其主要表现为以儒家的政治法律思想作为封建立法、司法的指导原则，以儒家伦理道德规范作为封建法制的核心内容，其转折点就是汉武帝时董仲舒的"春秋决狱"。

《春秋》决狱，又称为《春秋》折狱、"经义"断狱。其基本原则就是"原心论罪""论心定罪"等，也即原情定罪。其实质是强调在断案时必须考虑犯罪人的主观动机，根据犯罪动机酌情判罪定刑，

---

❶ （汉）班固. 白虎通义·三纲六纪.

而不是机械刻板地完全按照僵死的法律断案判刑。春秋决狱是中国封建社会的一个特殊审判原则,在审判过程中除了根据法律、法令之外,还可以直接引用儒家基本经典"六经",即《诗经》、《书经》(即《尚书》)、《礼记》、《易经》(即《周易》)、《乐经》、《春秋》六书,作为审案判决的依据,特别是《春秋》这部书。"春秋决狱"开始于西汉中期,其主要倡导者是董仲舒。

西汉初期,为快速恢复封建经济,统治者在政治上采用黄老之学,主要采取无为而治的方针政策,在法律制定等方面也相对简单。到了西汉中期汉武帝时,经过汉初的休养生息,经济有了相当的发展,国力逐渐强盛,社会形势发生了新的变化,需要进行一定的改革。在汉武帝采纳了董仲舒的"罢黜百家,独尊儒术"的文化改革方案后,势必引起其他社会领域的相应改变。董仲舒所推动的春秋决狱活动就是在这样的时代背景下出现在历史舞台上。

董仲舒认为,儒家的礼义学说是辨别是非、善恶的最好标准,可以像法律一样作为判断诉讼争端的标准。据此,他作《春秋》折狱二百三十二事,以供具体判案时参考运用。董仲舒的本意是为了避免君主专制下容易出现刑罚严苛的现象,尤其要避免秦朝法治理论指导下严法重刑历史的重演,主张用儒家经典中的基本思想指导甚至代替当时的具体法律,并运用于司法活动,作为判案定罪的依据。《盐铁论·刑德》曾对董仲舒的春秋决狱有所评论,其中有:"春秋之治狱,论心定罪。志善而违于法者免,志恶而合于法者诛。"这一评论虽然有些夸张,但道出了董仲舒"春秋决狱"的指导原则,那就是格外看重人的动机。董仲舒讲道:"春秋之听狱也,必本其事而原其志,志邪者不待成,首恶者罪特重,本直者其论轻。"❶

---

❶ (汉)董仲舒. 春秋繁露·精华.

实际上，董仲舒的春秋决狱活动是其"罢黜百家，独尊儒术"主张的重要组成部分，也是其"德治"主张的具体措施之一。德主刑辅一向是儒家德治思想的重要内容，也是董仲舒"罢黜百家，独尊儒术"主张的核心理念。"罢黜百家，独尊儒术"的政策充分体现了"德主刑辅"的思想，其根本点就是"诸不在六艺之科孔子之术者，皆绝其道，勿使并进。邪辟之说灭息，然后统纪可一而法度可明，民知所从矣"❶。六艺❷中，董仲舒最为推崇《春秋》。王充在《儒增》中曾说："儒书言董仲舒读《春秋》，专精一思，志不在他，三年不窥园菜。夫言不窥园菜，实也；言三年，增之也。"❸ 虽然说董仲舒"三年不窥园菜"有部分夸张的成分，但也反映了他对《春秋》一书的厚爱与重视。董仲舒认为《春秋》的主要作用是维持君臣、父子的纲常名分。因此，董仲舒所主张的"德主刑辅"的基本要求是统治者治理国家必须以道德教化为主，而以刑罚惩治为辅。具体做法就是把儒家的伦理道德与纲常名教和国家的刑法律令结合起来，使之成为协调人们日常的生产与生活及各种社会关系的法律准则，把本来需要人们自觉遵守的伦理道德与纲常名教纳入国家机器强制保障的范畴，强制人们必须遵守。

通过春秋决狱活动，董仲舒成功地将儒家思想确立为国家司法实践的指导思想，从而扩大了儒家思想在国家政治活动中的影响范围。在其影响下，东汉时期的法学家应劭撰写了《春秋断狱》❹。就其本质来说，春秋决狱是儒家经典的法律化，使儒家思想介入封建立

---

❶ （汉）班固. 汉书·董仲舒传.
❷ 六艺：有小六艺、大六艺（六经）之分。小六艺指礼、乐、射、御、书、数。大六艺（六经）指《诗经》、《书经》（即《尚书》）、《礼记》、《易经》（即《周易》）、《乐经》、《春秋》。此处指的是大六艺。——作者注
❸ （汉）王充. 论衡·儒增.
❹ （南朝）范晔. 后汉书·应劭传.

法、司法活动，全面确立儒家思想在中国封建社会的行政、立法、司法中的地位。董仲舒的春秋决狱做法虽然后来被歪曲使用并造成恶劣影响，但是在当时具有一定的积极意义。他的"原心定罪"原则包含运用具体事实考察被告心理动机和行为后果的合理因素；他主张按照儒家经典中的基本思想"酌情"断案，提倡"亲亲尊尊""亲亲相隐"，在具体情况下作具体的分析，承认亲情人性在犯罪中的合理存在，否定依据僵死的法律条文作教条的判断，都对后世有较大的影响；提出区分首犯与从犯，按照情节轻重判以不同的刑罚，对后世也具有积极的作用；儒家学者从德治、仁政出发，在引经决狱过程中往往实行宽刑原则，但并不一味主张轻刑、废刑，而是主张刑罚适中，适度发挥刑罚的惩恶作用；等等。当然，春秋决狱这一法律儒学化活动也有负面作用，如由于在司法判案时依据的是儒家经义，而儒家经义具有一定的原则性与模糊性，并不明确、具体而严密，就造成司法人员在判案时只能凭主观臆断判决，为司法公正埋下隐患；"亲亲尊尊"、等级制在一定程度上破坏了法律的平等性；在法律儒学化的影响下，中国古代未能形成真正独立、法律至上的法律理念，"不利于纯粹法律科学的发展，使得法学成为儒学的婢女"❶ 等。

汉朝中期董仲舒的"罢黜百家，独尊儒术""春秋决狱"开创了儒学官学化、法制儒家化的先河，从此中国的法律不再仅仅是伦理化，而是更具体地落实到儒家伦理上，作为儒家学说核心的纲常名教被贯彻到法制活动的方方面面。"德主刑辅""援礼入法""循德治律"成为法制建设的指导原则，为中国古代法律儒家化奠定了基础，初步形成了中国儒家化法律体系的基本内容和主要特征，对后世产生了深远的影响。尤其是在魏晋南北朝时期，"引经注律"蔚然成

---

❶ 崔永东. 中国传统司法文化研究［M］. 北京：人民出版社，2017：117.

风，儒家经典和法律的融合进一步加强。许多礼的规范本来属于道德伦理的范畴，却被直接引入法律，如准五服以治罪、八议、官当等。经过三国两晋南北朝时期的沿袭与发展，到隋唐时期，以《唐律疏议》的制定为标志，中国古代法制建设达到一个空前完善的阶段，法律儒家化也达到了前所未有的程度，并形成固定的传统，为后来宋、元、明、清所继承发展，形成中国法律文明的重要特点。

隋朝时期隋文帝制定了《开皇律》，对中国古代法律伦理化的定型产生重要作用，标志着中国法律儒家化的正式确立。隋朝虽然制定了较为详备的伦理化法律，在制定之初也基本能够贯彻执行，但是隋文帝后期开始随意破坏法制，立法无信。到隋炀帝时更是践踏法律，恣意妄为，实行暴政，实际上已走到儒家德治的反面。

唐朝是中国古代法律儒家化的成熟阶段。以"一准乎礼"为指导原则而制定的《唐律疏议》是中国伦理法律中的杰出代表。开国之初，唐太宗及其大臣由于亲眼目睹了隋朝由强盛转至衰落以至崩溃的过程，看到因隋炀帝的倒行逆施而造成的覆亡结局，明白不施德治仁政的恶果。于是，唐太宗实行一系列的政治措施，用以推行德治仁政，在立法和司法上充分贯彻儒家的德治思想，在借鉴以往朝代儒家化法典的基础上，将德刑统一、礼法结合确定为立法的指导思想，把宽简慎刑、用法划一作为司法实践的基本原则。《唐律疏议》充分体现了儒家"德主刑辅"的基本主张，强调治国必须德刑并用、礼法结合，突出了封建纲常、礼仪教化对法律的指导作用。制定法律时，将礼的内容引入法律范围，把伦理纲常融入律令体系，从而使《唐律疏议》在德刑统一、礼法结合方面达到了前所未有的高度。其具体表现主要有：在立法上，一是把礼作为立法的依据。唐律的立法依据主要是儒家所提倡的三纲五常。比如，在起源于汉代的"十恶"重罪中，"不孝"被视为最严重的犯罪之一。二是用礼注释经典。在运用唐律进行判案时，对其中的术语、概念、名称往往引用儒家经典进行解释。在司法上，用儒家道德伦理作为法律的适用原则。《唐律疏议》以"德礼为政教之本，刑罚为政教之用"❶ 两句脍炙人口的封建政治法制格言，对古代儒家"德主刑辅"的治国原则与法制模式作了一个经典的注解和总结性的概括。需要指出的是，如前所述，春秋决狱是在当时法律不够健全、旧的法律条款已经无法满足社会形势发展需要而亟须改革的情况下出现的。有学者说："春秋决狱的实现程度与刑法典的完善程度成反比——刑法典越不完善则春秋决狱越盛行，刑法典越趋于完善则春秋决狱越趋于萎缩。"❷ 因此，在内容较为完备而具体的《唐律疏议》被制定并落实后，中国传统法制臻于完善，春秋决狱的做法逐渐退出历史舞台。由于唐朝在立法上贯彻"援礼入法""循德治律"的原则，在司法实践中落实以德、礼为本的指导思想，从而为推行德治制度提供了重要的法律支持，也促使贞观之治繁荣德治局面的出现。

法国思想家孟德斯鸠对中国古代援礼入法的社会状况有一定认识。他曾讲道："中国的立法者们主要的目标，是要使他们的人民能够平静地过生活。他们要人人互相尊重，要每个人时时刻刻都感到对他人负有许多义务；要每个公民在某个方面都依赖其他公民。因此，他们制定了最广泛的'礼'的规则。因此，中国乡村的人和地位高的人所遵守的礼节是相同的；这是养成宽仁温厚，维持人民内部和平良好秩序，以及消灭由暴戾性情所产生的一切邪恶的极其适当的方法。"❸ 黑格尔则更加明确地说："道德在中国人看来，是一种很高的修养。但在我们这里，法律的制定以及公民法律的体系即包含有道德

---

❶ （唐）长孙无忌，等. 唐律疏议·名例.
❷ 武树臣. 寻找中国的判例法 [M]. 北京：人民出版社，2018：183.
❸ [法] 孟德斯鸠. 论法的精神：上册 [M]. 张雁深，译. 北京：商务印书馆，1961：312.

的本质的规定,所以道德即表现并发挥在法律的领域里,道德并不是单纯地独立自存的东西,但在中国人那里,道德义务的本身就是法律、规律、命令的规定。"❶ 黑格尔不仅敏锐地意识到中国与德国在法律、道德方面明显的差异,还看到道德在中国崇高的地位,即"是一种国家的道德"。孟德斯鸠与黑格尔对中国礼与道德的见解在一定程度上反映了中国古代儒家援礼入法、循德制律的情况。在中国古代,不管是立法,还是司法,无不打上了道德伦理的印记。在当时的现实生活与政治生活中,有些伦理道德甚至被直接赋予法的性质,具有法的效力。由于道德和礼仪的渗透,中国的法律更具有人情味,少了一些西方法律的僵化、刻板与冷漠,体现了古代儒家重视血缘情感和道德教化的特点。因此,在思维方式、范畴体系、制度结构、运行机制、操作实施等方面,中国古代的法律都具有区别于西方法律形态的特色。

纵观中国的封建社会历史,不难发现,虽然"哀矜折狱"、原情定罪是一个古老的传统,但是到了儒家产生之后,这一传统原则被自觉地加以利用,作为儒家"德主刑辅"观点的延伸,进而发展成为其"援礼入法""循德制律"的一个有力的依据。尤其是到西汉武帝"罢黜百家,独尊儒术"以后,在大部分封建朝代中,儒家思想占据着统治地位,儒家所一贯推崇的德治理想也成为历代统治者孜孜以求的目标,儒家大力提倡的"德主刑辅""任德不任刑"的政治主张也成为后来封建社会历代统治者的一个指导原则。尽管如此,由于人的贪欲、自私、顽固不化,总有一部分人不接受道德教化,因此刑罚的惩治作用并不能完全被摒弃。在政治伦理、道德教化统统无效的情况下,刑罚的威严发挥了作用,因此法律依然有其存在的价值。在这

---

❶ [德]黑格尔. 哲学史讲演录:第1卷[M]. 北京大学哲学系外国哲学史教研室,译. 北京:生活·读书·新知三联书店,1956:125.

种情况下，如何使法律成为德治的保障就成了当权儒者的重要任务和使命。换句话说，要想落实贯彻德治路线，就必须在法律制度上做一番文章，使得法律制度成为推行德治政策的工具。这一点在春秋战国时期就已经自觉不自觉地开始了，后来的"春秋决狱"其实只是其中一个典型事例。历史上，不少统治者用"德治""礼治"代替"法治"，把儒家经典作为法律审判的直接依据，援引儒家经典断狱判案。这种风气在中国历史上至少延续了数百年。这种用法律推行德治路线的做法的一个具体表现就是"援礼入法""循德制律"。

英国著名汉学家李约瑟博士对中国古代的司法现象有一定思考。他说："中国人有一种深刻的信念，认为任何案件必须根据它的具体情况进行裁判，也就是说，就事论事。"[1] "就事论事"而不是就法论事，这是李约瑟对中国"原情定罪"现象通俗而形象的说明。"就事论事"从宏观上把握了古代儒家心目中法律应该具有的特点，也充分体现了古代儒家援礼入法、循德制律这一思想原则带来的实际效果。他认为，在中古世纪的中国社会中，"律师和辩护人是极少极少的；县官的良心就起着辩护作用"[2]。李约瑟这里所说的"县官的良心"，就是深深浸润了儒家德治思想从而打上"德""礼"烙印的善心。

可以说，援礼入法、循德制律是古代儒家德主刑辅思想的另一种表现形态，实质上是儒家经典的法律化，用儒家的基本思想指导法律的制定和执行。客观地讲，单从"援礼入法""循德制律"的初衷和基本精神来看，它克服了依法定刑主义者完全摒弃犯罪动机的机械性和教条性，把犯罪人的主观动机纳入判罪定刑，将人性、人情与违

---

[1] ［英］李约瑟. 四海之内：东方和西方的对话 [M]. 劳陇，译. 北京：生活·读书·新知三联书店，1987：77.

[2] ［英］李约瑟. 四海之内：东方和西方的对话 [M]. 劳陇，译. 北京：生活·读书·新知三联书店，1987：77-78.

法犯罪联系起来考虑，而不是就犯罪论犯罪。这无疑是刑罚学理思想的进步，还带有一定的人道主义色彩，即使在今天也具有一定的借鉴意义和参考价值。

然而，后来的儒家把"三纲""五常"等道德教条用封建法律的形式固定下来，强制人们必须遵守，如果违背就要使用刑罚严加惩办，使"援礼入法""循德制律"走向一个极端，在历史上产生许多不利的影响。在实践中，这种"援礼入法""循德治律"的行为实际上是将德治作为根本的治国方式，将"法"作为推行德治的工具——法律的一切功能效用在于保障德治主张的顺利推行。凡是德治所提倡的，法律不但不会禁止，而且会作出相应的规定，要求人们去做；反之，凡是德治所反对的内容，法律也决不会宽容。"援礼入法""循德治律"造成在中国漫长的封建时代中道德和法律地位的失衡，即道德是一切人都必须遵循的最高行为准则，而法律只是为此提供支持与保障的工具。

第二节　古代儒家与法家的德法之争

中国思想史上，曾有过德治与法治之争，其表现形态主要有礼法之争、刑德之争等。这种争论有的体现在一些思想家、政治家的著作中，有的则集中出现于他们的直接辩论中。中国思想史上最著名、最激烈的争论是由礼治衰落、法治产生引起的。

一、春秋战国时期的德法争鸣

早在春秋初年，齐桓公任用管仲进行变法，管仲的法治思想便初露端倪。管仲认为，法是国家的根本，是决定百姓命运的关键。没有法，国家就不能维持，君主就不能安居上位，臣民就会手足无措。因此，他主张依法治理国家、驾驭臣下、控制百姓、统领军队。管仲较早地区分和界定了法、律、令的含义与功能。他说："夫法者所以兴功惧暴也，律者所以定分止争也，令者所以令人知事也。法律政令者，吏民规矩绳墨也。夫矩不正，不可以求方；绳不信❶，不可以求直。法令者，君臣之所共立也；权势者，人主之所独守也。故人主失守则危，臣吏失守则乱。罪决于吏则治，权断于主则威，民信其法则亲。是故明王审法慎权，下上有分。"❷ 通过对法、律、令的区分和界定及其功能的划分，管仲阐述了三者在国家政治生活中的重要地位与价值。他还反复强调："法者，天下之至道也，圣君之实用也。"❸ "法者，民之父母也。"❹ 因此，管仲认为治国必须实行法治，而不是其他，"圣君任法而不任智，任数而不任说，任公而不任私，任大道而不任小物，然后身佚而天下治"❺。在管仲看来，圣明的君主任用法而不靠耍聪明，使用术而不使用某家学说，凭公办事而不用私情，用大道而不计较小事，轻轻松松就能治好天下。在中国思想史上，管仲最早全面而系统地阐述了法在治国中的重要作用。

---

❶ 信：通"伸"。——引者注
❷ 管子·七臣七主．
❸ 管子·任法．
❹ 管子·法法．
❺ 管子·任法．

虽然管仲并不排斥礼治教化，把"礼""义"作为国之"四维"❶的重要内容，但是，在礼与法、德与刑孰轻孰重、谁主谁从的问题上，与儒家以德代刑的观点相反，管仲认为如果没有法治，礼治就无法实施，仁义礼乐都可以通过法来实现。他说："所谓仁义礼乐者，皆出于法。此先圣之所以一民者也。"❷他的这一观点被后来的商鞅继承、发展，并由此提出"德生于刑"❸的观点。据此，管仲认为法治胜过礼治，法律刑罚的作用强于仁义礼乐与道德教化。

既然法治如此重要，管仲主张制定的法度就必须严格执行。管仲认为，制定法度固然重要，但对法令的执行更为关键。如果立法不行、令出不止，那么还不如没有法律。君主的权威建立在法制律令的严格执行上。所以，立法要正，执法必严，不可以徇私枉法，更不能违法不究。他说："法者天下之仪也，所以决疑而明是非也，百姓所县❹命也。故明王慎之，不为亲戚故贵易其法，吏不敢以长官威严危其命，民不以珠玉重宝犯其禁。故主上视法严于亲戚，吏之举令敬于师长，民之承教重于神宝。故法立而不用，刑设而不行也。"❺管仲把法作为天下的标准，用其判断疑惑辨明是非，认为它是百姓的命运之所系，所以圣明的君主一定要谨慎，不能因为父母和世家贵族改变法律，官吏不能因为高级官员的威严而毁坏命令，百姓不能因为贵重宝贝就违反禁令。君主要对待法比对父母还要敬畏，官吏看待法令比对师长还要敬重，百姓接受训导比对待神明宝物还要重视。如果能做到这样，那么即使制定了法也用不着，设定了刑罚也没必要使用。他

---

❶ 管子·牧民.
❷ 管子·任法.
❸ 商君书·说民.
❹ 县：通"悬"。——引者注
❺ 管子·禁藏.

还讲道:"正法直度,罪杀不赦;杀僇❶必信,民畏而惧。武威既明,令不再行。顿卒怠倦以辱之,罚罪宥过以惩之,杀僇犯禁以振❷之。植固不动,倚邪乃恐。"❸ 管仲认为,公平正直的法律制度对罪犯不能轻易赦免,该杀就杀,人民就会敬畏害怕。法律有了尊严,人们就不敢犯罪,律令反而用不上了。对困苦倦怠之人进行训导,对过错犯罪之人进行惩罚,杀掉犯下大罪之人来振奋和警醒民众。法律刑罚牢固不动、严格执行,行邪作恶之徒就会心怀恐惧。

难能可贵的是,管仲不仅认为法高于礼、刑优于德,而且提出法高于君的思想。在奴隶社会和封建社会中,君主本来拥有至高无上的地位,操控对万民生杀予夺的大权。法度律令由君主制定和颁布,君主常常凌驾于法度之上。然而管仲说:"故置法以自治,立仪以自正也。……行法修制,先民服也。"❹ 管仲认为,开明的君主制定法令用来约束自己,设定标准用以衡量和修正自己的行为,在遵守法令修养品格方面要率先作出榜样,让百姓口服心服。在管仲看来,法律和政令一旦制定,大家就应该不分地位高低、身份贵贱,平等地遵守。只有这样,才算是达到了真正的治国目的。据此,他说:"君臣上下贵贱皆从法,此之谓大治。"❺ 总之,管仲作为中国法家的重要代表,不仅提出了法治的治国思想,而且在不排斥仁义礼乐的前提下强调法的重要,认为与礼乐教化相比,法律更为重要,没有刑罚制裁作保障,礼乐教化就无从谈起。管仲的法治思想对后世法家产生了深刻的影响。

春秋前期,在当时社会变革大潮的冲击下,一些有远见的政治

---

❶ 僇:通"戮",杀戮。——引者注
❷ 振:通"震",震慑。——引者注
❸ 管子·版法.
❹ 管子·法法.
❺ 管子·任法.

家、思想家已经认识到，根据社会的发展形势来看，单纯依靠礼治并不能满足治理国家的需要，法治也应该成为治理国家的手段。在这种情况下，公元前536年郑国子产为适应新的封建制和整顿社会秩序，率先打破过去把刑书藏于官府的惯例，铸刑书于一个青铜鼎上，史称"铸刑书"。这一事件在《春秋左传·昭公六年》中有记载："三月，郑人铸刑书。"子产"铸刑书"开创了中国古代公布成文法的先例。这也是中国有史可考的第一部成文法，比古罗马的第一部成文法典《十二铜表法》早80多年。与子产同一时期同在郑国的邓析因对子产所铸刑书并不满意，便自编了一套更能适应社会变革要求的成文法，将其刻在竹简上，被称为"竹刑"。据《春秋左传·定公九年》记载："郑驷歂杀邓析，而用其竹刑。"公元前501年，邓析因私制竹刑为驷歂所杀。然而，由于竹刑比子产的刑书更加细密，所以驷歂虽然杀了邓析，郑国却仍用竹刑代替了子产的刑书。在郑国子产铸刑书的影响下，其他国家纷纷效仿。《春秋左传·昭公二十九年》记载："冬，晋赵鞅、荀寅师师城汝滨，遂赋晋国一鼓铁，以铸刑鼎，著范宣子[1]所为刑书焉。"公元前513年，晋国赵鞅等人将此前晋平公时主国政者范宣子所做的刑书刻在铁鼎上。铸刑于鼎，由法不宣众改为铸鼎公布。这是中国古代法制史上具有积极意义的重大事件。民众知道了用刑的准则，有利于约束自己，也有利于限制贵族的不法行为。然而，当时这种行动是违反常规的，在一定程度上威胁了奴隶主贵族的特权地位，触犯了他们的利益。于是，一场关于礼、法的争论由此引发。

晋国的奴隶主贵族叔向作为那个时代比较保守的代表性人物，他主张德治、礼治，对改革礼治的行动持反对的态度，明确表达对子

---

[1] 范宣子：一般指士匄，祁姓，士氏，按封地又为范氏，名匄，谥号宣，因此又称范宣子，春秋时期晋国政治家、军事家、法家先驱。——引者注

产公布法律的意见。他在给郑国子产的信中写道:"昔先王议事以制,不为刑辟,惧民之有争心也。……民知争端矣,将弃礼而征于书。锥刀之末,将尽争之。乱狱滋丰,贿赂并行,终子之世,郑其败乎!肸闻之,国将亡,必多制,其此之谓乎!"❶ 在叔向看来,公布法律,用法度来治理国家,势必导致百姓抛弃礼仪而引证刑书,在社会交往中斤斤计较于利害的争夺而忘记仁德礼义的存在,而且成文法一旦公布,百姓因为可以依据成文法进行斗争,对统治者就缺少了畏惧之心。这样一来,礼的地位就会受到威胁,以致将被废弃。据此,叔向把公布法律视作亡国的征兆。叔向虽然不是儒者,但是他的思想反映了礼、法之间的矛盾和斗争。

子产虽然率先铸刑书于鼎,开创了公布成文法的先例,但是并不公开反对周礼,而且对周礼赞美有加,认为"礼"是"天之经也,地之义也,民之行也"❷。这反映了其在从奴隶主贵族向封建贵族转化过程中作为双重人的立场。而邓析则是新兴地主阶级利益的代表,他首先对"礼治"产生质疑,甚至否定维护贵族特权的"礼治",主张不以先王之制为法,不以西周之礼为是,提出"事断于法"的主张,要求以"法"作为衡量人们言行是非的标准。他的这一观点与后来法家反对"礼治"、主张"法治"的要求相一致。他说:"夫治之法,莫大于使私不行。君之功,莫大于使民不争。今也立法而行私,与法争,其乱也甚于无法。立君而尊贤,与君争,其乱也甚于无君。故有道之国,法立则私善不行,君立而贤者不尊。民一于君,事断于法,此治国之道也。明君之督大臣,缘身而责名,缘名而责形,缘形而责实,臣惧其重诛之至,于是不敢行其私矣。"❸ 他反复强调

---

❶ 春秋左传·昭公六年.
❷ 春秋左传·昭公二十五年.
❸ 邓析子·转辞.

了立法、用法的重要性，提出"事断于法"的观点，是后来法家提倡"法治"、反对"礼治"思想的先驱。

春秋末期，儒家开始登上历史的舞台。孔子从维持尊卑贵贱的社会等级秩序方面表达了对公布法律、推行法制的不满，对晋国铸刑鼎之事表示明确的反对。《春秋左传·昭公二十九年》记载了孔子对晋铸刑鼎的强烈反应，"仲尼曰：'晋其亡乎！失其度矣。夫晋国将守唐叔之所受法度，以经纬其民，卿大夫以序守之。民是以能尊其贵，贵是以能守其业。贵贱不愆，所谓度也。文公是以作执秩之官，为被庐之法，以为盟主。今弃是度也，而为刑鼎。民在鼎矣，何以尊贵？贵何业之守？贵贱无序，何以为国？'"❶ 孔子认为，铸造刑鼎，抛弃礼仪，百姓只关心鼎上的法律条文，就不再尊敬地位高的人，尊卑贵贱的秩序就会被打乱，从而影响国家的治理。孔子甚至认为"铸刑鼎"意味着晋要亡国。孔子之所以反对铸刑鼎，一方面是为了维护宗法等级秩序，另一方面也是以德治反对刑治、法治。

在孔子生活的春秋末年，周王室势力衰微，诸侯之间为了扩大势力和争夺利益而互相攻伐，宗法秩序受到严重破坏，已经不能像以往那样维持社会的正常秩序，周天子成了名义上的"天子"。这时就出现了所谓"上下失礼"、礼崩乐坏的局面。当时，统治者最为痛心的事情莫过于礼制的破坏。统治者为了把持政权、维护自己的既得利益，当然要拼尽全力维护礼制，而这一点也正是孔子所极力主张的"克己复礼"。孔子明确地站在"礼治"的立场上，为维护周礼、实行德治而努力。作为儒家的开山鼻祖，孔子强调道德教化在治理国家中的根本作用，认为德治教化才是治国之本，而法律刑罚只不过是德治的补充和辅助。孔子曰："道之以政，齐之以刑，民免而无耻。道

---

❶ 春秋左传·昭公二十九年.

之以德，齐之以礼，有耻且格。"❶ 孔子的这段话重点在于强调和说明在治国效果上刑不如德和礼。正是由于铸刑鼎的行为抬高了刑治、法治的地位与作用而忽视德治，相对降低了德治的地位，才引起孔子的不满乃至反对。

虽然孔子极力主张德治，建议统治者以道德教化为重，但是并不否认法令刑罚的作用，认为法规律令的存在也是必要的。据此，孔子主张在治理国政时需"宽猛相济"。他说："政宽则民慢，慢则纠之以猛。猛则民残，残则施之以宽。宽以济猛，猛以济宽，政是以和。"❷ 孔子所讲的"宽"有德治的含义，"猛"则主要指法治。孔子的德主刑辅的观点，与一味强调实行法治并反对仁义礼乐和道德教化的极端法治主义形成鲜明的对比。

战国时期，新老贵族与新兴地主阶级之间的斗争，再加上统治者之间的战争，使得各个国家纷纷把迅速增强国力作为最紧迫的目标。春秋初期开始的变法运动在战国时期进一步延续，引起了更加剧烈的社会震荡。在这种背景下，礼、法之争此消彼长，差不多贯穿了整个战国时期。总的来说，代表新老贵族的政治家、思想家从赓续奴隶主贵族的统治出发，提倡实行"礼治"教化，而那些非贵族出身的新兴地主阶级则厌恶原来维护贵族世袭特权的"礼"，认为具有等级差别的"礼"是不公正的，应该将其废除，而代之以"法"。在他们看来，只有公正平等的法制律令才可以作为人们的行为准则。据此，法家思想家们提出：国家应该制定并公布统一的法律，自上而下地强制推行，实行合理有效的"法治"。在法家思想的推动下，战国时期发生了一场旨在除旧布新、富国强兵的变法运动，其中影响最大的有三个，即战国初期李悝在魏国、吴起在楚国的变法及商鞅在秦国的变

---

❶ 论语·为政.
❷ 春秋左传·昭公二十年.

法。李悝、商鞅也因此成为历史上著名的法家代表。

战国初期，李悝登上了魏国的政治舞台，主持变法。于是，由管子、邓析等人酝酿已久的法治帷幕正式拉开。在治国上，李悝提出了一个法治的原则，即"为国之道，食有劳而禄有功，使有能而赏必行，罚必当"❶。李悝把赏罚作为实行法治的重要手段。轻罪重罚也是其法治思想的重要内容之一。他主张使用严刑峻法来治理国家和军队。在变法过程中，李悝为了有效地推行其法治主张，真正做到有法可依，就在整理春秋以来各诸侯国所颁布的成文法的基础上编撰了一部重要的法典——《法经》，这是我国历史上第一部较为系统的封建法典。遗憾的是，这部法典已经失传。如果按照张太炎"著书定律为法家"❷的标准，法家的真正创始人应该是李悝。

商鞅法治学说的核心是放弃礼治，专任法治。商鞅看到当时的秦国是一个落后的国家，认为要让秦国发展壮大起来，就必须废弃儒家所提倡的礼治德政，代之以依法治国。他说："圣王者不贵义而贵法，法必明，令必行，则已矣。"❸ 他主张不仅要实行法治，而且要专任法治，认为"夫利天下之民者莫大于治，而治莫康于立君，立君之道莫广于胜法，胜法之务莫急于去奸，去奸之本莫深于严刑"❹。"胜法"，即专任法治。商鞅认为用法来管理百姓是法治的重要内容，因此主张"塞民以法"。他说："民本，法也。故善治者塞民以法，而名地作矣。"❺ 颇为引人注意的是，商鞅认为重刑就是反德，他说"吾以杀刑之反于德"，并提出"藉刑以去刑"的观点。他说："故王

---

❶（汉）刘向. 说苑·政理.
❷（清末民初）章太炎. 章太炎全集·检论·原法.
❸ 商君书·画策.
❹ 商君书·开塞.
❺ 商君书·画策.

者以赏禁,以刑劝,求过不求善,藉刑以去刑。"❶ 在商鞅看来,要想杜绝违法犯罪的现象,消除知法而犯法的情况,最好的办法就是加重刑罚,轻罪严惩,用严厉刑罚的威慑力防止人们明知故犯及重新犯罪。在商鞅看来,刑罚如果不够严厉,非但起不到应有的震慑效果,反而还会导致犯罪之人再次犯罪。因此,他主张"刑九赏一",实行重罚而轻赏。他告诫人们,只要不触犯法律,刑罚再重也只是摆设。

商鞅所主张的"以刑去刑"与儒家的"以德去刑"针锋相对。商鞅说:"辩、慧,乱之赞❷也;礼、乐,淫佚之征也;慈、仁,过之母也;任、誉,奸之鼠❸也。乱有赞则行,淫佚有征则用,过有母则生,奸有鼠则不止。八者有群,民胜其政;国无八者,政胜其民。民胜其政,国弱;政胜其民,兵强。故国有八者,上无以使守、战,必削至亡;国无八者,上有以使守、战,必兴至王。"❹ 他认为,人们的聪明智慧和辨别之心都有助于形成混乱;礼仪和音乐是淫佚的征兆;慈善与仁爱是过失的根源;逸佞和赞誉是邪恶的藏奸者。辩、慧、礼、乐、慈、仁、任、誉,这八个方面的力量大了,民众就会干扰国政,从而削弱国力,以致国家危亡。除去这八个方面,国家的法令就能控制民众,使国家兴盛发达。在商鞅看来,儒家的德治和轻刑势必会造成奸邪和混乱的滋生,从而使国力削减,乃至亡国。商鞅还讲道:"国有礼有乐,有《诗》有《书》,有善有修,有孝有弟,有廉有辩。国有十者,上无使战,必削至亡;国无十者,上有使战,必兴至王。国以善民治奸民者,必乱至削;国以奸民治善民者,必治至强。国用《诗》、《书》、礼、乐、孝、弟、善、修治者,敌至必削国,不至必贫。国不用八者治,敌不敢至,虽至必却;兴兵而伐必

---

❶ 商君书·开塞.
❷ 赞:助。——引者注
❸ 鼠:比喻善于藏奸者。——引者注
❹ 商君书·说民.

取，取必能有之，按兵而不攻必富。国好力，曰以难攻；国好言，曰以易攻。国以难攻者，起一得十；国以易攻者，出十亡百。"❶ 在商鞅眼里，儒家所推崇的礼、乐、诗、书、善、修、孝、悌、廉、辩只会削弱民力。如果有这十个方面，统治者就无法让老百姓作战，国家就会危亡；如果没有这十个方面，一旦发生战争，国家就能兴盛而称霸天下。所以，他得出了与儒家截然相反的观点，认为"刑生力，力生强，强生威，威生德，德生于刑"❷，甚至把儒家所推崇的礼乐、诗书、修善、孝悌、诚信、贞廉、仁义等美德讥讽为"六虱"。他说："六虱：曰礼乐，曰诗书，曰修善，曰孝弟，曰诚信，曰贞廉，曰仁义，曰非兵，曰羞战。"他认为，正是因为"六虱"的侵害，才造成国家的贫弱。他讲道："国贫而务战，毒生于敌，无六虱，必强；国富而不战，偷生于内，有六虱，必弱。"❸ 商鞅为了提高法律刑罚的地位，不仅夸大法律特别是刑法的作用，而且极力贬低儒家的仁义礼乐，轻视甚至否定道德教化的价值，错误地认为刑法可以决定一切，只要加强轻罪的惩罚力度就可做到"以刑去刑"，甚至认为"德生于刑"，刑罚既然可以产生"德"，就可以代替德的功能，因而把法当作最有效甚至唯一有效的统治方法。司马迁之父司马谈曾对以商鞅为代表的极端法治主义者作出评价："法家不别亲疏，不殊贵贱，一断于法，则亲亲尊尊之恩绝矣，可以行一时之计，而不可长用也；故曰严而少恩。"❹

商鞅主张治国应该以治理奸民的法律作为标准。如果用治理良民的法律治理奸民，国家必然因混乱而虚弱；而如果用治理奸民的法律治理良民，国家就会强大。他说："用善则民亲其亲，任奸则民亲

---

❶ 商君书·去强.
❷ 商君书·说民.
❸ 商君书·靳令.
❹ （汉）司马迁. 史记·太史公自序.

其制。合而复者，善也；别而规者，奸也。章善则过匿，任奸则罪诛。过匿则民胜法，罪诛则法胜民。民胜法，国乱；法胜民，兵强。故曰：以良民治，必乱至削；以奸民治，必治至强。"❶ 商鞅还主张统一人们的思想和行为以配合法令的执行与深入贯彻。他提出实行"壹教"的主张："君修赏罚以辅壹教，是以其教有所常而政有成也"❷，通过教民专一于农战的职业，达到"归心"的目的。这里"壹教"中的"壹"是动词，即推行"壹"的政策，就是把力量集中于农业、军事发展。"壹教"实施的结果是取缔了一切不符合法令、不利于农业和军事发展的思想言论，并最终走上焚诗书以明法令的文化专制的道路。在这个过程中，儒家学说受到严重冲击。

法家从人性自为的观念出发，强调人性趋利避害的特点。管子认为："凡人之情，见利莫能勿就，见害莫能勿避。"❸ 这实际上是把趋利避害看成一切人的共同性。而商鞅说："仁者能仁于人，而不能使人仁；义者能爱于人，而不能使人爱，是以知仁义之不足以治天下也。""圣王者不贵义而贵法。"❹ 据此，法家在治理国政上大力提倡刑罚的作用。韩非子则指出一切人际关系都是利益关系，为了约束人的利己行为，必须制定严厉的刑法来规范人们的活动。法家认为，严厉的刑法可以禁止暴力行为，而道德说教却不能平息社会动乱；道德教化并不能改变人性、使恶人行善。所以，韩非子说"仁之不可以为治"，原因是"当今争于气力"❺，只能实行法治。

儒家主张仁爱，重视亲情，以亲亲为人之本。孔子曰："君子笃

---

❶ 商君书·说民.
❷ 商君书·农战.
❸ 管子·禁藏.
❹ 商君书·画策.
❺ 韩非子·五蠹.

于亲，则民兴于仁；古旧不遗，则民不偷。"❶ 孟子也说："人人亲其亲，长其长，而天下太平。"❷ 而法家则极力反对亲亲之说。商鞅说："亲亲则别，爱私则险，民众而以别、险为务，则民乱。"❸ 他认为，正是因为"亲亲"的缘故，人们才分别亲疏远近，有私心偏爱则是险恶的，致力于分别亲疏远近和私心偏爱的险恶，就会产生混乱。慎到曾经决绝地说："骨肉可刑，亲戚可灭，至法不可阙也。"❹ 所以，应该废弃"亲亲"。慎到把法律摆在至高无上的地位，认为法律的威力所向披靡，连亲情骨肉都不例外。而司马谈在《论六家要旨》中指出，战国时期法家变法运动中的主要精神是"不别亲疏，不殊贵贱，一断于法"❺，否定了君主以外的特权地位。

在德与刑、礼与法的关系问题上，孟子基本上继承了孔子的思想，认为单纯的德治或者片面的法治都不足以成功。他讲道："徒善不足以为政，徒法不能以自行。"❻ 但是，站在儒家的立场上，孟子当然是极力主张仁政和道德教化。他曾说："三代之得天下也以仁，其失天下也以不仁，国之所以废兴存亡者亦然。"❼ 这句话强调了仁义的社会政治功能。

到了荀子，经过前辈儒者与法家的争论，荀子从双方的辩论中吸取了合理的内容，从而明确地提出治国要"隆礼重法"、德法兼用。他说："治之经，礼与刑。"❽ "人君者，隆礼尊贤而王，重法爱民而霸。"❾ 荀子强调了以礼为本的思想，把礼作为治国之道，认为天子

---

❶ 论语·泰伯.
❷ 孟子·离娄上.
❸ 商君书·开塞.
❹ 慎子·逸文.
❺ （汉）司马迁. 史记·太史公自序.
❻ 孟子·离娄上.
❼ 孟子·离娄上.
❽ 荀子·成相.
❾ 荀子·强国.

诸侯只要掌握了礼这个法宝就可以赢得天下，否则会毁坏社稷。他甚至认为坚甲利兵、高城深池和严令繁刑都比不上"礼"的威力。荀子曰："礼者，治辨之极也，强固之本也，威行之道也，功名之总也。王公由之，所以得天下也；不由，所见陨社稷也。故坚甲利兵不足以为胜，高城深池不足以为固，严令繁刑不足以为威，由其道则行，不由其道则废。"[1] 他还追溯历史，以古代的事例来证明其观点。荀子主张礼与刑、德与法并用。他说："治之经，礼与刑，君子以修百姓宁，明德慎罚，国家既治四海平。"[2] 荀子把礼与刑、明德与慎罚作为治理国家必要的手段。在这两种手段中，荀子更看重礼与德，把礼看作治国的根本。他讲道："礼者，政之挽也。为政不以礼，政不行矣。"[3] 荀子把礼看作处理政事的指导原则，认为如果处理政事不遵循礼，政事便不能实行。他进一步阐述道："礼之于正国家也，如权衡之于轻重也，如绳墨之于曲直也。故人无礼不生，事无礼不成，国家无礼不宁。"[4] 在荀子看来，礼对于治理国家，就像秤对于物体的轻重、木工的绳墨对于物体的曲直一样重要。因此，人没有礼不能生存，事业没有礼不能成功，国家没有礼不能安宁。因此，在礼与刑二者中，礼是根本。

总之，荀子把礼作为立国之本，把教化作为施政的基础，同时也充分注意刑罚的重要作用。他这样说道："故不教而诛，则刑繁而邪不胜；教而不诛，则奸民不惩。"[5] 从荀子的思想来看，他虽然是儒家的重要代表，也继承、坚持了儒家德治的基本思想，但是并没有仅仅局限于儒家的思想，而是吸取了各家之长，包括法家的法治思想，

---

[1] 荀子·议兵.
[2] 荀子·成相.
[3] 荀子·大略.
[4] 荀子·大略.
[5] 荀子·富国.

对其融会贯通并加以发挥，在德与刑、礼与法的关系问题上形成了比较全面的认识。

韩非子作为法家的集大成者，非常重视"法"在治理国家中的作用。他主张"明主之国，无书简之文，以法为教；无先王之语，以吏为师"❶，要用法律、诏令来治国、治军、治民，以至于处理一切事情，反复强调法治是治国之本，国家的兴衰取决于君主能否真正实行法治。与法家前辈有所不同的是，韩非子提出"法"要与"术"（即君主驾驭臣民的方法和手段）、"势"（即君主的权威和势力）相结合，三者相互配合，才能取得实效，尤其是"法"与"术"在实践中必须有机结合起来，否则不能发挥应有的作用。

韩非子对儒家大加鞭笞，把战国末期的儒家学者斥为"五蠹"之一。他说："是故乱国之俗，其学者则称先王之道以籍（同藉）仁义，盛容服而饰辩说，以疑当世之法而贰人主之心。其言古者，为设诈称，借于外力，以成其私而遗社稷之利。……此五者，邦之蠹也。"❷ 韩非子认为，由于"儒以文乱法"，所以他们是腐蚀、破坏国家的蛀虫，对法治危害极大，主张对之进行清除，否则"人主不除此五蠹之民，不养耿介之士，则海内虽有破亡之国，削灭之朝，亦勿怪矣"❸。

韩非子站在法家的立场上，对儒家的德治主张进行了无情的批判，对儒家所提倡的道德教化进行否定。这表明其思想具有一定的非道德主义倾向。韩非子认为儒家所谓的先王仁义，实际上都无法得到证实，不过是些毫无用处的"愚诬之学"。他毫不留情地说："明据先王，必定尧舜者，非愚则诬也。愚诬之学，杂反之行，明主弗受

---

❶ 韩非子·五蠹.
❷ 韩非子·五蠹.
❸ 韩非子·五蠹.

也。"❶ 意思是那种公开宣称依据先王之道，武断地肯定尧、舜的一切做法，不是愚蠢，就是欺骗，明智的君主不会接受。韩非子还指出儒家对君主进行"欺骗"的具体内容。他说："今世儒者之说人主，不言今之所以为治，而语已治之功；不审官法之事，不察奸邪之情，而皆道上古之传誉，先王之成功。儒者饰辞曰：'听吾言则可以霸王。'此说者之巫祝，有度之主不受也。故明主举实事，去无用，不道仁义者故，不听学者之言。"❷ 意思是，当今的儒者游说君主，不歌颂用来治理好国家的法令，反而谈论过去的治国功绩；不仔细考察法令的执行情况，不了解奸邪的情况，反而去称道远古流传的美谈和先王成就的功业。他们说："听我的话，就可以称王称霸。"他们同游说骗人的巫祝一样，实行法度的君主对他们的话是不会相信和接受，所以英明的君主做有实效的事，去掉没有用处的东西，不空谈仁义道德方面的事，不听信学者的话。在韩非子看来，那些夸夸其谈的儒者都是些务虚不务实的人，不把精力用在干实事上，却用无法考察的所谓历史功绩引诱蛊惑君主。因为他们的行为与靠嘴皮子骗人的巫祝没什么两样，所以英明的君主不会上当，不会轻信儒者的谎言；法家会做实事而不空谈仁义道德。

在批判儒家、墨家等学说的基础上，韩非子提出了自己的主张，即"不务德而务法"。这才是韩非子的最终目的。他说："夫圣人之治国，不恃人之为吾善也，而用其不得为非也。恃人之为吾善也，境内不什数；用人不得为非，一国可使齐。为治者用众而舍寡，故不务德而务法。……不恃赏罚而恃自善之民，明主弗贵也。何则？国法不可失，而所治非一人也。故有术之君，不随适然之善，而行必然之

---

❶ 韩非子·显学.
❷ 韩非子·显学.

道。"❶ 韩非子认为，圣明的君主治理国家，不是依靠人们自觉地把事情做好，而是使他们不敢为非作歹。如果依靠人们自觉地做好事，那希望实在太小了，全国不会有十个人；如果使他们不敢为非作歹，就能使全国行动一致。治理国家的人应该采纳对多数人有效的措施，舍弃只对少数人有效的措施，所以不致力于德治而致力于法治。虽然也有不依靠赏罚而靠自觉做好事的人，但英明的君主是决不会看重的。这是为什么呢？因为国家的法令不可以抛弃，所要治理的对象又不止一人，所以掌握统治术的君主不追求少数人的偶然行善，而推行多数人必须做到的法治措施。

尽管如此，韩非子在阐述如何有效地实施法治的时候，也谈到道德舆论对法之赏罚的辅助作用。他这样说："是以赏莫如厚而信，使民利之；罚莫如重而必，使民畏之；法莫如一而固，使民知之。故主施赏不迁，行诛无赦。誉辅其赏，毁随其罚，则贤不肖俱尽其力矣。"❷ 他认为实行法治要赏罚分明，赏要不违背诺言且要重赏，才能调动老百姓的积极性；惩罚也要说到做到，从重处罚，才可以收到使百姓畏惧的效果；法律政令要始终一贯才能让百姓确切地了解，无论赏罚都不能随意改变标准和规格。长此以往形成一种社会风气，对于奖赏，周围人们就会相应作出道德舆论上的赞誉；对于惩罚，周围人们自然会作出责备的反应。韩非子还从反面论证道："赏誉不当则民疑，民之重名与其重赏也均。赏者有诽焉，不足以劝；罚者有誉焉，不足以禁。明主之道，赏必出乎公利，名必在乎为上。赏誉同轨，非诛俱行。"❸ 假如统治者所实施的赏罚与百姓的道德舆论相冲突，就难以治理了，即所谓"誉所罪，毁所赏，虽尧不治"❹。

---

❶ 韩非子·显学.
❷ 韩非子·五蠹.
❸ 韩非子·八经.
❹ 韩非子·外储说左下.

韩非子"誉辅其赏，毁随其罚""赏誉同轨，非诛俱行"的思想，表明他认识到道德舆论的誉毁要与法的赏罚相互配合。他的这一思想实际上涉及了法律刑罚与道德之间的关系问题，认为法律刑罚的实施也不能是孤立的，而是受道德影响的。他的这一观点与他的老师荀子有些相似，只是立场不同：荀子是站在儒家的立场上，主张治国理政应该以德治为本、以教化为先，同时不忽视法律的实施、断狱的是非对教化的影响；而韩非子则是站在法家的立场上，主张以法治方略来治国，同时看到了道德舆论对法之赏罚的影响。由于立场和出发点的根本不同，所以他们也得出了不同的结论。韩非子关于道德舆论影响法律实施的思想只是昙花一现，他从法的立足点出发，得出道德无用甚至有害的结论，主张"以法代教"，试图用法来代替道德，陷入了非道德主义的迷圈。

在春秋战国百家争鸣的时期，儒家和法家当然在争鸣之列，不仅如此，儒法之间的斗争还显得格外激烈。两派人物围绕着德与刑、礼与法哪个为治国之本等问题展开了激烈的交锋。但是，在当时的历史背景下，法家的思想主张使用法令刑罚的强制力量约束民众，提倡耕战；而法律刑罚的强制性特点又恰好可以在短期内收到富国强兵的效果。因此，法家思想更能适应当时群雄争霸的时代潮流，能够满足国家统治者急功近利的现实需要。而儒家的德治理论则主张人们通过修身、进德培养自己的道德良心；反对私欲、功利、战争；认为国家的发展、社会的进步要建立在道德教化的基础上，才能达到长治久安的目的。这种思想在那个烽火四起、硝烟弥漫的社会动荡时期，在那些摩拳擦掌、蠢蠢欲动，准备大动干戈争权夺霸的各国君主面前，显得格外不合时宜。也正因如此，在先秦的这场德与刑、礼与法的大辩论中，以商鞅、韩非子为代表的法家取得了胜利。

二、秦朝时期法治思想的独断统治

法家胜利的最直接、最明显的表现就是：秦朝统治者在法家思想家们的鼓动下，大胆任用法家人物，以法家主张为原则来治国理政，在治国方式上实行法治。可以说，秦朝是继战国时期的吴国之后采用法治方略来治理国家的，也是中国历史上实行法治的典型朝代。既然秦朝是在法家思想的指导下建立和统一起来的，那么，秦朝的统治也就是法家思想在当时现实社会生活中的运用与实践。

本来，就思想传统而言，秦承魏制。在秦国统一全国前后，统治者都对儒学表示过适度的尊重，掌管礼乐文化的专职官员一直存在，一般都由儒者充任。即使在秦国进行文化方面的改革以配合政治上的大一统时，儒生的作用与影响也依然存在。然而，儒生淳于越没有看清秦始皇摩拳擦掌急于实现"大一统"的目的，反而站在保守的立场上，反对激进的政治、社会、文化等变革，提出"师古"主张。对秦始皇来说，淳于越的反对无异于"拆台"。淳于越行不合时宜的举动不仅于事无补，反而惹来了大麻烦。

始皇三十四年（公元前213年）发生的一件事，成为秦始皇大刀阔斧进行改革乃至"焚书"的导火索。这一年，在为秦始皇祝寿的宴会上，当时官居仆射的周青臣恭维了秦朝实行的郡县制；而博士儒生淳于越则指责周青臣当面阿谀谄媚、并非忠臣，建议仍然实行分封制。其实，郡县制与分封制在当时并不是新问题，早在战国中晚期即已出现。秦代，秦始皇采纳李斯的建议实行郡县制。对于淳于越的建议，秦始皇当时没有立即表态，而是让群臣商议。丞相李斯趁机进言道：

今诸生不师今而学古，以非当世，惑乱黔首。丞相臣斯昧死言：古者天下散乱，莫之能一，是以诸侯并作，语皆道古以害今，饰虚言以乱实，人善其所私学，以非上之所建立。今皇帝并有天下，别黑白而定一尊。私学而相与非法教，人闻令下，则各以其学议之，入则心非，出则巷议，夸主以为名，异取以为高，率群下以造谤，如此弗禁，则主势降乎上，党与成乎下。禁之便。臣请史官非秦记皆烧之。非博士官所职，天下敢有藏《诗》、《书》、百家语者，悉诣守、尉杂烧之。有敢偶语《诗》、《书》者弃市。以古非今者族。吏见知不举者与同罪。令下三十日不烧，黥为城旦。所不去者，医药、卜筮、种树之书。若欲有学法令，以吏为师。❶

法家代表人物李斯就是以禁止诸生乱议朝政、统一思想为借口蛊惑秦始皇取缔私学以致"焚书"的。李斯的建议正合秦始皇的意愿。于是，秦始皇采纳了李斯的建议，不仅禁止了私学，而且下令"焚书"，把秦记以外的各国史记，"博士官所职"以外私人收藏的《诗经》《尚书》、百家语统统烧掉，但不烧"医药、卜筮、种树之书"。第二年，即公元前212年，因方士侯生、卢生批评秦始皇及当朝政治，秦始皇下令追查此事，"诸生在咸阳者，吾使人廉问，或为妖言以乱黔首"❷，共抓了460人，其中包括部分儒生，他们全部在咸阳被坑杀，史称"坑儒"事件。实际上，被坑杀的并不只是儒生，起因也不在儒生，而是由方士议论朝政引起，只不过在追查议政之人时牵连到不少儒生。在秦始皇采取了"焚书""坑儒"的霹雳手段后，虽然秦朝政权中还留有少量儒生官员，但在此重大事件的打击、政治的高压之下，包括儒生在内的诸生一时噤若寒蝉，不再敢轻易议论、反对秦朝所采取的一系列改革。

---

❶ （汉）司马迁. 史记·秦始皇本纪.
❷ （汉）司马迁. 史记·秦始皇本纪.

秦朝统治者将"以法为教""以吏为师"作为原则，全面落实和贯彻法家主张，在政治、经济、军事、文化上把法家思想推上了高位；其严禁"私学"的措施，不但保证了法家思想的绝对地位，而且严重压抑了其他学派的学说；其"焚书""坑儒"的实行，使"天下敢有藏《诗》、《书》、百家语者，悉诣守、尉杂烧之。有敢偶语《诗》、《书》者弃市"❶，更压制了其他诸家思想，尤其是儒家学说。秦朝一度出现了"罢黜百家，独尊法术"的局面。可以说，秦朝是法家势力最为强大的阶段，也是法家学说发展的鼎盛时期，同时也是法家思想全面运用于实践的时期。

由于法治思想在秦朝的全面展开，推动了秦朝的称霸和统一；而秦朝的任法专用则成全了法家思想的历史性辉煌。可以说，秦朝的命运与法家的命运在那个特定的历史时期紧紧地纠缠在一起。正因如此，所以对于秦朝的败亡法家也难辞其咎，而秦朝的短命则给法家思想带来了不祥的命运。其实，又何止是不祥？也正是秦朝的短命给了法家以毁灭性的打击。在秦朝，法家走到了它的顶峰，也走到了它的末世。由于法家主张严刑峻法、轻罪重罚，极端的法家代表还进一步要求放弃礼治德政，反对道德教化而专任法治，所以他们这种"刻薄寡恩"的做法在国家"强力"的掩护下往往演化成一种国家暴力。这就迅速激化了阶级矛盾和社会冲突。秦朝二世而亡，从公元前221年至公元前207年秦政权仅仅存在了15年，就是这种法治理论的局限性和片面性的证明。

秦朝的暴政在农民起义的冲击下很快土崩瓦解，法家喧嚣一时的声音也随着秦朝败亡的巨响戛然而止。法家作为一个独立而显赫的学派已经基本消失。对于法家的消失可以这样理解：著作还在，衣

---

❶ （汉）司马迁. 史记·秦始皇本纪.

钵空存，但传人没了，也就是说，正式扛大旗的思想继承人没了。虽然法家已去，但由于其著作仍存，法家所撒播的思想火种被保存了下来。一有风吹草动，法家思想的火种就能在死灰中复燃，有时火借风势还能燃出一道风景，虽不至于形成燎原之势，但能不时地冒出一片火光烟色来。在以后的历朝历代，法家思想一直绵延不绝，对中国的政治产生或大或小的影响。一方面法治思想在中国的土壤中深深地扎根，法治观念广泛地深入人心，在秦朝以后的历朝历代，即使在儒家势力最为强盛、德治仁政施行得热火朝天的汉朝，法治的建设都未能被放弃。另一方面法治思想在秦朝的运用所带来的恶劣后果又往往作为一个反面教材，成为儒家主张实行德治的重要依据和说辞。

三、汉朝时期德治思想的一统独尊

秦朝灭亡以后，到了汉朝，新一轮的德法之争又开始了。不过，这次争论却在君臣之间展开。由于争论双方地位悬殊，所以争论进行得比较温和，胜利的一方采取了和平演变的方式。

原来，刘邦系军人出身，自身文化水平不高，喜爱军事、谋略，他对文绉绉的儒生颇为反感，也瞧不起儒家思想的著作。据《史记》记载："沛公不好儒，诸客冠儒冠来者，沛公辄解其冠，溲溺其中。与人言，常大骂。未可以儒生说也。"从刘邦对儒生的态度来看，他何止是瞧不起儒生，简直就是大不敬。有一次，当儒生郦食其拜见刘邦时，他不仅态度简慢地"倨床使两女子洗足"，而且郦食其长揖不拜、问刘邦是想助秦攻诸侯还是率诸侯破秦时骂他："竖儒！诸侯共同攻秦，何谓助秦？"刘邦对儒生的偏见由此可见一斑。但是，郦生很有修养与耐心，他说："必欲聚义兵诛无道秦，不宜踞见长者。"❶于是，刘邦站起来，转变态度，请郦食其坐下。郦生献上计策，帮助他取得陈留郡。

在汉朝初年，汉承秦制。刘邦在政治上制定了颇为严格的法制，对儒家学说则颇不以为然。《史记》中记载：儒生陆贾经常在刘邦面前称道《诗经》《尚书》，刘邦就骂他说："乃公居马上而得之，安事《诗》《书》！"陆贾劝道："居马上得之，宁可以马上治之乎？且汤武逆取而以顺守之，文武并用，长久之术也。昔者吴王夫差、智伯极武而亡；秦任刑法不变，卒灭赵氏。乡使秦已并天下，行仁义，法先圣，陛下安得而有之？"❷刘邦面有愧色，就请陆贾著书分析阐述秦朝灭亡以及古今成败的原因教训。于是，陆贾写了《新语》一书，用秦朝灭亡的教训来劝导刘邦。这一事件促使刘邦对儒家学说的看法、态度逐渐发生了改变。以陆贾为代表的儒者所下的劝谏功夫也可见一斑。

西汉建立之初，为了收拾秦末战乱留下的烂摊子，尽快恢复经济，提高国力，与民休养生息，采用的是战国时期发展起来的黄老之学。黄老之学，即黄帝、老子之学说，它原是道家的分支之一，后来又吸收了法家崇尚法治的理念，还兼采阴阳、儒、墨等诸家观点，被认为主要是道家与法家思想的结合。黄老之学提倡"无为而治"，在政治上主张清静无为，在经济上则鼓励农业发展，强调"省苛事，薄赋敛，毋夺民时"。黄老之学的这种主张正好契合汉初亟须发展农业、迅速恢复经济的需要，被汉初的统治者采用。事实证明，因推行黄老政治，凋敝的社会经济得以较快地恢复并发展起来。经汉高祖刘邦、汉惠帝刘盈、汉前少帝刘恭、汉后少帝刘弘、

---

❶ （汉）司马迁. 史记·郦生陆贾列传.
❷ （汉）司马迁. 史记·郦生陆贾列传.

汉文帝刘恒、汉景帝刘启，汉代开创了中国第一个盛世——文景之治。到了汉武帝刘彻时，西汉的国力已经相当强盛。较为雄厚的经济基础使得心怀大一统理想又具有一定魄力的汉武帝有条件进行改革，从而开创新的局面。就是在这种社会背景下，为了大一统的目标，汉武帝从政治、经济、军事、思想文化等方面采取了一系列措施。在思想文化方面，他大胆起用了儒生董仲舒，采纳他的建议，下了一盘青史留名的大棋。

在汉朝中期汉武帝时代，出现了儒家德治思想一花怒放的局面。实际上，这也是德、法之争的一种特殊表现。正像法家在秦朝取得法治思想独霸天下的胜利一样，这次德法之争以儒家大获全胜而告始，而不是告终，因为这次儒家的胜利不同于法家在秦朝的胜利，法家受秦朝短暂的专宠带来的只是以后漫长的寂寞，而儒家这次在西汉被扶正却展开了以后的无限风光。在此之后，儒家的德治思想一而再、再而三地受到不同朝代的相似的眷顾，有多少君主、政治家、思想家都对之青眼有加。

在汉武帝时代，儒家时来运转，由于儒家思想正好顺应当时的社会发展变革需要，再加上董仲舒的出现。董仲舒个人的才能也助力于儒家德治思想的兴旺和发达。在一次应对君主的问策时，董仲舒说："道者，所繇❶适于治之路也，仁义礼乐者皆其具也。故圣王已没，而子孙长久安宁数百岁，此皆礼乐教化之功也。""天道之大者在阴阳，阳为德，阴为刑；刑主杀而德主生，是故阳常居大夏，而以生育养长为事；阴常居大冬，而积于空虚不用之处。以此见天之任德而不任刑。""王者承天意以从事，故务德教而不任刑。刑者不可任以治世，犹阴之不可任以成岁也。为政而任刑，不顺于天，故先王莫之肯

---

❶ 繇：通"由"。——引者注

为也。"❶ 他明确表达了任德教而不任刑的思想观点。他还讲道："《春秋》大一统者，天地之常经，古今之通谊也。今师异道，人异论，百家殊方，指意不同，是以上亡以持一统；法制数变，下不知所守。臣愚以为，诸不在六艺之科孔子之术者，皆绝其道，勿使并进。邪辟之说灭息，然后统纪可一而法度可明，民知所从矣。"❷ 他的这番话不禁使人想起了李斯向秦始皇提出的建议。历史好像开了一个玩笑，董仲舒似乎记得法家李斯"焚书"连累儒家的恶毒建议，要以眼还眼、以牙还牙，拿法家之道还治法家之身，以相似的手段报那历史上充满血腥的集体仇恨。董仲舒的三篇对贤良策一炮打响，他得到汉武帝的赏识，以后逐渐受到提拔和重用。同时，儒家思想学说的地位也随着董仲舒地位的攀升而一路向上。汉武帝在位时，儒家思想迎来了历史上的第一个春天。汉武帝接受了董仲舒"罢黜百家，独尊儒术"的建议，并将其贯彻落实。这标志着封建统治者正式接受儒学。儒学成为中央集权的君主专制国家的指导学说。自此以后，儒家学说成为官方意识形态，儒家的德治思想就成为统治阶级的政治思想。儒家学说一跃成为封建社会的正统学说以后，自汉代以至唐宋元明清诸朝，儒家的德治仁政主张也一直受到帝王们的推崇。

从分析来看，儒家德治思想的胜利固然有董仲舒个人力量的作用，但从根本上说是因为儒家的思想顺应了历史的潮流，满足了当时社会发展的需要，所以才顺利被统治者看重并采用。马克思曾说："理论在一个国家实现的程度，总是取决于理论满足这个国家的需要的程度。"❸ 儒家德治学说在汉朝兴起过程中曾起过重要的作用，汉

---

❶ （汉）班固. 汉书·董仲舒传.
❷ （汉）班固. 汉书·董仲舒传.
❸ ［德］马克思，恩格斯. 马克思恩格斯选集：第1卷［M］. 中共中央马克思恩格斯列宁斯大林著作编译局，编译. 北京：人民出版社，2012：11.

朝统治者所实行的减轻刑罚、加强教化等一系列措施为迅速稳定社会秩序、重建社会结构和社会模式立下了大功。同时，儒家思想也挣来了它应得的回报。儒学作为一个整体，在汉朝享有此前不曾真正享有的至上地位。而在某种程度上说，儒家的德治仁政学说真正成为大汉帝国的指导思想和实践法则。

汉武帝去世以后，汉昭帝继位。不久，儒、法之间爆发了一场激烈的论争。这次集中论战是通过一次会议进行的，即历史上著名的"盐铁会议"。公元前81年的盐铁会议上，法家以桑弘羊为代表，儒家以霍光为代表，以贤良、文学为主进行了激烈的争论。桑弘羊列举了一些历史事实，热情赞扬法家的变法革新，指出商鞅"内立法度""外设百倍之利""革法明教，而秦人大治"[1]，使得秦国迅速强大，统一了六国，而孔孟空谈仁义道德，"危不能安，乱不能治"[2]，并不能挽救奴隶制度的灭亡，而是"饰虚言以乱实，道古以害今"[3]，用虚言粉饰事实、美化上古之事来诱惑现在的人们，非但于事无补，有时还会产生负面影响。

贤良、文学们则认为："治人之道，防淫佚之原，广道德之端，抑末利而开仁义，毋示以利，然后教化可兴，而风俗可移也。"[4] 文学还将儒家与法家所主张的奖赏利诱作了一番对比："夫导民以德，则民归厚；示民以利，则民俗薄。俗薄则背义而趋利，趋利则百姓交于道而接于市。"[5] 他们还说："君子进必以道，退不失义，高而勿矜，劳而不伐，位尊而行恭，功大而理顺。故俗不疾其能，而世不妒其业。今商鞅弃道而用权，废德而任力，峭法盛刑，以虐戾为

---

[1]（汉）桓宽. 盐铁论·非鞅.
[2]（汉）桓宽. 盐铁论·殊路.
[3]（汉）桓宽. 盐铁论·遵道.
[4]（汉）桓宽. 盐铁论·本议.
[5]（汉）桓宽. 盐铁论·本议.

俗，欺旧交以为功，刑公族以立威，无恩于百姓，无信于诸侯，人与之为怨，家与之为雠，虽以获功见封，犹食毒肉愉饱而罹其咎也。"❶ 通过这些比较儒家阐明了德治教化的重要以及法律刑罚的浇薄。孟德斯鸠说："中国的著述家们老是说，在他们的帝国里，刑罚越增加，他们就越临近革命。这是因为风俗越浇薄，刑罚便越增多的缘故。"❷ 孟德斯鸠这段话与儒家思想家们的观点不谋而合。

四、汉朝以后德法之争的袅袅余音

在盐铁会议之后，德法之争便不成规模。由于儒学作为封建正统思想的地位难以动摇，法家也就失去了东山再起重振江湖的机会。有时，儒家也会独自述说着德治的重要和教化的可贵，但没有对立的法家的存在，儒家的话语也缺少了兴致与激情，而德法之争便失去了气势。汉朝以后，德法之争已经不是主流，德法合流成为历史的主要趋势。即便德、法之间有所摩擦，其争论的主题也不再是要不要德治的问题，而是要不要变法，或者德治如何具体实践等。

唐高祖李渊对儒家所主张的德治颇有好感，重视儒生出身的大臣，即位之始就下令恢复学校，设置太学、国子学等，为实行德治仁政创造了条件。唐太宗李世民即位之后，执行了重儒的政策，尊崇儒学，提倡教化。贞观元年，太宗曰："朕看古来帝王，以仁义为治者，国祚延长；任法御人者，虽救弊于一时，败亡亦促。既见前王成

---

❶（汉）桓宽. 盐铁论·非鞅.
❷［法］孟德斯鸠. 论法的精神：上册［M］. 张雁深，译. 北京：商务印书馆，1961：83.

事，足是元龟。今欲专以仁义诚信为治。望革近代之浇薄也。"❶ 由此可见，唐朝统治者对德治的重视和对法家的疏远。

北宋时，以司马光和王安石为主要代表曾有过一次伪"儒法之争"，司马光被认为是儒家，王安石因主张变法被认为是法家。其实，两人都是儒家，所争的重点并不是德治与法治的取舍，而是新旧政治势力围绕是否要变法而进行的一次较量。倒是南宋时期陈亮与朱熹之间围绕义利王霸展开的别开生面的争论，可以算是一场儒与法、德治与法治之间的斗争，为尊儒反法的南宋增添了一抹异样的色彩。

纵观历史上的德法之争，儒家尽管并没有完全排斥法制的作用，却极力主张德治，抬高夸大了道德教化在国家政权中的地位与作用，认为道德教化可以作为治理国政的主要手段。儒家学说虽然具有一定的合理性，但过于强调道德教化的作用，把道德教化放到首要的位置，甚至在某种程度上把政治归结为道德教化，将政治道德化，在思想上往往会失之片面，同时对现实力量的忽视、对法的忽视使他们的德治思想不免带有某种道德理想主义色彩，而在实践、操作上容易流于不切实际的空谈。而法家则抹杀了道德教化对政治乃至整个社会的能动作用，片面强调了法制的作用，甚至认为法律才是维持国家政权的唯一手段。他们的观点同样走向了另一个极端，没有认识到国家政治的复杂性，上层建筑各个因素之间也是彼此影响、相互作用的。因此，法家的主张虽然在理论上具有一定的合理性、诱惑性，但因其单一与片面，在实践中更为脆弱。

在经过几次激烈的争论之后，德法之争逐渐转变为德法合流。儒家与法家的德法之争促使主张德治的儒家与主张法治的法家反省各

---

❶ （唐）吴兢. 贞观政要·论仁义.

自的思想，在争论的过程中相互吸收对方的思想，深化各自的认识，在一定程度上克服了明显的片面性。尤其是古代儒家，吸取了法家的思想以弥补自己的不足之处，在一定程度上纠正了儒家思想的偏颇，使其更加合理，从而在以后的历史中得到更加广泛的运用与发展，在中国古代漫长的封建社会中发挥了重要作用。

第六章　古代儒家德治思想的历史影响和现实启示

古代儒家德治思想在历史上发挥过重要作用，对中国历史影响颇大。即使在今天，它的许多观点仍然渗透于中国人的思想中。

第一节　古代儒家德治思想的历史意义

古代儒家的德治思想由春秋时期的孔子开始创立，到西汉正式确立了封建正统思想的地位，之后一直在中国漫长的封建意识形态历史中占据重要地位，对中国古代的政治产生了方方面面的影响。可以说，中国封建社会之所以能够延续这么长时间，中国的封建制度之所以能够历经无数次王朝更迭却难以被推翻，反而以大体稳定的运转态势缓慢地发展，中华民族历经沧桑却始终没有中断文明的香火，除了生产方式运动的决定性作用以外，与封建统治阶级采用儒家的德治方略有着重要关联。

一、巩固封建统治

古代儒家的德治思想对巩固中国的封建统治具有一定的作用，在国家疆域统一、多民族团结方面也发挥了积极的作用。

（一）古代儒家德治思想中道德教化的作用

费正清教授认为："儒家在多数帝国的统治者们主要依靠宗教权威的时候，却为当朝的政权提供一种合乎理性的道德权威，以行使他们的权力，这是一个伟大的政治发明。"❶ 两千多年来，在儒家德治思想熏染下的中国封建社会不管风云如何变幻、朝代如何改换，都没有斩断其绵延不绝的香火，中国封建社会的性质没有发生根本的改变。有的学者甚至说中国封建社会是超稳定结构。这种现象不禁令人深思，其中的原因是多方面的，但是以道德教化、道德权威为主的德治方略这个"伟大的政治发明"所起的作用是不容忽视的。

黑格尔曾经把中国与世界其他国家作过一番对比，通过对比发现了一个现象："假如我们从上述各国的国运来比较它们，那么，只有黄河、长江流过的那个中华帝国是世界上惟一持久的国家。征服无从影响这样的一个帝国。"❷ 黑格尔的这段话指出了这样一个事实：中国是世界上历史发展最为持久的国家，其文明没有因为征服而中断。这一现象是多种原因共同作用的结果，但是中国文化的特色内容功不可没，尤其是占据中国古代主流意识地位的儒家德治思想。

其实，发现中国这种独特现象的世界学者又何止黑格尔。中国漫长而不中断的历史奇迹为世界所瞩目，古今中外的学者都试图从中发掘其根本原因。经过对世界各国各种因素的分析和对比、研究与争论，虽然他们所提出的观点各有侧重，但是他们还是达成了一个基本的共识，那就是几千年来在中国一直绵延不绝的德治传统对道德教

---

❶ 刘苍劲. 中华民族传统美德对世界的影响［J］. 北京大学学报（哲学社会科学版），1997（1）.

❷ ［德］黑格尔. 历史哲学［M］. 王造时，译. 上海：上海书店出版社，2001：117.

化的重视。道德的力量是造就中华民族恒久不衰的一个重要因素。

一百多年前，美国的亚瑟·亨·史密斯（Arthur H. Smith，中文名：明恩溥）凭借在中国二十多年的生活经验，不仅研究了中国人的性格，还对中国社会进行了全景式的描绘，写成了《中国人的性格》一书，在此书中曾对中华民族保持顽强的生命力与道德力量之间的关系进行了探索。他说："中华民族是世界上最伟大的民族，'其有记载的历史一直可以追溯到传说中的远古，她是世界上唯一没有异化或崩溃的古老民族，也从未被任何民族，从她自古生存的那片土地上驱逐出去。'一切都仍是那样古老。对这一空前绝后的事实，我们该如何解释呢？中国人口之众多，在世界上无与伦比，他们自从开天辟地以来就居住在中华大地上，直到今天。到底是一种什么样的神秘力量在支撑着这个古老的民族？在所有的民族都必然走向衰落、灭亡的宇宙命运面前，中华民族为什么成了一个例外，一直保持着如此顽强的生命力？所有对此作过彻底调查的学者一致认为，其他民族依靠物质力量生存，而中华民族依靠的是道德力量。一位学习历史的人或善于观察的旅行家，只要了解人的本性，无不对中华民族奇迹般的道德约束力肃然起敬，这种约束力从古至今都发挥着巨大的作用。"他还重申道："在即将结束对中国人的论述时，我们想重点强调一下儒家思想体系的优点，只有真正理解了这些优点，我们才能真正地理解中国人。它们使中国人具备了一种服从道德的卓绝能力。每年的文官考试，都是就这些经典出题，因此，中国人的思想统一，也达到了不可思议的地步，每一位候选者都把政府的稳定当成自己成功的前提，这无疑就是中华民族繁衍至今的首要因素。"❶ 作为一个外国人，思想中本无中国传统文化的浸染，史密斯关于中国的这段话还是比较客观的。他道出了历

---

❶ [美] 亚瑟·亨·史密斯. 中国人的性格 [M]. 乐爱国，张华玉，译. 北京：学苑出版社，1998：249 – 250，251.

史的真谛，揭示了道德的力量对延续中华民族的重要意义。儒家思想、德治传统作为一种上层建筑，渗透于古代中国的政治、思想、法律、文化、信仰、外交等方方面面，在维护政治稳定、国家安全、社会和谐等方面起了重要的作用，从而巩固了中国的封建统治。

（二）古代儒家德治思想指导下选官制度的作用

如果说儒家德治思想作为一种意识形态，以治国指导思想的方式从宏观上巩固了中国的封建统治，那么在微观上它是通过对具体制度的运用来实现对封建统治的巩固。

在古代儒家德治思想指导下逐渐建立的察举制度、科举制度等选官制度，废除了官僚世袭制，将儒家伦理作为察举尺度或以儒家经典为主要科考内容，按照道德与才能的标准来选拔和任用官吏，对巩固封建统治具有重要的意义。李约瑟博士充分认识到了中国古代科举制非同寻常的价值。他说："这个制度二千年来搜罗了社会各阶层中最优秀的人才为之效力。只凭最后这一点就可以有力地说明，为什么西方的封建制度不得不让位于资本主义制度，而中国的官僚封建主义却可以平安无事地一直保持下来。西方贵族世袭的原则不能使最优秀的人才登上最有权力的位置。当社会上最聪明能干的人才不走教会统治集团的捷径，而从事商务贸易或者成为皇室顾问时，西方的封建制度就濒临末日了。在中国则不然。因为行政官吏都是从那个时代最优秀的人才中选拔出来的，就不会像西方社会那样，由于贵族后裔的懦弱无能而引起人民强烈的不满和反抗；这是导致西方封建制度崩溃最重要的一个因素。"❶ 当然，李约瑟的主要目的是想说明

---

❶ ［英］李约瑟. 四海之内：东方和西方的对话［M］. 劳陇，译. 北京：生活·读书·新知三联书店，1987：27-28.

由于中国的选官制度比西方的贵族世袭原则优越，反而成为造成中国资本主义产生和发展迟滞于西方的重要因素。然而，他对中国古代科举制度的赞美和分析切中了它巩固封建社会统治的原理。一方面科举考试以比较客观、公平的方式在全国范围内选拔那些最有理想、最有上进心的优秀人才来充任管理阶层，在一定程度上保证了管理人员的道德才能素质以及管理工作的质量和水平，有效地避免了西方封建社会中由于世袭制度所引起的管理人员素质无法得到保障的弊端，从而保证国家管理的可持续进行。另一方面正是因为中国科举制的发明使得底层民众可以凭借自身的努力通过科举考试改变自己的命运，只要有这种希望，只要这种希望有可能实现，那么社会下层民众就不至于为自己地位低下和生活贫穷而绝望，而只要他们不绝望，就不至于因为对不公正的政治生活忍无可忍而造反作乱，从而国家的安全和社会的稳定便得到了保障。这同样是造成中国封建社会"超稳定结构"持久不衰的一个重要原因。

二、利于国家疆域的统一和多民族的团结

世界上，除了中国，还没有哪一种古代文化能够在几千年间未曾中断地延续下来，也没有哪一个国家能够在两千多年的漫长历史中大体稳定地保持着疆域广大的统一形态。这在一定程度上归因于中国古代所特有的德治模式。儒家的德治思想作为一种精神凝聚了不同的民族，促进统一的多民族国家的形成与发展。

对于不同民族和国家，提倡道德教化、反对战争讨伐是德治思想的重要内容。早在西周，一些政治家、思想家就阐述了实行仁义教化和仁政德治在团结民族、统一国家中的重要作用。《诗经·周颂·清

庙》曰："无竞维人，四方其训之。不显维德，百辟其刑之。"意思是恭敬才能称贤人，四方定就会来顺从。广施你的好德行，诸侯都应仿效此风。显然，《诗经》把恭敬仁义作为赢得四方之民归顺的重要条件，而将德行看作引领各诸侯纷纷效行的美好风范。《诗经·大雅·文王》曰："仪刑文王，万邦作孚。"意思是只有勤勉效法文王，万国的诸侯才会向你归心。《诗经·大雅·荡》还讲道："无竞维人，四方其训之。有觉德行，四国顺之。"意思是求得贤德之人是上策，四方诸侯都听从命令。如果他的德行端正，各国民众便来归顺。《诗经·大雅·生民》中还有："民亦劳止，汔可小康。惠此中国，以绥四方。……柔远能迩，以定我王。"意思是百姓辛苦劳作，只求得稍微安康的生活。作为统治者就应该惠泽周国，作出榜样安抚四方。用温和的德行感化远方民族，用来稳定我们周朝王土。《诗经》中的这些记载说明，早在西周时期，推崇德治的思想先驱们就主张用德行怀化的方法来安抚不同民族，平定四方诸侯，从而达到多个民族、国家和平相处、团结互助的目的。

春秋时期，社会处于大变革时代，民族矛盾有所激化，民族意识表现较为强烈。当时的不少政治家、思想家们主张对华夏与夷狄实行分而治之的原则，如《春秋左传·僖公二十五年》所记载的"德以柔中国，刑以威四夷"，把华夷贵贱尊卑的界限分得清清楚楚，但这种做法也引起了部分开明人士的反对，他们主张亲近仁德、友善邻邦，如《春秋左传·隐公六年》中的"亲仁善邻，国之宝也"，将睦邻友邦看作国家的法宝。儒家作为一个思想派别产生以后，当时看到了周边各民族在文化上的落后，虽然也讲究夷夏之别，但是在处理民族关系时主张"徕远人"与"亲和"，坚持认为道德的作用胜过刑罚、讨伐与征战，主张应该用"王道"而非暴力调节民族之间的关系。孔子曾说："远人不服，则修文德以来之，既来之，则安之。"❶ 由此看出，孔子在民族关系问题上主张以"修文德"而非武力作为基本原则，以文德感化外邦，反对轻率地诉诸武力。他的弟子子夏说："与人恭而有礼，四海之内皆兄弟也。"❷《尔雅·释地》中对"四海"的解释是"九夷、八狄、七戎、六蛮谓之四海"，"四海"包括四方各民族。可见，在处理民族关系问题上，先秦儒家的主导思想是使用道德教化而非武力征伐。这种以仁德为本、以和为贵的外交文化对后世影响较大。历代的封建王朝基本都将"协和万邦"的外交策略运用于处理与周边国家关系上。

汉朝大儒董仲舒阐述了不注重德治的危害。他说："小国德薄不朝聘，大国不与诸侯会聚，孤特不相守，独居不同群，遭难莫之救，所以亡也。"❸ 在他看来，无论是大国还是小邦，如果不修德治，不注意睦邻友好，其结果都是可悲的。所以，他提出："故文德为贵，而威武为下，此天下之所以永全也。"❹ 他认为，只有执行涵养文化、修养德教、团结友邦的策略才是上策，才能够求得国家的平安和长久发展；反之，用武力威胁、战争恐吓的手段是不足取的下策，只能给国家和民族带来厄运与危难，而不会有什么好下场。

汉朝桓宽所编的《盐铁论》中也强调了仁义德行的优越以及武力征伐的弊端。《盐铁论·本议》曰："畜仁义以风之，广德行以怀之。是以近者亲附而远者悦服。故善克者不战，善战者不师，善师者不阵。修之于庙堂，而折冲还师。王者行仁政，无敌于天下，恶用费哉？"《盐铁论·诛秦》还回顾历史，以事实为依据论证道："禹、舜，尧之佐也，汤、文，夏、商之臣也。其所以从八极而朝海内者，非以陆梁之地、兵革之威也。秦、楚、三晋号万乘，不务积德而务相

---

❶ 论语·季氏.
❷ 论语·颜渊.
❸ （汉）董仲舒. 春秋繁露·灭国上.
❹ （汉）董仲舒. 春秋繁露·服制像.

侵，构兵争强，而卒俱亡。虽以进壤广地，如食荠之充肠也。欲其安存，何可得也？夫礼让为国者若江海，流弥久不竭，其本美也。苟为无本，若蒿火暴怒而无继，其亡可立而待，战国是也。周德衰，然其后列于诸侯，至今不绝。秦力尽而灭其族，安得朝人也？"它把夏商周与秦、楚、三晋所实行的对外政策与所得结局进行对比，强调了"礼让为国"的重要性。《盐铁论·诛秦》还说："周累世积德，天下莫不愿以为君，故不劳而王，恩施由近及远，而蛮、貊自至。秦任战胜以并天下，小海内而贪胡、越之地，使蒙恬击胡，取河南以为新秦，而亡其故秦，筑长城以守胡，而亡其所守。"《盐铁论》以历史事实为依据，证明了以德教为本来处理民族关系、国际关系的优越性。

在儒家德治思想的影响下，一些杰出的政治家深明大义，从长计议，在处理民族矛盾时自觉地站在维护民族团结的高度，坚持宽厚仁爱与"和为贵"的原则，重视道德教化的作用，充分发挥自身的道德感染力量，以德服人。他们本着"化干戈为玉帛"的原则，采用仁义、诚信、和平的方式来处理复杂的民族关系；弘扬民族平等、亲同一家的思想，反对民族歧视，主张民族之间和睦相处，收到了良好的效果，不仅团结了各少数民族，而且巩固了国家政权，增强了国力，在历史上留下许多佳话。

此外，古代儒家德治思想在国家政治生活中的贯彻和运用，推进了全民性的道德教化，而这种全民性的道德教化传统深深地影响了中国重德尚礼之民族精神的塑造。在古代儒家德治思想的浸润下，注重道义、讲究礼仪已经在潜移默化中渗入中国人的观念意识。中国古来有"礼仪之邦"的美称，在一定程度上也与中国的德治思想传统有关。

通观历史不难发现，在封建社会，国家败亡、民族分裂的最大原因往往是统治者的暴政;而每当儒家德治思想受到统治者重视并加以推行实施的时候,多是中国历史上开明而昌盛的时期,也是民族关系相对融洽、与邻国和睦相处的时期。两千多年来,中国繁荣兴盛与衰落贫弱的演变,以及统一和分裂的更替,与统治者是否重视、实行德治相关联。秦朝是第一个自觉抛弃德治的朝代,尽管一度统一全国,却以迅速亡国而告终,没有得到后续发展的机会。汉朝统治者汲取秦亡教训,重视德治的作用,尤其是汉武帝在董仲舒的建议下"罢黜百家,独尊儒术"之后,儒家思想上升到意识形态的统治地位,德治的治国模式也相应地成为中国的重要治国模式。实施德治的两汉是中国历史上第一个持续稳定的大一统王朝。魏晋南北朝时,玄学之风盛行,儒家学说受到冷落,德治思想得不到充分运用。这一时期是中国封建社会最长久的分裂时期。隋朝建国之初,隋文帝颇重自身的道德修养与政治教化,使社会稳定发展;到隋炀帝时,摒弃了德治路线,实行暴政,很快灭亡。唐朝建国之初即大力实践德治方式,国家繁荣统一,结果达到中国历史上的辉煌阶段。到了宋元明清时期,由于德治方略的松懈,更主要的是封建势力已经由强盛转向衰落,在外族入侵面前没有国力强盛的保障,德治和教化也难以真正地展开,因而逐渐失去了往日的风采。

第二节　古代儒家德治思想的历史局限

古代儒家德治思想源远流长,内容丰富,影响深远。其中,既有精华,也有糟粕;相应地,它对我们的国家、社会既有积极作用,又有消极影响。即便是其中的精华部分,也不能等同于我们现代社会所提倡的"以德治国"。由于古代儒家德治思想是在特定历史条件下形成和发展起来的,所以不可避免地会受到时代的限制而具有一定的局限性。

一、以维护封建统治为目的

古代儒家德治思想是以血缘为基础,以家庭宗族为核心,其根本目的是维护封建统治。古代儒家德治思想以血缘亲情为基础,以"家国同构"为原则,认为国是家的扩大和延伸,在此基础上形成了一套宗法等级观念,在政治上为维护封建专制政体和等级制度服务。

古代儒家的德治与目前我们所提倡的"以德治国"有着本质的区别,二者不可同日而语。古代儒家的德治思想是建立在小农生产的经济基础之上和不平等的社会背景下的,其核心是维护宗法等级秩序的纲常名教,以巩固专制政权为目的,以相对对立的两极确定亲疏、尊卑的地位,确定道德义务和行为规范,因此有些道德义务和规范具有不平等性。而我们现在所提倡的"以德治国"思想则是建立在生产资料公有制的经济基础之上和人人平等的社会背景下的,以建立社会主义和谐社会为目标,人们在道德权利和道德义务上是平等的。

二、具有道德理想主义倾向

古代儒家的德治思想把道德上限作为社会标准来要求人们,把理想中的道德状况作为德治社会的目标,在某种程度上具有道德理想主义的倾向，在现实社会中往往难以实现。古代儒家设计了一个完美的政治生活蓝图，从主观的意愿出发，一厢情愿地为人们的种种行为建立了美好的模式，似乎愿望一经设定就会自动实现。但是，这种理想化的模式往往缺少全面系统化的保障机制而流于空泛，这种德治理想常常停滞在理论悬设的阶段而难以真正落到实处。

就德治思想本身来说，正如古代儒家所说的"修身、齐家、治国、平天下"的模式那样，古代儒家德治理想的实现在很大程度上依赖个人的修养，尤其是君主与各级官吏们的个人素质往往是决定德治思想能否有效贯彻落实的关键。因此，在具体操作上，这种道德理想主义倾向表现在它没有为那些统治者的行为设置一个道德底线，对他们缺乏一套强有效力的规范约束机制，结果往往导致"人治"的局面。

三、轻视法律的地位和作用

中国古代儒家的德治思想由于强调道德教化的重要作用，有轻视法治的倾向，在实践中则往往忽视法律应有的地位和作用。

古代儒家的德治思想带有浓厚的宗法伦理色彩，重视血缘亲情，而轻视法律的作用。由于中国传统社会是家族社会，所以治国也带有治家的色彩，协调社会关系往往借鉴管理家庭、宗族的方式，依靠道德、感情来判断和解决问题，缺乏法律观念，结果是道德的地盘扩大了，人情的作用加强了，而法律施展的领域相对缩小，社会契约的作用受到抑制。从孔子开始，就已经具有"德主刑辅"的思想倾向，他们认为道德教化是治国的根本，法律刑罚只是道德教化的辅助手段。

古代儒家的德治思想由于重视国家和宗族的地位与利益，在强调群体意识的同时，在相当大的程度上忽略了个体的自由与幸福，虽然也讲人格独立和人格尊严，但是多从义务着眼，缺乏个人权利意识，强调个体对家庭、宗族、国家所负的责任与义务，忽视个体应该享有的权利与自由。

第三节　古代儒家德治思想的现实启示

古代儒家德治思想有不少合理之处，并在封建社会的"长治久安"中发挥过重要作用。从治国安邦的角度来看，对于如何处理道德和政治的关系、如何把道德作为整个社会系统中的一个因素来认识道德的作用、如何将道德与法律整合起来发挥作用，还有"政者正也，修己安人""民为邦本，保民安邦"的行政思想、"仁者爱人，为政以德"的从政原则、"选贤任能，德才兼备"的人事要求、"廉洁自守，兴利除弊"的行政风格、"和谐社会，大同小康"的政治目标等，我们都可以从中汲取有益的东西。因此，在社会主义现代化建设中，我们应当对古代儒家的德治思想进行具体的分析、区别的对待、适时的改造、创新的发展。正如江泽民在《中国传统道德》系列丛书的题词中所说："弘扬中国古代优良道德传统和革命道德传统，吸取人类一切优秀道德成就，努力创建人类先进的精神文明。"[1]

---

[1] 彭凤莲，等. 社会主义核心价值体系大学生读本［M］. 北京：人民出版社，2017：169.

一、坚持德治与法治的统一

一般说来，行政、法律、道德、宗教是维系社会生活的几种力量，它们可以同时存在、并行不悖、相辅相成。它们之间存在此消彼长的关系。一种力量扩大了，其他力量就会相对缩小；一种力量减弱了，其他力量便会增强。就德治与法治的关系而言，它们之间更是存在一种相互辅助、彼此协调的统一关系。2016年12月，习近平在主持中共十八届中央政治局第三十七次集体学习时指出："法律是准绳，任何时候都必须遵循；道德是基石，任何时候都不可忽视。在新的历史条件下，我们要把依法治国基本方略、依法执政基本方式落实好，把法治中国建设好，必须坚持依法治国和以德治国相结合，使法治和德治在国家治理中相互补充、相互促进、相得益彰，推进国家治理体系和治理能力现代化。"[1]

（一）古代社会法律的局限

在古代中国，君主是法律的制定者，我国古代的法律制度是由中央政府建立的，所以《礼记·中庸》说："非天子不议礼，不制度，不考文。"也就是说，国家礼制的议定、法律制度的制定及文字的考订，都权在君主。在我国古代，起初法律是不公开的。正是由于法律不公开，所以统治者在执行法律时有很大的随意性。我国最早且可信的成文法是子产所做的《刑书》。郑国的子产在公元前536年"铸刑

---

[1] 习近平. 习近平谈治国理政：第二卷［M］. 北京：外文出版社，2017：133.

书"于鼎❶。公元前513年，晋国也"铸刑鼎""著范宣子所为刑书"❷。当时，"铸刑书"这一行动遭到了强烈的反对。晋国的叔向就批评了郑国子产铸刑书的举动，认为公布法律将会对道德和政治造成威胁。他的看法也反映了儒家关于法律的观点：在理想的社会中，公布成文法是不必要的。他称"铸刑书"为乱政，公布刑律使"民知争端"，是"国将亡"的征兆❸。孔子也认为"铸刑鼎"是"乱制"，使民知刑律意味着"民在鼎"，破坏了贵族等级制度，或者说"贵贱无序"。❹按孔子等早期儒家的说法，理想社会是不需要成文法的。

君主专制制度几乎占据了中国漫长的历史。在专制制度下，君权是超越于法律之上的。对君权进行制约，把它置于法律的支配之下，那只是近代君主立宪制的结果。中国古代法以刑为本，只是一些禁止、命令的强制性规范，而没有像西方法律那样为人们规定相应的权利，它本身并不是权力的基础或者来源，而是帝王专制权力的一种延伸。这种法尽可以用来杀戮异己、惩治"刁民"，却不可能对皇帝、国家或政府有真正的约束。所有这些在当时都是天经地义、毋庸置疑的。正如我国历史学家瞿同祖所说：在封建时代，"法律只是贵族用以统治人民的工具，他自己则全然立于法律之外，不受其拘束及制裁，所谓'礼不下庶人，刑不上大夫''由士以上则必以礼乐节之，众庶百姓则必以法数制之'"❺。中国古代法律的制定源远流长，历代的统治者也都非常重视法律的建设，但是法律基本上只是针对臣民的，只适用于臣民，而不适用于最高统治者。瞿同祖的观点说明最高

---

❶ 春秋左传・昭公六年.
❷ 春秋左传・昭公二十九年.
❸ 春秋左传・昭公六年.
❹ 春秋左传・昭公二十九年.
❺ 瞿同祖. 中国法律与中国社会[M]. 北京：中华书局，1981：199.

统治者从来都不会受到法律的约束，更不用说会受到法律的惩罚。相反，君主的"金口玉言"却可以代替法律在现实中发挥作用，尽管有时君主的话实际上与法律相抵触。除此之外，在一些封建朝代，还有一些特权阶层，他们除享有一些政治特权外，还享有法律上的特权。可见，在君与法之间，君处于至上地位，法处于从属地位。在历代封建王朝中，都有君主根据当时的需要或者仅仅是一时的好恶增删法律条文的事例。

《史记·高祖本纪》中记载，沛公刘邦初入关时，他召集百姓宣布废除秦朝的严刑苛法时说："父老苦秦苛法久矣，诽谤者族，偶语者弃市。吾与诸侯约，先入关者王之，吾当王关中，与父老约，法三章耳：杀人者死，伤人及盗抵罪。余悉除去秦法。"这一措施可以起到安定民心的作用，不无进步意义。然而从立法的角度来看，这是皇帝或最高统治者享有立法权的典型例证。

不但法律的制定由君主左右，而且法律的执行也有很大的随意性，君主可以根据自己的意志在不同的情况下量刑定罪。据《史记·商君列传》记载，商鞅治秦时，太子犯法，未有施刑，仅仅"刑其傅公子虔，黥其师公孙贾"，即以其师、傅"替罪"。太子因其是君王之子尚且超越于法律之上，更何况君主本人。更值得注意的是，在法家著名代表商鞅实行法治的国家内尚且如此，其他朝代中法律的地位与执行情况就可想而知了。

古代中国虽然有法律，却难以有效约束统治者，尤其是君主；虽然有执法体制，却难以公正、平等地执行。究其原因，除了等级制度以外，还有行政、立法、司法并不分离，基本上是行政主导立法与司法，君主往往集行政、立法、司法大权于一身，立法权掌握在最高统治者——君主手中，而各级行政机关及司法机构领导者也由君主任命或审核。虽然在封建社会有科举考试制度，但是科举考试及第人员也必须由皇帝审核，通过审核以后由皇帝任命，有时候甚至进行"殿试"，即由皇帝亲自出题的最高级别考试。立法、司法依附于行政，使得中国古代法制的作用有限，并不能实行真正的法治。与中国春秋战国处于大致相同时期的古罗马，在公元前 451 年制定了成文法——《十二铜表法》，其内容相当广泛，包括公法与私法、刑法与民法、实体法与程序法、继承与遗嘱等，不仅规定了公民的权利和义务，还规定了非常严酷的债务奴役制。然而，即便如此，这一成文法的主要目的依然是维护奴隶主阶级的利益及其统治秩序，保护奴隶主贵族的权益不受侵犯。此《十二铜表法》作为成文法，比中国公元前 536 年郑国子产铸刑书于鼎的成文法晚了 80 多年。

在古代中国的社会生活中，民众之守法绝非难事，而贵族和官僚则不同，他们的特权在本质上是同法律相抵触的，就像法律在本质上与特权相抵触一样，因此历史中有特权者往往以不守法为习惯，而以守法为例外。要求这些人守法一直是政治或法治中的难题。而在我国古代社会，由于事实上的等级制的存在，特权与法律的矛盾突出。可以说，在中国历史上，那种主张绝对地依凭法律的见解往往是肤浅的或不切实际的。

（二）古代社会德治选择的必然

早在尧舜禹上古三代，已经产生了多神崇拜、祖先崇拜的现象，已经有了等级分化。为了规范等级秩序及惩恶奖善，"礼""法"也已经应需而生。

到了周代，统治者认识到了世俗生活与鬼神世界距离较远，开始强调道德观念系统的独立性。《礼记·表记》记载："子曰：'夏道尊命，事鬼敬神而远之，近人而忠焉，先禄而后威，先赏而后罚，亲而不尊。其民之敝，蠢而愚，乔而野，朴而不文。殷人尊神，率民以事神，先鬼而后礼，先罚而后赏，尊而不亲。其民之敝，荡而不静，胜而无耻。周人尊礼尚施，事鬼敬神而远之，近人而忠焉，其赏罚用爵列，亲而不尊。其民之敝，利而巧，文而不惭，贼而蔽。'"这段话不仅表明夏朝继承了尧舜禹三代的基本理念，夏商之际都有尊事鬼神的风尚，而且反映了当时鬼神的地位是高于世俗之礼的，鬼神的权威甚至超过"礼""罚"和"赏"，为当时统治者所不敢违背。从这段话还可以明显看出，周与夏、殷最大的不同是夏与殷都敬神、尊神、事鬼，而周人却尊礼而疏远鬼神。这表明在中国文化发展的早期阶段，中国文化的发展进路出现了一个重大的转折，即在殷商文化向周代文化演进的过程中，由于周代统治者在社会治理中自觉健全并强化了礼仪道德的功能，强调礼、道德的重要作用，疏远了鬼神，对鬼神采取敬而远之的态度，因而使得中国文化转到了重礼崇德的偏重于德性的礼乐教化的文化。发生在周代的文化发展方向上的转变，是中国文化发展进路不同于西方文化发展进路的关键之所在。

"礼"并非周人首创，至少在尧舜禹上古三代"礼"已经出现，只不过萌芽时期的"礼"比较简单。由于"礼"在周代被赋予了新的价值与意义，其内容得以进一步丰富，其社会功能得到很大程度的强化，其地位得到大幅度的提升，因而在周代社会生活中占据了重要的位置。可以说，周代的道德观念主要是根植于礼，而非引申自鬼神崇拜观念。古代儒家均憧憬周文化，而周文化的特点之一是道德观念已经逐渐独立，或者说周代社会中已经产生了较为独立而系统的世俗道德体系。

中国的儒者在防止君权过大的难题上提出过许多解决方案，其中包括《春秋》公羊学的天人感应学说。这种学说力图扩充神权，强调天意的可畏，期待君主能自我约束。而当后代儒家意识到天人感应学说之荒诞时，便构筑并传播某种道德形而上学，如魏晋玄学、宋明理学及心学等。其中，理学和心学在北宋之后的中国思想史中处于主流地位。这两种学说都把希望寄托于统治阶级的道德修养上。

实际上，德治最终在儒家那里定型是有其必然性的，它是儒家思想家们在无奈接受了封建专制的现实后，在封建专制统治的框架内所做的他们所认为的最佳补救与选择。儒家的德治思想对包括君主在内的统治者提出了具体的道德要求，皇帝也同样必须遵守一定的道德规范，否则会受到臣民舆论的谴责，甚至抗议。比如，儒家德治思想就提倡臣子有劝谏君主的义务，而从谏如流的君主则被认为是品德高尚的。儒家德治思想鼓励官吏们直率而勇敢地进行劝谏，告诫君主使用权力必须有所节制，而君主应该广泛地听取各方意见和建议，不断调整自己的行为和政策。"万一发生这类事情，比如皇帝不听从这些规劝，甚至对那些敢于维护公众利益的官吏发泄他的不满，那么，他将遭到人们的蔑视，而那些仗义执言的官吏却会受到高度赞扬；他们将名垂青史，人们会永远以各种形式的赞美之辞和敬仰之情来歌颂他们。即使有某些居心险恶的皇帝采取穷凶极恶的残暴措施，也不能阻止那些敢于直谏的官吏们；他们前仆后继，置死亡的威胁于不顾。譬如第一批人因直言劝谏而被处以最为残忍凶狠的酷刑，他们死后第二批人又挺身而出。那些严酷的儆戒措施并未使他们的劝谏热忱有丝毫减退，他们连续不断地舍身相劝，一个倒下去，另一个又站出来，直至暴君为他们的勇气所慑服，被迫接受他们的劝告。不过，在中国，凶恶残暴和固执己见的皇帝是非常少见的；他们所实行的并不是野蛮残酷的统治。……在那里，暴行受到人们的憎恶，而且一般说来，情况刚好相反，君主们常常是树立了一个良好品行的典范；他们经常告诫自己，不要陷于错误之中而不自知。""世界上恐怕没有别的国家能像在中国那样更自由地对君主实行劝谏。"❶ 而所有这些推崇善行、德治、仁政，斥责恶行、酷法、暴政，提倡官吏敢于劝谏甚至死谏君主，主张君主要善于纳谏从劝等，都是儒家德治思想的组成部分。这些道德规定在很大程度上成为约束君主专制权力的重要手段，防止了君主权力的滥用以及由此所带来的统治上的野蛮和暴行。而这一点也正是中国封建专制统治比西方封建专制统治更加温和的重要原因。可以说，在中国古代这种专制政权体制下，在法律不能十分有效地发挥作用的情况下，在儒家德治思想的指导下，道德规范代替了法律的强制与宗教的约束，使得君主的绝对权力受到一定的制约，从而在某种意义上限制和削弱了中国封建政权的专制性，使其增添了某种民主的色彩，因而显得更加合理、可行、持久。

综上所述，在中国古代社会，由于中国特殊的社会状况：以自给自足的小农经济为主要生产方式、以血缘关系为基础的宗法社会结构、以君主专制为主的统治方式，决定了在协调各种社会关系时以伦理道德为立足点、为本位，而未能以法律为本位。同时，伦理道德力量的过于强大也限制了宗教作用的发挥。古代中国在这种特殊的条件下选择德治与法治的共用并行，既是社会现实的需要，又是历史发展的必然。

（三）德治的现实合理性

与古代社会相比，当今社会已经发生了翻天覆地的变化。无论从生产力方面来讲，还是从生产关系方面来看，今、古社会都不可同日

---

❶ [法] 弗朗斯瓦·魁奈. 中华帝国的专制制度 [M]. 谈敏, 译. 北京：商务印书馆, 1992：74，75.

而语。但是，社会的上层建筑具有一定的相对独立性，尤其是作为观念上层建筑的各种社会意识形态往往是根深蒂固、具有更大的稳定性。即使在其他社会条件已经发生改变的情况下，它们仍然能够继续存在并发挥作用。现代社会虽然已经建立比较完备的法律，开始向着法治社会迈进，比起古代社会，可以说是有了极大的进步，但是我国的法治体系还很不完善，仍然存在一些不足之处。实际上，我们的国家还没有真正进入严格意义上的法治社会，法律作用的发挥依然存在一定局限。无论是在经济生活中，还是在政治生活中，法律都有一些欠缺之处。法律也不可能包办一切，在法律之外的空白仍然需要道德去填补，在经济生活中如此，在政治生活中同样如此。为什么在现代中国道德不可以与政治结合呢？中国古代的历史已经证明这种结合是有一定成效的。

在新的社会历史条件下，由于我国市场经济体制的建立，一系列传统的观念不得不发生变化。同时，由于改革开放政策的实行及全球化浪潮的冲击，旧的道德观、价值观发生了剧烈的动荡。

德治思想不仅在历史上发挥了重要的作用，在今天也有重大的意义，它对我国目前的现实有许多重要启示。作为中国传统政治哲学的重要组成部分，传统儒家德治思想中仍然有许多值得继承和发扬的内容。目前，我们在实施依法治国与以德治国相结合的过程中，应该以历史唯物主义为指导，做好对传统儒家德治思想的批判继承与合理借鉴，弃其封建糟粕，发掘出适合时代特点的精华，使其在新的社会条件下继续发挥积极的作用。这样做，不仅有利于中国传统思想在新的历史时期推陈出新、发扬光大，而且有利于社会主义政治文明、精神文明建设朝着符合基本国情的正确方向发展。

（四）法治与德治不可偏废

在古人那里，德治与法治之间的争论并没有真正完成，尤其在法家作为一个独立的学派消亡之后，无论是儒家的"德主刑辅"还是法家的"以法为教"，都没有完全科学地解决德治与法治的关系问题。他们的思想观点不能满足现代社会的需要。依法治国与以德治国相结合的治国方略是在新的历史条件下提出的科学主张，具有新的含义。但是，我们在认识和处理道德与法律的关系问题上，仍然可以从传统思想中汲取许多合理的东西。

古代儒家德治思想的积极意义在于强调了道德规范在社会中的重要作用，并把它引入政治生活，作为治国理政的一种基本方式，与法治互为补充。法律以其权威性和强制性的手段规范社会成员的行为，而道德则以其感召力和劝导力提高社会成员的思想认识和道德觉悟。二者各有其独特的地位与功能。缺乏道德教化，民族的发展往往呈现无序的状态；丧失法律的尊严，国家就会失去威严。

法治与德治不可偏废，应该共存互补的道理已经为历史所证明。凡是只用德治或者只用法治的国家、王朝都不能持久，很快就走向了衰落、灭亡。战国时期，鲁国和齐国单纯使用"德治"，结果很快被别国吞并。而秦朝则采用法家学说，主张严格的法治，实行严刑酷法，抛弃了道德教化，结果秦始皇虽然统一了中国，实现了"大一统"的政治理想，但只存在短短的15年就迅速灭亡了。秦朝速亡的事例成为后世历朝历代引以为戒的教训，也被当作单纯实行法治导致失败的典型。汉朝建立之后，深刻反思了秦亡的原因和教训，采纳了董仲舒"罢黜百家，独尊儒术"的建议，实行儒家的德治主张，把道德教化作为治国之本，以刑罚惩处为补充，形成了重视道德教化、德治与法治共存并用的治国传统,因而有了西汉的繁荣发展,汉朝也成为中国历史上继秦朝以后第二个实现大一统的朝代,而且是第一个持续时间较长的大一统朝代。隋朝炀帝实行暴政,结果很快亡国。唐朝"制礼以崇敬,立刑以明威"❶,在实行德治的同时,严明法制律令,促进了社会的繁荣与昌盛。宋朝中期之后,由于理学家片面鼓吹道德教化的作用,统治者在法治建设方面缺乏有力措施,造成法度松弛、纲常不振,从而导致国家虚弱、社会颓废。历史事实表明,治国一定要德治与法治并用,不可偏废任何一方。历史经验一再表明,成功地治理国家需要严明的法治与良好的德治同时发挥作用,有时可以根据不同的时代条件和现实状况对法治和德治进行或轻或重、或偏或倚的恰当调整。

法律和道德都是调节人们相互关系和行为的规范,各有其独特的优势和功能,相辅相成、相得益彰,在协调社会、治理国家中共同发挥作用。道德是内在的"自律",法律是外在的"他律"。在约束人的行为方面,道德主"内",法律主"外"。在抑制人的犯罪方面,道德治"本",法律治"标"。"法治治近,德治治远;法治治身,德治治心。两者交相为用,国家才能实现长治久安。"❷ 无论是德治还是法治,都是治国不可或缺的重要手段,它们相互不可以替代,单纯使用任何一种手段都不是科学的治国之道。二者相互补充、相互配合,共同发挥作用。2000年6月,江泽民指出:"法律和道德作为上层建筑的组成部分,都是维护社会秩序、规范人们思想和行为的重要手段,它们相互联系、相互补充。"❸ 2001年1月,在全国宣传部长会议上的讲话中,江泽民对这一思想作了进一步发挥,他明确指出:

---

❶ (后晋)刘昫,等. 旧唐书·刑法志.
❷ 焦国成. 正确看待中国的德治传统 [J]. 高校理论战线,2002(3).
❸ 江泽民. 江泽民文选:第三卷 [M]. 北京:人民出版社,2006:91.

"我们在建设有中国特色社会主义、发展社会主义市场经济的过程中，要坚持不懈地加强社会主义法制建设，依法治国；同时也要坚持不懈地加强社会主义道德建设，以德治国。对一个国家的治理来说，法治和德治，从来都是相辅相成、相互促进的。二者缺一不可，也不可偏废。法治属于政治建设、属于政治文明，德治属于思想建设、属于精神文明。二者范畴不同，但其地位和功能都是非常重要的。我们要把法制建设与道德建设紧密结合起来，把依法治国与以德治国紧密结合起来。"❶ 江泽民的这一重要论述，为我们合理继承传统治国思想、正确处理法治与德治的关系提供了根本指针。

的确，治理国家不可能完全依赖法治，使用法律刑罚并不能解决一切问题。但是，放弃刑罚，单纯依靠道德教化的作用，同样是不切实际的。在实际社会生活中，如果没有道德原则的制约，社会的正常秩序将无法维持，社会政治生活也将陷入一片混乱。法治之中的国家在警察、部队监督之下维持着井井有条的社会秩序，但是在警察、部队无法正常运行的时候就暴露了其法律的虚弱——无论它的法律多么详备，都必须在国家暴力机器的支持下才能正常运转，失去了国家暴力机器的保护，法律就会成为一纸空文。在这种状况下，社会的运作只能依靠人们的道德自觉，而人们的道德自觉又绝非天生具备，也非一朝一夕形成，需要长期不断的教化与熏染，在此基础上形成一个良好的道德传统。如果国家暴力机器保障下的法律无法正常运转，而道德的防线再失守，国家就会立即陷入混乱。

在我国社会主义现代化建设的今天，道德、法律、文化、政治、经济、军事、外交等诸多因素共同构成一个复杂的社会巨系统，国家的发展、社会的进步依赖于这个复杂系统的协调运行与平衡发展。在

---

❶ 江泽民. 江泽民文选：第三卷[M]. 北京：人民出版社，2006：200.

这个复杂的社会巨系统中，道德和法律与其他因素一样，只是其中的一个环节或链条。每个因素或环节都是在与其他因素或环节的相互配合中发挥作用。失去任何一个环节或链条，整个社会巨系统都不能正常运转，即使其中一个环节或链条暂时处于薄弱状态，整个社会巨系统的运转也会出现或大或小的故障。正如习近平在《坚持依法治国和以德治国相结合》中所说："法律是成文的道德，道德是内心的法律。法律和道德都具有规范社会行为、调节社会关系、维护社会秩序的作用，在国家治理中都有其地位和功能。法安天下，德润人心。法律有效实施有赖于道德支持，道德践行也离不开法律约束。法治和德治不可分离、不可偏废，国家治理需要法律和道德协同发力。"❶因此，就对社会的直接调控来说，道德与法律都不可偏废，而必须并存共用、齐抓共管、相互补充。习近平指出，"坚持依法治国和以德治国相结合，强调法治和德治两手抓、两手都要硬。这既是历史经验的总结，也是对治国理政规律的深刻把握"❷。说法治和德治不可偏废，并不等于在任何时候、任何地点都将法律和道德放在完全平等的地位。因为社会的发展是一个动态的过程，受各种条件的制约，社会诸多因素在不同的情况下所发挥的作用是不同的，即使同一种因素，在社会条件发生变化、情况不同时，其作用和影响也会千差万别。因此，我们应该具体情况具体分析，根据条件的变化灵活地对道德和法律的运用作出适时、恰当的调整。当法律不太健全而道德在治国理政中发挥更多作用的时候，就必须加强法治建设力度，充分发挥法律的力量；当道德比较薄弱而法律相对完备、严整的时候，就应该加强道德建设，强化道德教化的功能。

---

❶ 习近平．习近平谈治国理政：第二卷 [M]．北京：外文出版社，2017：133．
❷ 习近平．习近平谈治国理政：第二卷 [M]．北京：外文出版社，2017：134．

二、坚持官德建设与吏治建设的统一

古代儒家的德治思想认为，统治者的贤明是治理国家的关键，以君主和各级官吏为主的统治者的自身素质影响着国家的兴衰成败。

孔子曰："政者，正也。子帅以正，孰敢不正？"❶ 他认为统治者做到中正，就能使国家得到有效的治理。《礼记·中庸》曰："文武之政，布在方策。其人存，则其政举；其人亡，则其政息。"意思是政事的兴废成败取决于统治者是否贤明。孟子说："君仁莫不仁，君义莫不义，君正莫不正，一正君而国定矣。"❷ 他把统治者尤其是君主的个人品德修养看作引领社会风气的关键，因此作为最高统治者的君主是影响国家兴衰的重要决定因素。古代儒家的德治思想中，有大量关于"为君之道"的内容，包括君主应当具备的政治素质、道德品质，君主治理国家应该遵循的基本原则，君主与臣民的关系等。另外，古代儒家的德治思想还对管理国家事务的各级官吏的道德品行有着明确的期待与要求，并有一种舆论上的监督，道德水准低、个人形象不佳的官吏往往不被民众认可和接受。古代儒家的德治思想中，有着非常丰富的吏治、官德方面的内容，值得我们批判地吸收、继承，用来服务于社会主义制度下干部道德的建设与发展。孔子曾说："上敬老则下益孝，上尊齿则下益悌，上乐施则下益宽，上亲贤则下择友，上好德则下不隐，上恶贪则下耻争，上廉让则下耻节，此之谓七教。七教者，治民之本也。政教定，则本正也。凡上者，民之

---

❶ 论语·颜渊.
❷ 孟子·离娄上.

表也，表正则何物不正？"❶ 意思是位居上位的人做得好了，就会起到表率作用，下面的人就会效仿。这个道理古今通用，现在各级官员的清正廉洁与否关乎整个社会的风气。毛泽东说："政治路线确定之后，干部就是决定的因素。""没有多数才德兼备的领导干部，是不能完成其历史任务的"❷。

由于历史的原因，古今社会条件发生了重大变化。虽然古代儒家所论述的"官德"的思想内容和具体的实施方式与今天的有着显著不同，但是有一点是共同的：不管是国家最高决策者，还是管理国家的各级官员，他们的"官德"水平、品格力量、人格魅力直接决定着国家的政治命运和发展前途，影响着国家的兴衰安危，关系到社会的治乱和人民的祸福。在新的历史条件下，我们任重而道远，不仅肩负现代化建设的繁重任务，而且面对国际国内各种思潮的冲击，还有一系列的复杂矛盾需要解决，能否顺利完成各项任务、能否经受住种种考验，关键取决于各级领导干部的思想道德状况。

在我们国家，共产党是执政党，共产党员尤其是党员干部的一言一行都会影响广大群众，他们在群众中是否具有威信，他们的工作是否得力，他们的政务是否成功，在很大程度上取决于他们的道德素质、个人能力、工作方式等综合因素。也就是说，党风和官德建设对以德治国具有决定性的作用。如果共产党员和领导干部的道德建设搞好了，那么以德治国方略的顺利实施就有了基本的保障，所以我们必须严格治理政党，以保证政治的纯洁性。对于这一点，江泽民有着深刻的认识。他说："党要管党，首先要管住领导班子和领导干部。从严治党，首先要治理好领导班子和领导干部。一个执政党，如果管不住、治理不好领导班子和领导干部，后果不堪设想。历史上的腐败

---

❶ 孔子家语·王言解.
❷ 毛泽东选集：第二卷 [M]. 北京：人民出版社，1991：526.

现象，为害最烈的是吏治的腐败。由于卖官鬻爵及其带来和助长的其他腐败现象，造成'人亡政息'、王朝覆灭的例子，在中国封建社会是屡见不鲜的。这种历史的教训很值得我们注意。"❶

就目前情况来看，我国的广大党员和领导干部队伍中的绝大多数是比较好的，他们能够自觉地以国家事务为己任，克己奉公，尽职敬业，以自身的道德风范和先进言行引领着社会的道德风尚、指导着民众的政治理想、影响着大众的价值取向，保持着社会政治生活积极向上、健康前进的基本方向。但同时我们也应看到，在领导干部队伍中确实存在部分道德素质不够高、经不起考验的人。邓小平早在1950年6月6日在中共重庆市第二次代表会议上的报告中讲道："共产党员除了应成为执行共同纲领和遵守法纪的模范之外，还需要具有纯正的作风，就是要有不怕麻烦、谦逊朴素和实事求是的作风，要有一心一意为人民服务不计其他的工作态度。"❷ 1978年6月，邓小平在全军政治工作会议上的讲话中指出："领导干部，特别是高级干部以身作则非常重要。群众对干部总是要听其言、观其行的。""这里要特别说一下，高级干部能不能以身作则，影响是很大的。现在，不正之风很突出，要先从领导干部纠正起。群众的眼睛都在盯着他们，他们改了，下面就好办。"❸

2001年7月1日，在庆祝中国共产党成立八十周年大会上的讲话中，江泽民说："加强社会主义思想道德建设，是发展先进文化的重要内容和中心环节。必须认识到，如果只讲物质利益，只讲金钱，不讲理想，不讲道德，人们就会失去共同的奋斗目标，失去行为的正确规范。要把依法治国同以德治国结合起来，为社会保持良好的秩序

---

❶ 中共中央文献研究室. 江泽民论加强和改进执政党建设（专题摘编）[M]. 北京：中央文献出版社，2004：559.
❷ 邓小平文选：第一卷 [M]. 北京：人民出版社，1994：157.
❸ 邓小平文选：第二卷 [M]. 北京：人民出版社，1994：124，125.

和风尚营造高尚的思想道德基础。"❶ 江泽民不仅明确指出了社会主义思想道德建设的重要性，阐述不讲道德的严重后果，而且再次强调要把依法治国同以德治国结合起来，才能为社会保持良好的秩序和风尚营造高尚的思想道德基础。这里所说的"以德治国"中的德，首先是指我们党和国家的各级领导干部特别是高级干部的思想道德素质。"以德治国"的首要内容就是通常我们所说的党政干部道德建设，也可以称为"官德"或"政德"建设，即对党政干部进行严格的道德教育。江泽民多次对党风建设与各级领导干部的廉政建设提出具体的要求。他说："各级领导干部能否以身作则，对加强党风建设和廉政建设，推动反腐败斗争的深入发展至关重要。以身作则，首先要做到廉洁自律。这是我们的党政领导干部必须具备的品格。古人说'政者正也'，是讲为政者必须身正行直，办事公道，不以私害公。又说：'其身正，不令而行；其身不正，虽令不从。'群众对领导干部是要听其言、察其行的，你说的是一套，做的又是一套，台上讲反腐败，台下搞不正之风，群众怎么会信任你呢？这样的人，实际上已经丧失了领导资格。领导干部严于律己，在勤政廉政上作表率，才能把本地区、本单位的好风气树起来，也才可能解决好存在的问题。"❷

江泽民早就指出：领导干部"无论在工作中还是日常生活中，都要严格要求自己，时刻注意检点自己的言行，以高尚的道德情操，为广大党员和干部树立好的榜样"❸。这就告诉我们，领导干部的道德修养是全方位的，不仅包括工作中的道德表现，还包括生活中的道

---

❶ 中共中央文献研究室. 改革开放三十年重要文献选编：下［G］. 北京：人民出版社，2008：1172-1173.

❷ 中共中央文献研究室. 十四大以来重要文献选编：中［G］. 北京：人民出版社，1997：1197.

❸ 中共中央文献研究室. 江泽民论加强和改进执政党建设（专题摘编）［G］. 北京：中央文献出版社，2004：333.

德水准。一个人的思想素质和道德修养是一个整体，并没有工作与生活中的严格区分，工作与生活是紧密相连、互相贯通、互相影响的。很难设想，一个在生活中道德沦丧、无恶不作的人，会成为恪守职业道德的楷模；也难以想象，一个在工作中玩忽职守、损人利己的人会在生活中具有高尚的情操。相对于工作来说，日常生活中的道德修养具有重要的作用和特殊的意义。习近平强调指出："要发挥领导干部在依法治国和以德治国中的关键作用。领导干部既应该做全面依法治国的重要组织者、推动者，也应该做道德建设的积极倡导者、示范者。要坚持把领导干部带头学法、模范守法作为全面依法治国的关键，推动领导干部学法经常化、制度化。以德修身、以德立威、以德服众，是干部成长成才的重要因素。领导干部要努力成为全社会的道德楷模，带头践行社会主义核心价值观，讲党性、重品行、作表率，带头注重家庭、家教、家风，保持共产党人的高尚品格和廉洁操守，以实际行动带动全社会崇德向善、尊法守法。"[1]

因此，领导干部要谨慎防止在生活中沉溺于一些个人喜好。个人嗜好，人皆有之。或嗜美食，或嗜欲佳酿，或嗜穿戴，或嗜古玩等，五花八门，无所不有。作为个人在日常生活中长期养成的习好与偏爱，一般属于正常的个人行为，无可厚非。但是，嗜好也存在高下良莠之别，即使是正当的嗜好，如果把握不好度，就会出现一些问题，轻则劳神伤身，重则玩物丧志、败坏品德。正因为这样，古人常常告诫人们谨防嗜好引来祸患。作为共产党员，尤其是各级领导干部，应该以身作则，尽力克服不良嗜好。有正当的个人嗜好也不可怕，只要思想坚定，具有高尚的道德情操，就能够抵御种种诱惑，不让个人嗜好成为不法之徒用糖衣炮弹进攻的突破口。在这些方面，一些古人堪

---

[1] 习近平. 坚持依法治国和以德治国相结合［M］//习近平. 习近平谈治国理政：第二卷. 北京：外文出版社，2017：135.

称我们的楷模。公仪休是战国初期鲁国宰相，他坚持以德治国，克己奉公，始终不变。公仪休有个嗜好，就是特别喜欢吃鱼。有一次，有人送给公仪休一筐上好的鲜鱼，他却坚持不收。送鱼者不解，公仪休笑道：正是因为我特别爱吃鱼，所以我才坚决拒绝接受任何人馈赠的鱼。在他的影响下，朝廷中的大小官员大都清正自守，既不与百姓争利，也不妄取小惠，公仪休也因此名垂青史。一般来说，道德情操越高尚，抗拒诱惑防止腐朽的力量就越强大。因此，共产党员一定要在日常生活中加强道德修养方面的锻炼，从一点一滴做起，通过长期不懈的努力来保持思想道德的纯洁性。

另外，广大共产党员尤其是各级领导干部在日常生活中还要注意个人交往，警惕不讲原则地结私朋、滥交际，私人感情被别有用心的人利用，不顾党纪国法损公济私。各级领导干部一定要坚持择善而交的原则，多结交一些能够指出自己错误过失的诤友，不搞鱼肉、势利之交，不搞哥们义气、江湖之交，一旦友情甚至亲情等私情与党性原则、国家规章制度发生冲突，要坚决把党性原则与人民利益放在第一位，决不因私害公。我们应该像毛泽东所说的那样，"共产党人的一切言论行动，必须以合乎最广大人民群众的最大利益，为最广大人民群众所拥护为最高标准"❶。只有这样，才能以自己的模范行动为建设和营造社会主义道德风尚作出应有的贡献。

共产党员以及领导干部加强道德修养，固然与组织教育、同志帮助等外界因素有一定关系，但从某种意义上说，从自身做起，自我陶冶、自我反省等内在因素更加重要。中国古代儒家把道德修养的最高境界称为"慎独"，就是说，即使在无人监督的情况下也一样坚守节操。道德情操的修养不是一朝一夕的事情，更不能一蹴而就，而是需

---

❶ 毛泽东选集：第三卷［M］. 北京：人民出版社，1991：1096.

要经过长期不懈的努力才能达到较高的境界。所以，共产党员与领导干部在道德修养上必须持之以恒地以顽强的毅力同不健康的思想作斗争，平时常怀律己之心，常除非分之想，常修为官之德，以社会主义和共产主义道德水准严格要求自己，真正做到"要'先天下之忧而忧，后天下之乐而乐'，时刻把党和人民的利益、国家的利益放在首位。不论社会怎么发展，对共产党员来说，全心全意为人民服务这个宗旨不能变，吃苦在前、享受在后这个原则不能变"❶。

中国改革开放和现代化建设的实践已经证明，国家的兴盛、社会的繁荣，不但要有正确的路线方针政策，还必须有一支坚定地贯彻执行路线方针政策的高素质的干部队伍。由于领导干部的职业特点决定了他们的自身素质与国家命运的息息相关性，他们道德觉悟之高低决定了其是否能够把以德治国的方略矢志不渝地贯彻落实下去。他们如果在工作和生活中恪守职业道德、社会公德、家庭道德，以自己的实际行动来感召广大人民群众，就能纠正行业不正之风，促进各行各业良性发展，引领良好社会风气的形成，从而带动整个社会道德风尚的提高，即所谓"其身正，不令而行，其身不正，虽令不从"。在我国社会主义现代化建设中，涌现出了一大批党的优秀领导干部，他们道德高尚、清正廉洁、开拓进取、为民办事，如焦裕禄、孔繁森、任长霞、宋鱼水等。这些当代领导干部中的楷模，以自己的光辉品格和实际行动谱写了动人的社会主义官德篇章，他们的行动对社会主义现代化建设和改革开放产生了巨大的推动力，他们的感人事迹和突出的政绩在全社会产生了广泛而深远的影响。

领导干部要发挥模范表率作用，必须以自己的行动取得民众的信任。正如联邦德国前总理赫尔穆特·施密特（Helmut Schmidt）所

---

❶ 中共中央文献研究室. 改革开放三十年重要文献选编：下 [G]. 北京：人民出版社，2008：1141.

说:"从长期来看,政治阶层和经营管理阶层只有让其属下相信他们关注国家和国民的公共利益,他们那种基本上按照自己的设想领导国家和经济的做法才是可行的。只要他们证明自己坚持原则并富有牺牲精神,人们就会认同他们的榜样作用。相反,如果他们只是在周末讲话时谈论价值沦丧或价值转变,而没有让人觉得他们在坚持价值,他们就不适合充当榜样角色。"❶ 领导干部必须言行一致,才能充当民众的榜样,发挥表率作用,而言行不一、只是擅长政治作秀的领导干部必定被群众雪亮的眼睛识破并唾弃。

总之,官员有德,才能营造一种公平、正义的社会道德环境;而一旦"官德"失守,就会产生一些不负责任的行为,甚至滥用权力。因此,我们要大力提倡"官德"建设,选贤任能,坚持德才兼备的用人原则,把德作为选拔官员的首要标准,列入干部考核、评价体系,并建立相关制度和机制,把"官德"建设落到实处。

三、坚持家庭道德、职业道德与社会公德建设的统一

我们要发扬传统德治精神,真正实现依法治国与以德治国相结合,建设社会主义和谐社会,实现"两个一百年"奋斗目标,当然不能孤注一掷于党风和官德的建设。社会是一个结构复杂的系统。整个社会的和谐良序运转需要各个方面的共同配合,单靠少数人或者个别方面的努力是远远不够的。因此,构建当代道德规范体系,为社会提供道德标尺,就成为新时期社会主义建设的一项重要内容。2006年3月,胡锦涛在参加全国政协讨论时提出"八荣八耻"观。他说:

---

❶ [德]赫尔穆特·施密特. 全球化与道德重建[M]. 柴方国,译. 北京:社会科学文献出版社,2001:232.

"要在全社会大力弘扬爱国主义、集体主义、社会主义思想，倡导社会主义基本道德规范，扶正祛邪，扬善惩恶，促进良好社会风气形成和发展。要教育广大干部群众特别是广大青少年树立社会主义荣辱观，坚持以热爱祖国为荣、以危害祖国为耻，以服务人民为荣、以背离人民为耻，以崇尚科学为荣、以愚昧无知为耻，以辛勤劳动为荣、以好逸恶劳为耻，以团结互助为荣、以损人利己为耻，以诚实守信为荣、以见利忘义为耻，以遵纪守法为荣、以违法乱纪为耻，以艰苦奋斗为荣、以骄奢淫逸为耻。"❶ "八荣八耻"的提出，明确了社会主义荣辱观，为我们构建社会主义道德规范体系指明了基本方向。在这一过程中，我们必须始终坚持家庭道德、职业道德与社会公德建设的统一。

（一）家庭道德、职业道德与社会公德是当代道德规范体系的主要内容

目前，由于我国正处于社会转型时期，随着市场经济的建立与发展以及西方道德观念、价值观念的冲击，我国现代的人文精神与传统的道德价值观念出现了某些不一致的情况。这就要求我们必须构建当代道德规范体系，在合理继承和发扬传统优秀道德价值成分的基础上，科学地吸收西方进步的道德价值观念，逐步完善各个社会领域的道德规范，才能有效推动国家的发展、社会的进步。家庭美德、职业道德、社会公德是人类道德生活的三大主要领域，是调解人与人、人与社会的关系的最基本、最普遍的道德规范。因此，我们必须大力加强这三大社会生活领域的道德建设，才能从根本上改善与提高整

---

❶ 胡锦涛. 胡锦涛文选：第二卷[M]. 北京：人民出版社，2016：430.

个社会的道德风貌，为实现我国的社会主义现代化目标提供精神动力和道德保障。

1. 家庭道德。所谓家庭道德，就是"调整家庭成员之间关系的道德原则和规范"❶。家庭道德是整个社会道德体系的重要组成部分。家庭是个人成长的摇篮。一个人的基本道德素养往往在童年甚至幼儿时期就已经在家庭中潜移默化地形成。一个人对他人、社会的认识和态度往往受家庭成员尤其是父母的影响。所以，古代儒家的思想家们大都把治家作为治国的一部分，"齐家治国平天下"是其代表性的观点。他们认为："万物之本在身，天下之本在家，治乱之本在左右。内正立而四表定矣。"❷ 所以，在中国传统道德规范体系中，家庭道德占有重要的地位，是中国传统道德的有机组成部分。尤其是古代儒家，把对家庭道德的建设作为德治的一个不可分割的部分。当然，这与中国古代社会那种"家国一体"的社会状况有关。在古代宗法社会体制下，国是家的延伸与扩大，君主就是一个大家长，国就是他的家，家庭道德与国家政治规则密切相关。正如程颐、程颢所说："家人之道，必有所尊严而君长者，谓父母也。虽一家之小，无尊严则孝敬衰，无君长则法度废。有严君而后家道正，家者，国之则也。"❸ 同时，个人、家庭、宗族往往与政治纠缠在一起，常常是一荣俱荣、一辱俱辱。这就使得家庭道德显得格外重要。宋朝思想家、政治家、改革家王安石在大力改革期间，其父不幸去世，由于政务繁忙没有回家奔丧，也没有按照儒家礼仪回家守孝三年。他这种违反封建道德的行为成为他的政敌攻击和反对他的借口，他确实也因此而狼狈不堪。

---

❶ 冯契，等. 哲学大辞典 [M]. 上海：上海辞书出版社，1992：1394.
❷ (汉) 荀悦. 申鉴·政体.
❸ (宋) 程颐，程颢. 二程集·周易程氏传·家人.

在古代儒家德治思想中，治家是治国的一部分。儒家对家庭道德有大量的阐述和要求，其中既有至今适用的内容，属于中华民族的优秀道德遗产，应该在构建新型家庭美德时加以继承和发扬，使之继续发挥作用；又有一些封建糟粕，早已不再适应时代的要求，应该毫不犹豫地加以批判和摒弃。在古代儒家德治思想中，有很多关于父母与子女之间互尽义务的要求，也是古代儒家关于家庭美德的阐述。在古代儒家那里，爱护、抚育和教导子女是为人父母的基本义务。父母不仅在物质上给予子女以抚助，还要在精神、做人方面对其教化。尊敬和赡养父母则是作为子女最起码的道德要求，精神与物质两方面同样不可或缺。在家庭美德中，古代儒家尤其强调"孝"，孔子曾在不同场合论及"孝"以及孝的具体要求。可以说，在古代儒家那里，有大量关于父母与子女之间道德义务和道德规范的内容，"父慈子孝"是其核心思想。古代儒家关于家庭道德的内容虽然有一些狭隘与不合理的方面，如父母往往把子女视为私有财产、压抑子女的独立性等，但是总的说来，合理的方面是主要的。在夫妻道德伦理方面应该说明的是，在古代儒家那里，虽然非常重视夫妻之间的道德伦理，主张人们在择偶时要以品德为主要标准，夫妻双方应该互敬互爱、彼此忠诚，反对恃强凌弱和见异思迁等，有一定合理的内容可以借鉴，但是主要强调妻子对丈夫的顺从和应尽的各种义务。他们从男为阳女为阴、阳尊阴卑的基本观念出发，建立了一套极不平等的男尊女卑的道德规范体系，把"三从四德"作为广大妇女的美德。对于这些，我们应该予以批判。

然而，即使在今天，在宗法社会结构已经消除的情况下，家庭道德依然具有特殊的意义。现在，家庭、宗族已经不像以前那样对政治产生直接的影响，但是家庭是社会的细胞这一点仍然没有改变。作为社会的基本单位，家庭道德对社会产生潜移默化的影响，是构成社会道德体系的重要组成部分。家庭是一个人成长的起点，一个人的道德素质往往受家庭的道德环境、家庭成员的思想素质的无形影响。如果一个人所处的家庭道德良好，从小就形成了尊老爱幼、勤俭节约、认真负责的道德习惯，那么在他长大成人进入社会之后也会尊重别人、忠于职守，具有良好的职业道德和社会公德。

目前，由于社会正处于转型时期，市场经济的建立以及西方观念的冲击，出现了一些新的社会问题，这些问题涉及很多方面。人们的工作节奏加快，生活压力加大，社会的激烈竞争使得人们经常感到疲惫和焦虑。为了缓解压力，人们往往寻求新的刺激转移注意力。人们的价值观、人生观逐渐发生了很大改变，生活方式也渐趋多元化，对家庭的依赖和重视程度减弱，家庭关系也相对变得松散。在这种情况下，我们应该分析具体原因，有针对性地采取得力措施加以解决。

现代家庭产生问题的原因是复杂的。首先，家庭道德观念发生了很多变化。其次，家庭成员感情交流越来越少，亲情越来越淡薄。再次，人们的个体性、独立性逐渐增强，对家庭的责任感越来越弱。

针对以上原因，我们应该采取一定措施来解决现代家庭问题，在建立婚姻家庭关系时以爱情为基础，重视家庭与亲情、关爱亲人；不管生活节奏多快、工作多忙，都要尽量抽出一定时间与亲人在一起，共同承担家庭责任，分担家人的忧愁、分享家人的快乐。

总之，我们要继承古代儒家关于家庭道德的思想精华，大力提倡抚育子女、呵护晚辈、孝敬父母、尊敬长辈、赡养老人、勤俭持家等。同时，还要合理地吸收西方进步的家庭伦理观念，提倡男女平等、互相尊重、夫妻和睦等，努力把家庭建设成为现代人的精神家园和栖息地，使在社会竞争中感到疲劳和焦虑的心灵得到安抚与休息，让家庭成为人们心灵休憩的港湾。家庭是人类爱的源头，是人们的安身立命之所，也是整个社会的基石。家和万事兴，只有家庭关系理顺了，才能为社会的稳定提供基本的保障。家庭道德的完善也会带动职业道德、社会公德的进步，从而促进整个社会道德水平的提高。

2. 职业道德是社会主义道德体系的重要组成部分。所谓职业道德，是指"从业人员在职业活动中应当遵循的道德规范和必须具备的道德品质"❶。恩格斯指出，"实际上，每一个阶级，甚至每一个行业，都各有各的道德"❷。比如，行政道德、军人道德、司法道德、商业道德、医务道德、教师道德、编辑道德、记者道德等。职业道德包括的范围很广，所有社会从业人员都应具有自己所处行业的职业道德。

一个人的大部分时间是在职业生活中度过的。职业生活在成年人道德素质的形成和提高过程中具有关键性的作用。如果一个人能够认真踏实地工作，忠于职守，兢兢业业，形成良好的职业道德，那么在一般情况下他也会在社会公德中表现良好，所以加强职业道德建设对培养人们的道德品质具有重要的意义。

人们的生存和发展离不开各行各业的服务，职业道德的高低直接影响人们的生活质量。职业道德涉及社会物质生活与精神生活的各个方面，深刻地影响着人们的生活质量与生活水平。人们去医院看病，医生的职业道德就会影响人们的治疗情况。职业是社会的窗口，尤其是那些服务行业的从业人员的职业道德水平直接反映社会的道德风貌，良好的职业道德风尚给人以健康的、积极向上的印象及优质的服务，而败坏的职业道德则使人感到不愉快，留下消极的印象。

目前我国市场经济还不成熟，职业道德体系还不够完善，缺少相

---

❶ 冯契，等. 哲学大辞典［M］. 上海：上海辞书出版社，1992：1422.
❷ ［德］马克思，恩格斯. 马克思恩格斯全集：第 28 卷［M］. 中共中央马克思恩格斯列宁斯大林著作编译局，编译. 北京：人民出版社，2018：348.

应的约束机制,存在一些职业道德问题。这些违反职业道德的现象引起了社会的普遍关注。为扭转行业不正之风,改善职业道德现状,端正社会风气,中共中央颁发的《公民道德建设实施纲要》对新时期的职业道德建设提出了明确的要求:"要大力倡导以爱岗敬业、诚实守信、办事公道、服务群众、奉献社会为主要内容的职业道德,鼓励人们在工作中做一个好建设者。"❶ 这一要求不仅为我国加强新时期的职业道德建设指明了正确的方向,而且规定了我国社会主义新型职业道德的主要内容。

总之,职业道德是个人道德实践的重要组成部分,对一个人的道德素质的培养具有重要的作用,对整个社会文明程度的提升也会产生重要的作用。我们一定要齐头并进采取多种有效措施,抓好职业道德建设这个关键,不断把我国的社会主义道德水平提到新的高度。

3. 社会公德。人是社会的人,需要与他人进行交往,过社会公共生活,所以必须遵循社会公共的道德规范,即社会公德。所谓社会公德,就是"人们在履行社会义务或涉及社会利益的活动中应当遵循的道德行为准则"❷。社会公德是社会交往和公共生活中最基本的道德规范。社会公德所适用的公共生活领域是最广泛的社会大众共同生活的领域,主要是社会公共场所。凡是人们共同活动的地方,都需要一定的行为规则对人们的行为作出规范和约束。社会公德是全社会所有成员都应该平等遵守的。无论人们地位高低、职业差别、财产多少,所有在场的人都应该遵守社会公德。

社会公德建设是建设和完善整个社会主义道德体系的重要环节,对我们建设社会主义精神文明和构建社会主义和谐社会具有重要意

---

❶ 公民道德建设实施纲要 [M]. 北京:人民出版社,2001:8-9.
❷ 冯契,等. 哲学大辞典 [M]. 上海:上海辞书出版社,1992:862.

义。首先，社会公德是社会正常运转的重要保证。正如联邦德国前总理赫尔穆特·施密特所说："没有美德，我们将无法和平共处。"❶ 社会公德通过大家共同认可的道德公约、道德评判、精神感召、榜样示范以及舆论监督等不同方式，指导人们在社会交往中采取合理正确的行为方式，纠正人们的错误行为方式，协调人们之间的关系，促使人们在社会公共生活中自觉承担自己对他人、对社会应尽的责任。良好的社会公德可以使人们友好、和谐地生活，而在缺乏基本社会公德的社会环境里，人们则会感到社会生活秩序混乱而糟糕，人与人之间容易发生矛盾和冲突，普遍缺少安全感。其次，社会公德还是一个国家文明程度的重要标志。社会的文明和进步不仅包括物质文明的进步，还包括精神文明的进步。社会的精神文明包括科学文化和思想道德两方面的内容。精神文明发展的程度既要看科学文化的发展，又要看思想道德水平的提高程度。社会的思想道德水平的高低往往是衡量一个国家精神文明发展水平的重要标志，而社会公德的发展程度直接反映了整个社会的精神风貌和道德风尚。由于社会公德所具有的广泛性特征，决定了社会公德是整个社会道德大厦的地基和框架。社会公德的好坏、社会风气的正邪，都会直接或间接地作用于社会道德的其他领域，家庭道德与职业道德都会程度不同地受到影响和制约。正是由于社会公德对社会道德体系和社会风尚具有如此巨大的影响，所以社会公德也是整个社会精神文明的窗口。

社会公德内容广泛，涉及各个社会生活领域。按照人们所处理的关系不同，大致可以分为三个方面的内容。

第一，人与人之间的社会公德，主要有团结互助、文明礼貌和乐于助人。联邦德国前总理施密特认为，"在公民道德当中，最重要的

---

❶ [德] 赫尔穆特·施密特. 全球化与道德重建 [M]. 柴方国，译. 北京：社会科学文献出版社，2001：218.

美德之一当属团结"❶。虽然国家不同、制度各异，但是社会公德却具有相似性。团结、互助也是我们国家的一项基本社会公德。互相关心、互相帮助已经成为社会风尚。在我们身边，一方有难、八方支援的事情屡见不鲜。我们看到，在一些重大危急关头或巨大灾难面前，中国人民表现出了极大的无私关怀精神。无论是1976年的唐山大地震、1998年的抗洪、2003年的"非典"、2004年的印度尼西亚大海啸、2008年的汶川大地震，还是2020年初武汉集中爆发新冠肺炎疫情，无数民众都以种种方式帮助深受地震、洪水、疫情等灾难危害的同胞，以及那些远在国外遭受海啸重创的印度尼西亚兄弟。士兵、普通民众以及志愿者，许多素昧平生的人们紧密团结在一起，不辞劳苦，夜以继日地奋战，只是为了一个共同的目标——帮助那些亟需帮助的人们，给他们送去光明和温暖。还有更多的民众主动捐钱捐物，提供了经济上的援助。2020年初，"新冠肺炎疫情发生以来，全国各地一批批医务人员奔赴武汉一线，让武汉的攻坚难度有所缓解"❷。医疗人员驰援抗疫一线，而后方的民众则捐钱捐物，口罩、隔离服、消毒用品、大米、面粉、肉类、蔬菜、水果、药品等应有尽有，在疫情面前充分彰显了人间大爱。而武汉疫情也在祖国四面八方的支援下得以迅速缓解。所有这些都是社会公德良好的表现。文明礼貌的社会公德要求人们在日常生活中做到仪表整洁、举止大方、自尊自爱、尊重他人、敬老爱幼、温和宽容、诚实守信等。

第二，人与社会之间的社会公德，主要有遵纪守法、爱护公物、见义勇为、关注社会公共事业、对社会发展和进步负有责任心等。我

---

❶ [德] 赫尔穆特·施密特. 全球化与道德重建 [M]. 柴方国，译. 北京：社会科学文献出版社，2001：223.

❷ 颜维琦，等. 到决胜之地，打一场湖北保卫战 [EB/OL]. (2020-02-14) [2020-10-15]. http://epaper.gmw.cn/gmrb/html/2020-02/14/nw.D110000gmrb_20200214_5-01.html.

们要自觉遵守各种法律法规，做一个自觉守法的好公民。遵纪守法是社会公德的最低要求。我们不仅自己做到遵纪守法，而且要和那些违法乱纪、破坏公物、扰乱社会秩序的不良行为作斗争。我们还要爱护公物，不随意乱刻乱画，做文明游客等。

第三，人与自然之间的社会公德，主要是尊重自然，保护生态系统，节约资源和能源，爱护环境、防止污染。自然界是人类赖以生存和发展的空间。人类不能脱离自然界而独立存在。人与自然的关系应该是和谐统一、平衡发展的。过去，生产力还不发达，世界人口比较少，自然界能够充分满足人类的索取，在人类与自然之间维持着比较稳定的平衡关系。近代以来，随着生产力的发展、三次技术革命的发生、信息技术的应用，人类社会逐步进入飞速发展时期，借助于先进的技术和工具，人类开始了对大自然的大规模开发与利用。由于世界人口的膨胀和国家之间的竞争，人类对自然界进行的掠夺性开发和过度利用导致了一系列的问题。资源的枯竭、环境的污染、生态的破坏不仅使自然界遭到了摧残、出现了危机，而且威胁到人类自身的安全发展。人类与自然之间的平衡关系受到严重破坏，人类也陷入遭受大自然报复的境地。为扭转这一可怕局面，我们应该立即制定措施、采取行动以避免更加悲惨的命运。首先，合理利用资源，防止环境的污染和生态的破坏。其次，节约使用能源，走可持续发展之路。再次，对已经污染的环境进行科学治理，防止二次污染。

然而，目前在我们国家的现代化进程中，社会公德还存在一些不尽如人意的地方。我们必须正视社会公共生活领域中存在的这些问题，认清其对社会的危害，分析其产生、存在的根源，有针对性地采取必要的措施加以解决。

总之，社会公德对人类社会的和平共处起着重要作用，其价值是法律规定无法取代的。如果缺少基本的社会公德，缺少权利与义务并重的伦理原则，那么任何开放社会、任何民主制度都无法长期维持下去。我们必须在尊重个人道德选择的基础上，不断教育和引导人们向更高层次的价值取向与道德观念发展，提高人们的道德自觉性，使人们的行为更多地由他律转为自律，从而使社会公德水平能够达到一个理想的高度，充分体现实施以德治国方略的优越性。

（二）加强家庭美德、职业道德与社会公德建设的几点思考

要构建当代道德规范体系，加强家庭美德、职业道德与社会公德建设，当然不能停留在空喊口号的阶段，必须采取一定的措施。

第一，进一步从制度上优化社会主义道德规范体系的建设。美国哲学家莱茵霍尔德·尼布尔（Reinhold Niebuhr）在其著作《道德的人与不道德的社会》中批评了关于社会正义靠个人的性格而不是靠社会制度来保证的观点。他认为，单个的人即使具有良好的道德素养，但是如果生活在一个不道德的社会中，那么他的道德就会无法施展，受到压抑甚至排斥，最终也会无奈地沦为不道德的人。[1] 他所谓"不道德的社会"指的就是制度的不道德，即坏的制度。好的制度能够"改娼从良"，而坏的制度则能"逼良为娼"。因此，我们一定要重视和加强制度建设，把我国的社会制度建设成为健全而完善的"道德的制度"。社会的"游戏规则"制定好了，社会中的人就能把社会中的"游戏"做好。

第二，"循德制律"，实行道德法律化。法律与道德之间是辩证

---

[1] ［美］莱茵霍尔德·尼布尔. 道德的人与不道德的社会［M］. 蒋庆，等译. 贵阳：贵州人民出版社，1998：201-208.

统一的关系，两者往往相辅相成、相互促进、相互转化。法律与道德尤其是统治阶级的道德在内容上是相互吸收、相互渗透的。法律往往从某些道德规范中汲取内容或理念并确立为法律的条文，从而使道德规范具有法律效力。而有些法规实行得久了，慢慢深入人心，会逐渐变成人们的道德观念。在中世纪的欧洲有三大法律：罗马法、日耳曼法、教会法，教会法与罗马法、日耳曼法一起构成欧洲封建时期的三大法律支柱；在某些政教合一的国家，有的宗教戒律被赋予法律效力，从而使宗教道德转化成法律条文。这表明，在中外历史上，道德法律化都是一种普遍的现象。

我们在健全相关法制法规时，要注意用法律制裁那些明显丧失伦理道德以致造成不良后果的行为，使用法律的武器来捍卫道德的尊严，用外部的强制力量来维护当代社会主义道德规范体系的建设和健全，把最起码的道德规范法律化，用法律的形式予以保证。对一些不文明、不健康的行为进行惩罚，如对乱扔废弃物以致污染水源的行为、噪声污染影响他人健康、见死不救的冷漠行为进行一定的法律制裁，使那些不讲社会公德甚至恶意破坏社会公德的人受到必要的惩罚，从而达到惩恶扬善的目的。

第三，建立健全道德回报机制。其实，道德行为与其他社会行为一样，是义务与权利的统一，既是义务又是权利，既然有所付出，也应该有相应的回报。如果说人们自愿去尽道德义务，而放弃接受回报的权利，那么只是说明这个人思想境界高，并不意味着他不应该获得回报。

现在，我们处在社会主义市场经济时代，讲求社会效率和社会公平，只讲义务不讲回报的事情本身是不合理的。我们应该纠正这种观点，提倡对公民的义务活动给予适当的回报，对在社会公德方面表现突出的个人或集体予以表扬、鼓励，甚至奖励，如对一些见义勇为、拾金不昧的典型除了在舆论上进行报道、宣传之外，还要给予一定的物质奖励，让好人得到好报、行善积德又积福不仅成为真正的现实，而且成为鼓励人们积极从事社会公益事业的长效机制。

第四，探索道德建设的规律，进一步改革教育和宣传方式。要加强教育和宣传工作，一方面从改造人们的思想信仰入手，不仅让每个人都明白自己的职业道德要求，还要把职业道德要求转化为职业良心，形成职业责任感和荣誉感，并把它作为一种信仰来遵守。另一方面形成强大正确的社会舆论，以舆论的力量指导人们自觉地批判和抵制那些不良的职业行为，并与之作不懈的斗争，从而形成良好的社会舆论约束机制。古代儒家德治思想中有大量关于职业道德的论述，对建设现代职业道德有一定的借鉴意义。比如，清正廉洁、奉公守法就一直是我国古代官员的职业道德；以身作则、为人师表自古就是教师的职业道德。《北齐书·王昕书》曰："杨愔重其德业，以为人之师表。"❶ 意思是杨愔重德修业，可以作别人的榜样。救死扶伤、治病救人是医生的职业道德。唐朝名医孙思邈在其巨著《千金要方》中有一章专门写医德，他说："凡大医治病，必当安神定志，无欲无求，先发大慈恻隐之心，誓愿普救含灵之苦。若有疾厄来求救者，不得问其贵贱贫富，长幼妍媸，怨亲善友，华夷愚智，普同一等，皆如至亲之想。亦不得瞻前顾后，自虑吉凶，护惜身命，见彼苦恼，若己有之，身心凄怆，勿避险巇、昼夜、寒暑、饥渴、疲劳，一心赴救，无作功夫形迹之心。"❷ 货真价实、童叟无欺，是商人的职业道德。古代诸如此类的职业道德方面的理论精华至今仍然闪耀着思想的光辉，非但没有过时，反而愈加可贵，值得我们发扬光大。

加强教育和宣传力度，使社会公德深入人心，并转化为公民内心的良知，使人们自觉遵守和维护社会公德。在这方面，尤其注意培养

---

❶ （唐）李百药. 北齐书·王昕传.
❷ （唐）孙思邈. 千金要方·大医精诚.

民众对公共利益的重视与关心。在日常生活中，人们经常会遇到一些个人利益与社会公共利益的冲突。这就需要人们勇于承担自己的道德责任，自觉考虑社会公共利益。另外，进一步完善道德教育方式，通过开展一些社会活动进行道德教育，如开展"创建文明社区，争做文明市民"活动、举办一些志愿援助活动、组织教育对象亲身参加公益活动等。尤其是社会义务活动，不仅会使许多人真切体会到人间的困苦、生活的不易，还会让他们感受到帮助他人的幸福和乐趣，更为重要的是，它还会使人产生一种社会责任心，自觉承担关爱他人、服务社会的义务。正如联邦德国前总理施密特所言："就传授美德而言，实践比任何理论课程都更加有效，后者只能起到补充性的作用。"❶ 提高民众的社会公德意识，不能仅仅停留于讲讲理论、喊喊口号、写写文章，而应该建立完善的社会公益活动机制，给广大民众创造更多的实践机会，让人们亲身去做，在行动中获得关爱他人、贡献社会所带来的快乐。

放眼世界思想史，在历史上，尽管其他国家也曾程度不同地重视道德、伦理及其建设，古今不少国外思想家、政治家也曾阐发道德、道德建设及其在社会治理方面的价值与意义，却没有一个国外的思想流派能够像古代儒家那样将道德纳入治国理政，并在数千年里深刻而全面地影响了国家的治理模式、社会观念、家庭理念，甚至个人思想。可以说，古代儒家德治思想既对古代中国产生了相当大的积极作用，也在一定程度上对古代中国造成了消极的影响。时至今日，我们理性地抛弃古代儒家德治思想中那些消极的部分及不合时宜的陈旧因素，借鉴与发扬其中的精华为我们的法治建设服务。

---

❶ [德] 赫尔穆特·施密特. 全球化与道德重建 [M]. 柴方国，译. 北京：社会科学文献出版社，2001：229.

余　论

古代儒家德治思想影响了中国数千年，尤其是在生产关系相对单一的古代社会，当时简单的小农经济是社会的主要经济形式，商品经济所占比重不大，且远未发展到市场经济形态。农业耕作的生产形式决定了当时的人口流动性不强、社会交往关系相对简单。在当时的社会状况下，人们依靠朴素的道德观念、伦理规则即可处理日常的社会关系问题。而德治作为一种治国理政的思想，毕竟有其局限性，并不能解决国家层面的所有问题。正如韦政通所说："德治毕竟只是孔子的政治理想，尽管他相信'善人为邦百年，亦可以胜残去杀'，亦只是信念而已。盖德治的推行，须以有德者在位为其先决条件，不要说有德者难求，纵然偶一有之，人亡则政息，何以为继？如在部落式的小国，德治理想的实现有其可能，治理人口众多的大国，如仍怀抱这种理想，不过道德的乌托邦而已。德治理想根本没有触及政治核心的权力问题。"❶ 韦政通的这段话是有一定道理的。现代社会已经发生了翻天覆地的变化。首先，经济形式发生了根本性的变化，我国已经由农业经济转变为市场经济。其次，社会结构发生了显著变化，我国已经由以血缘关系为基础的家国一体的宗法社会转变为以地域关系为基础的人口流动性较强的现代社会。我们国家不仅人口众多，而且民族多样，国土面积较大，更为重要的是，社会关系异常复杂。尤其是在当今中国，市场经济已经是国家主要的经济形式，市场经济条

---

❶ 韦政通. 中国哲学辞典大全［M］. 北京：世界图书出版公司，1989：763.

件下复杂的社会关系已经远非道德理念所能约束与规制；而在国家治理的层面，现代的国家治理尤其需要科学健全的法律制度来支撑。

我们应该以历史唯物主义的观点看待古代儒家的德治思想，把其功过是非放在当时的历史背景下来考察，认识到当时古代儒家能够提出德治的政治主张以规约统治者、提高各级官吏的思想道德素养，从而提高统治阶层的整体素质，已属难能可贵。我们不应该对其求全责备，拿当代的民主政治与其进行比较，对其进行批评，甚至贬低。毕竟在中国古代的社会历史条件下，无法产生现代的民主制度，而在已经形成专制统治的情况下德治已经是在所允许的范围内为改善政治治理所进行的有效尝试。即使在现当代，法治成为较为成熟的治国理政模式，德治仍然不可或缺。

在 21 世纪的今天，民主、平等、自由、和平、法律、人权等是全人类的共同诉求。我国社会主义核心价值观提倡"富强、民主、文明、和谐，自由、平等、公正、法治，爱国、敬业、诚信、友善"，其中"爱岗、敬业、诚信、友爱"是公民的基本道德规范，体现了公民个人行为层面的基本修养与素质。"自由、平等、公正、法治"是对美好社会的生动描述，反映了社会层面的价值取向。而"富强、民主、文明、和谐"则是我们国家的建设目标。在建设社会主义现代化强国的过程中，法治是保障，科学而健全的法律体系、合理而完备的社会管理制度（即良好的运行架构）固然重要，然而无论怎样完善的政治制度及其运行模式都必须由具体的人来运作、执行，人之善恶、人之道德素养的高低最终决定了法治制度、管理政策执行的好坏。因此，道德教化对人性的熏陶与塑造、德治在治国理政中的作用依然非常重要。

随着科技的发展与进步，互联网、人工智能、大数据、物联网、人机接口、人机交互、核子发电、基因改变、量子计算、无人机、人脸识别、精准定位等技术的广泛运用，人们之间的交往也更加密集化、多元化、复杂化，将来还可能在人际关系中出现人机关系、人与智能机器人之间的关系、智能机器之间的关系等其他关系。尤其是先进的科学技术在给人类提供无尽便利的同时，也给人类带来了无数危险与灾害。利用高科技进行犯罪的行为也频频发生。不仅如此，高科技的运用使犯罪变得更加隐秘、更加防不胜防。高科技就像一把双刃剑，如果它被握在民主国家或道德高尚之人手里，就会利国利民；如果它被握在霸权国家或道德败坏之人手里，就会祸国殃民。举例来说，有一种小如云雀的无人机，运用了人脸识别技术、空中定位技术、精确瞄准打击技术等。善良之人可以用它侦察灾难状况，救人于水火；邪恶之人则可以用它跟踪目标对象，杀人于无形。

多变的社会情况、复杂的各方关系，固然在客观上需要有更具体、更完善的法律来维持社会正常有序的运转，但是再完善、细密的法律条文也无法完全覆盖所有领域。更何况，法律的制定具有一定的滞后性，远远赶不上社会形势的瞬息万变，而且法律最终是靠人执行的，如果人心是险恶的，那么再好的制度也会沦为作恶的工具。因此，要将德治与法治结合起来，改造人心、引人向善才是根本的解决之法，树立正确的信念、培育良好的道德才是明智的选择。净化心灵、提升精神境界已被越来越多人重视。超越时空的德治教化是一切社会治理、政治模式的价值之源，是人类实现有效的社会治理与政治治理的根本途径，也是永不过时的方法。

主要参考文献

一、古代文献

[1] （宋）司马光. 资治通鉴［M］.（元）胡三省，音注. 北京：中华书局，1956.

[2] 杨伯峻. 孟子译注［M］. 北京：中华书局，1960.

[3] （战国）商鞅，等. 商君书［M］. 章诗同，注. 上海：上海人民出版社，1974.

[4] （汉）桓宽. 盐铁论［M］. 上海：上海人民出版社，1974.

[5] （宋）王安石. 王文公文集［M］. 唐武，标校. 上海：上海人民出版社，1974.

[6] （汉）董仲舒. 春秋繁露［M］.（清）凌曙，注. 北京：中华书局，1975.

[7] 张载集［M］. 章锡琛，点校. 北京：中华书局，1978.

[8] 北京大学《荀子》注释组. 荀子新注［M］. 北京：中华书局，1979.

[9] 杨伯峻. 论语译注［M］. 北京：中华书局，1980.

[10] （宋）程颢，程颐. 二程集［M］. 王孝鱼，点校. 北京：中华书局，1981.

[11] 杨伯峻. 春秋左传注［M］. 北京：中华书局，1981.

[12] 王世舜. 尚书译注［M］. 成都：四川人民出版社，1982.

[13] （唐）长孙无忌. 唐律疏议［M］. 刘俊文，点校. 北京：中华书局，1983.

[14] 陈鼓应. 庄子今注今译［M］. 北京：中华书局，1983.

[15] 高亨. 周易古经今注［M］. 北京：中华书局，1984.

[16] （宋）黎靖德. 朱子语类［M］. 王星贤，点校. 北京：中华书局，1986.

[17] （宋）朱熹. 四书集注［M］. 长沙：岳麓书社，1987.

[18] （清）颜元. 颜元集［M］. 王星贤，张芥麈，郭征，点校. 北京：中华书局，1987.

[19] （秦）吕不韦，等. 吕氏春秋［M］. 管敏义，译注. 银川：宁夏人民出版社，1988.

[20]（汉）司马迁. 史记［M］. 李全华，标点. 长沙：岳麓书社，1988.

[21]（清）孙希旦. 礼记集解［M］. 沈啸寰，王星贤，校. 北京：中华书局，1989.

[22]（汉）陆贾. 新语［M］. 上海：上海古籍出版社，1990.

[23]（汉）王符. 潜夫论［M］. 上海：上海古籍出版社，1990.

[24] 周振甫. 周易译注［M］. 北京：中华书局，1991.

[25] 程俊英，蒋见元. 诗经注析［M］. 北京：中华书局，1991.

[26]（汉）刘向. 说苑［M］. 王锳，王天海，译注. 贵阳：贵州人民出版社，1992.

[27] 王森.《荀子》白话今译［M］. 北京：中国书店，1992.

[28]（唐）吴兢. 贞观政要［M］. 叶光大，李万寿，黄涤明，等译注. 成都：四川人民出版社，1996.

[29]（明）王守仁. 王阳明全集［M］. 张立文，整理. 北京：红旗出版社，1996.

[30] 陈维礼，张桂兰，王月清.《韩非子》译注［M］. 沈阳：辽宁民族出版社，1996.

[31]（宋）程颢，程颐. 二程遗书［M］. 潘富恩，导读. 上海：上海古籍出版社，2000.

[32]（宋）陆九渊. 象山语录［M］. 杨国荣，导读. 上海：上海古籍出版社，2000.

[33]（宋）张载. 张子正蒙［M］.（清）王夫之，注. 汤勤福，导读. 上海：上海古籍出版社，2000.

[34]（清）颜元. 习斋四存编［M］. 陈居渊，导读. 上海：上海古籍出版社，2000.

[35] 孙波. 管子：注释本［M］. 北京：华夏出版社，2000.

[36] 道德经［M］. 陈国庆，张养年，注译. 合肥：安徽人民出版社，2001.

[37]（汉）许慎. 说文解字新订［M］. 臧克和，王平，校订. 北京：中华书局，2002.

二、经典著作

[1]［德］马克思，恩格斯. 马克思恩格斯文集：第7卷［M］. 中共中央马克思恩格斯列宁斯大林著作编译局，编译. 北京：人民出版社，2009.

［2］［德］马克思，恩格斯. 马克思恩格斯选集：第1卷［M］. 中共中央马克思恩格斯列宁斯大林著作编译局，编译. 北京：人民出版社，2012.

［3］［德］马克思，恩格斯. 马克思恩格斯选集：第3卷［M］. 中共中央马克思恩格斯列宁斯大林著作编译局，编译. 北京：人民出版社，2012.

［4］［德］马克思，恩格斯. 马克思恩格斯选集：第4卷［M］. 中共中央马克思恩格斯列宁斯大林著作编译局，编译. 北京：人民出版社，2012.

［5］［德］马克思，恩格斯. 马克思恩格斯全集：第26卷［M］. 中共中央马克思恩格斯列宁斯大林著作编译局，编译. 北京：人民出版社，2014.

［6］［德］马克思，恩格斯. 马克思恩格斯全集：第28卷［M］. 中共中央马克思恩格斯列宁斯大林著作编译局，编译. 北京：人民出版社，2018.

［7］［德］马克思，恩格斯. 马克思恩格斯全集：第42卷［M］. 中共中央马克思恩格斯列宁斯大林著作编译局，编译. 北京：人民出版社，2018.

［8］［苏联］列宁. 列宁全集：第23卷［M］. 中共中央马克思恩格斯列宁斯大林著作编译局，编译. 北京：人民出版社，2017.

［9］［苏联］列宁. 列宁全集：第55卷［M］. 中共中央马克思恩格斯列宁斯大林著作编译局，编译. 北京：人民出版社，2017.

［10］毛泽东选集：第二卷［M］. 北京：人民出版社，1991.

［11］毛泽东选集：第三卷［M］. 北京：人民出版社，1991.

［12］邓小平文选：第一卷［M］. 北京：人民出版社，1994.

［13］邓小平文选：第二卷［M］. 北京：人民出版社，1994.

［14］江泽民. 全面建设小康社会，开创中国特色社会主义事业新局面——在中国共产党第十六次全国代表大会上的报告［M］. 北京：人民出版社，2002.

［15］江泽民论有中国特色社会主义（专题摘编）［M］. 北京：人民出版社，2002.

［16］江泽民. 江泽民文选：第三卷［M］. 北京：人民出版社，2006.

［17］胡锦涛. 胡锦涛文选：第二卷［M］. 北京：人民出版社，2016.

［18］胡锦涛. 胡锦涛文选：第三卷［M］. 北京：人民出版社，2016.

［19］习近平. 决胜全面建成小康社会 夺取新时代中国特色社会主义伟大胜利——在中国共产党第十九次全国代表大会上的报告［M］. 北京：人民出版社，2017.

［20］习近平. 习近平谈治国理政：第二卷［M］. 北京：外文出版社，2017.

［21］中共中央文献研究室. 十四大以来重要文献选编：中［G］. 北京：人民出版社，1997.

［22］中共中央文献研究室. 十五大以来重要文献选编：下［G］. 北京：人民出版社，2003.

［23］中共中央文献研究室. 江泽民论加强和改进执政党建设（专题摘编）［G］. 北京：中央文献出版社，2004.

［24］中共中央文献研究室. 十六大以来重要文献选编：上［G］. 北京：中央文献出版社，2005.

［25］中共中央文献研究室. 改革开放三十年重要文献选编：下［G］. 北京：人民出版社，2008.

［26］中共中央文献研究室. 习近平关于社会主义政治建设论述摘编［G］. 北京：中央文献出版社，2017.

三、中文专著

［1］吕振羽. 殷商时代的中国社会［M］. 北京：生活·读书·新知三联书店，1962.

［2］侯外庐，等. 中国思想通史：第一卷［M］. 北京：人民出版社，1967.

［3］高明. 古文字类编［M］. 北京：中华书局，1980.

［4］辞海·哲学分册［M］. 上海：上海辞书出版社，1980.

［5］瞿同祖. 中国法律与中国社会［M］. 北京：中华书局，1981.

［6］张岱年. 中国哲学大纲［M］. 北京：中国社会科学出版社，1982.

［7］彭国兴. 陈天华集［M］. 长沙：湖南出版社，1982.

［8］清实录·圣祖仁皇帝实录（一）：卷九四［M］. 北京：中华书局，1985.

［9］费孝通. 乡土中国［M］. 北京：生活·读书·新知三联书店，1985.

［10］冯友兰. 中国哲学简史［M］. 涂又光，译. 北京：北京大学出版社，1985.

［11］熊纯生. 辞海［M］. 台北：中华书局，1985.

［12］《哲学大辞典·中国哲学史卷》编辑委员会. 哲学大辞典·中国哲学史卷［M］. 上海：上海辞书出版社，1985.

[13] 曹聚仁. 中国学术思想史随笔 [M]. 北京：生活·读书·新知三联书店, 1986.

[14] 林语堂. 中国人 [M]. 郝志东, 沈益洪, 译. 杭州：浙江人民出版社, 1988.

[15] 王道成. 科举史话 [M]. 北京：中华书局, 1988.

[16] 刘泽华, 等. 专制权力与中国社会 [M]. 长春：吉林文史出版社, 1988.

[17] 韦政通. 中国哲学辞典大全 [M]. 北京：世界图书出版公司, 1989.

[18] 吴松弟. 无所不在的伟力——地理环境与中国政治 [M]. 长春：吉林教育出版社, 1989.

[19] 吴枫. 中华思想宝库 [M]. 长春：吉林人民出版社, 1990.

[20] 陈戍国. 先秦礼制研究 [M]. 长沙：湖南教育出版社, 1991.

[21] 田广清. 治国古鉴 [M]. 成都：四川大学出版社, 1991.

[22] 冯契, 等. 哲学大辞典 [M]. 上海：上海辞书出版社, 1992.

[23] 杨向奎. 宗教社会与礼乐文明 [M]. 北京：人民出版社, 1992.

[24] 楼劲, 刘光华. 中国古代文官制度 [M]. 兰州：甘肃人民出版社, 1992.

[25] 俞荣根. 儒家法思想通论 [M]. 南宁：广西人民出版社, 1992.

[26] 秦家懿. 德国哲学家论中国 [M]. 北京：生活·读书·新知三联书店, 1993.

[27] 周阳山, 傅伟勋. 西方思想家论中国 [M]. 台北：正中书局, 1993.

[28] 李明德, 马小红. 中国古代法律的社会特征 [M]. 北京：中央党校出版社, 1993.

[29] 陈育宁. 中华民族凝聚力的历史探索 [M]. 昆明：云南人民出版社, 1994.

[30] 陈茂同. 中国历代选官制度 [M]. 上海：华东师范大学出版社, 1994.

[31] 方克立. 中国哲学大辞典 [M]. 北京：中国社会科学出版社, 1994.

[32] 俞荣根. 儒言治世——儒学治国之术 [M]. 成都：四川人民出版社, 1995.

[33] 梁启超. 先秦政治思想史 [M]. 北京：东方出版社, 1996.

[34] 钱穆. 中国文化史导论 [M]. 北京：商务印书馆, 1996.

[35] 臧克和. 中国文字与儒学思想 [M]. 南宁：广西教育出版社, 1996.

[36] 陈来. 古代宗教与伦理——儒家思想的根源 [M]. 北京：生活·读书·新知三联书店, 1996.

[37] 罗家伦. 历史的先见——罗家伦文化随笔 [M]. 上海：学林出版社, 1997.

[38] 马小红. 礼与法 [M]. 北京：经济管理出版社，1997.

[39] 茅于轼. 中国人道德的前景 [M]. 广州：暨南大学出版社，1998.

[40] 董国强. 遥想盛世——人治的理想与现实 [M]. 郑州：河南人民出版社，1998.

[41] 李宗桂. 儒家文化与中华民族凝聚力 [M]. 广州：广东人民出版社，1998.

[42] 万里. 不受约束的权力——中国古代的人治与法治 [M]. 长沙：岳麓书社，1998.

[43] 赵家祥，等. 历史唯物主义教程 [M]. 北京：北京大学出版社，1999.

[44] 王引淑. 中国传统政治哲学——十大著名思想家的治国方略 [M]. 北京：华语教学出版社，1999.

[45] 马戎，周星. 中华民族凝聚力的形成与发展 [M]. 北京：北京大学出版社，1999.

[46] 苏宝荣.《说文解字》今注 [M]. 西安：陕西人民出版社，2000.

[47] 李建华. 中国官德 [M]. 成都：四川人民出版社，2000.

[48] 公民道德建设实施纲要 [M]. 北京：学习出版社，2001.

[49] 苏希胜. 论"以德治国" [M]. 北京：国防大学出版社，2001.

[50] 陆士桢. 以德治国教育读本 [M]. 北京：新华出版社，2001.

[51] 郝铁川. 依法治国与以德治国 [M]. 上海：上海人民出版社，2001.

[52] 宋惠昌. "以德治国"学习读本 [M]. 北京：中共中央党校出版社，2001.

[53] 王小锡. 以德治国读本 [M]. 南京：江苏人民出版社，2001.

[54] 范忠信. 中西法文化的暗合与差异 [M]. 北京：中国政法大学出版社，2001.

[55] 张祥平. 制度对话：中国传统资源与西式模式优劣辨 [M]. 北京：石油工业出版社，2001.

[56] 柏维春. 政治文化传统——中国和西方对比分析 [M]. 长春：东北师范大学出版社，2001.

[57] 贺金瑞，王文东. "以德治国"与道德建设 [M]. 北京：民族出版社，2001.

[58] 唐之享. 以德治国论 [M]. 长沙：湖南人民出版社，2002.

[59] 龚群. 以德治国论 [M]. 沈阳：辽宁人民出版社，2002.

[60] 焦国成. 德治中国：中国以德治国史鉴 [M]. 北京：中共中央党校出版社，2002.

[61] 侯树栋. 以德治国概论 [M]. 北京：红旗出版社，2002.

[62] 房宁. 当代中国的新政治哲学——论以德治国方略 [M]. 北京：文汇出版社，2002.

[63] 罗国杰，夏伟东，等. 德治新论 [M]. 北京：研究出版社，2002.

[64] 李泽厚. 中国古代思想史论 [M]. 天津：天津社会科学院出版社，2003.

[65] 谢岳，陈竹汝. 法治与德治——现代国家的治理逻辑 [M]. 南昌：江西人民出版社，2003.

[66] 董国勋. 以德治国方略研究 [M]. 北京：红旗出版社，2003.

[67] 罗国杰. 以德治国与公民道德建设 [M]. 郑州：河南人民出版社，2003.

[68] 任剑涛. 道德理想主义与伦理中心主义——儒家伦理及其现代处境 [M]. 北京：东方出版社，2003.

[69] 马德普. 政治文化论丛：第三辑 [M]. 天津：天津人民出版社，2003.

[70] 廖才定，等. 以德治国的历史光辉——中国古代德治思想和实践 [M]. 长沙：岳麓书社，2003.

[71] 金生鈜. 德性与教化——从苏格拉底到尼采：西方道德教育哲学思想研究 [M]. 长沙：湖南大学出版社，2003.

[72] 赵明. 先秦儒家政治哲学引论 [M]. 北京：北京大学出版社，2004.

[73] 中国李大钊研究会. 李大钊全集：第三卷 [M]. 北京：人民出版社，2013.

[74] 周德全. 道教与封建王权政治交流研究 [M]. 北京：人民出版社，2015.

[75] 丁为祥. 发生与诠释：儒学形成、发展之主体向度的追寻 [M]. 北京：人民出版社，2015.

[76] 彭凤莲，等. 社会主义核心价值体系大学生读本 [M]. 北京：人民出版社，2017.

[77] 崔永东. 中国传统司法文化研究 [M]. 北京：人民出版社，2017.

[78] 张勇. 中国传统音乐治疗理论与方法体系研究 [M]. 北京：人民出版社，2019.

四、外文译著

[1] [德] 黑格尔. 哲学史讲演录：第1卷 [M]. 北京大学哲学系外国哲学史教研

室，译. 北京：生活·读书·新知三联书店，1956.

[2]［德］黑格尔. 法哲学原理［M］. 范扬，张企泰，译. 北京：商务印书馆，1961.

[3]［法］孟德斯鸠. 论法的精神：上册［M］. 张雁深，译. 北京：商务印书馆，1961.

[4]［意］利玛窦，［比］金尼阁. 利玛窦中国札记［M］. 何高济，等译. 北京：中华书局，1983.

[5]［英］亨利·梅因. 古代法［M］. 沈景一，译. 北京：商务印书馆，1984.

[6]［德］马克斯·韦伯. 新教伦理与资本主义精神［M］. 于晓，陈维纲，等译. 北京：生活·读书·新知三联书店，1987.

[7]［英］李约瑟. 四海之内：东方和西方的对话［M］. 劳陇，译. 北京：生活·读书·新知三联书店，1987.

[8]［美］J.M. 肯尼迪. 东方宗教与哲学［M］. 董平，译. 杭州：浙江人民出版社，1988.

[9]［美］莫蒂默·艾德勒，查尔斯·范多伦. 西方思想宝库［M］.《西方思想宝库》编委会，译编. 长春：吉林人民出版社，1988.

[10]［法］托克维尔. 论美国的民主：上卷［M］. 董果良，译. 北京：商务印书馆，1988.

[11]［美］肯尼迪·布兰查德，诺曼·文森特·皮尔. 道德的力量［M］. 陆星岩，译. 上海：百家出版社，1989.

[12]［英］伯特兰·罗素. 权力论 新社会分析［M］. 吴友三，译. 北京：商务印书馆，1991.

[13]［美］哈罗德·J. 伯尔曼. 法律与宗教［M］. 梁治平，译. 北京：生活·读书·新知三联书店，1991.

[14]［法］弗朗斯瓦·魁奈. 中华帝国的专制制度［M］. 谈敏，译. 北京：商务印书馆，1992.

[15]［日］池田温. 中国礼法和日本律令制［M］. 东京：东方书店，1992.

[16]［英］伯特兰·罗素. 中国人的性格［M］. 王正平，译. 北京：中国工人出版社，1993.

[17][美]哈罗德·J. 伯尔曼. 法律与革命——西方法律传统的形成[M]. 贺卫方,等译. 北京:中国大百科全书出版社,1993.

[18][美]昂格尔. 现代社会中的法律[M]. 吴玉章,周汉华,译. 北京:中国政法大学出版社,1994.

[19][德]马克斯·韦伯. 儒教与道教[M]. 王容芬,译. 北京:商务印书馆,1995.

[20][美]麦金太尔. 德性之后[M]. 龚群,等译. 北京:中国社会科学出版社,1995.

[21][德]夏瑞春. 德国思想家论中国[M]. 陈爱政,等译. 南京:江苏人民出版社,1995.

[22][英]A. J. M. 米尔恩. 人的权利与人的多样性——人权哲学[M]. 夏勇,等译. 北京:中国大百科全书出版社,1995.

[23][英]李约瑟. 李约瑟集[M]. 天津:天津人民出版社,1998.

[24][美]莱茵霍尔德·尼布尔. 道德的人与不道德的社会[M]. 蒋庆,等译. 贵阳:贵州人民出版社,1998.

[25][美]亚瑟·亨·史密斯. 中国人的性格[M]. 乐爱国,张华玉,译. 北京:学苑出版社,1998.

[26][法]爱弥尔·涂尔干. 宗教生活的基本形式[M]. 渠东,汲喆,译. 上海:上海人民出版,1999.

[27][古希腊]柏拉图. 法律篇[M]. 张智仁,何勤华,译. 上海:上海人民出版社,2001.

[28][德]黑格尔. 历史哲学[M]. 王造时,译. 上海:上海书店出版社,2001.

[29][美]休斯顿·史密斯. 人的宗教[M]. 刘安云,译. 海口:海南出版社,2001.

[30][德]赫尔穆特·施密特. 全球化与道德重建[M]. 柴方国,译. 北京:社会科学文献出版社,2001.

[31][美]苏尔. 中国礼仪之争西文文献一百篇(1645—1941)[M]. [美]诺尔,编. 沈保义,等译. 上海:上海古籍出版社,2001.

[32]［爱尔兰］J. M. 凯利. 西方法律思想简史［M］. 王笑红, 译. 北京: 法律出版社, 2002.

五、论文

[1] 刘苍劲. 中华民族传统美德对世界的影响［J］. 北京大学学报（哲学社会科学版）, 1997（1）.

[2] 钱广荣. "德治"平议［J］. 道德与文明, 2000（6）.

[3] 刘传广. 中国古代传统德治的因与果［J］. 华南师范大学学报（社会科学版）, 2001（2）.

[4] 张奇伟. 荀子礼学思想简论［J］. 中国哲学史, 2002（2）.

[5] 焦国成. 正确看待中国的德治传统［J］. 高校理论战线, 2002（3）.

[6] 陈新岗. 论汉代诸子的"德治"与"法治"思想［J］. 东岳论丛, 2002（4）.

[7] 陈寿灿. 从贞观之治看先秦儒家德治思想的具体实践与历史价值［J］. 哲学研究, 2002（9）.

[8] 李德顺, 余涌. 法治与"德治"［J］. 广东社会科学, 2003（2）.

[9] 侯才. "和谐社会"具有深厚的文化底蕴和丰富的内涵［J］. 科学社会主义, 2004（5）.

[10] 董平. 儒家德治思想及其价值的现代阐释［J］. 孔子研究, 2004（1）.

[11] 刘清平. 儒家伦理与社会公德［J］. 哲学研究, 2004（1）.

[12] 关健英. 略论董仲舒的"以德为国"思想［J］. 中国哲学史, 2004（3）.

[13] 邹渝. 厘清伦理与道德的关系［J］. 道德与文明, 2004（5）.

[14] 鲁玉桃. 孔子"德主刑辅"思想初探［J］. 船山学刊, 2005（1）.

六、英文著作

[1] GRAY, JOHN. China: a History of the Laws, Manners and Customs of the People [M]. London: Macmillan & Co, 1878.

[2] MAX WEBER. The Protestant Ethic and the Spirit of Capitalism [M]. New York: Charles Scriber's Sons, 1958.

[3] JOSEPH NEEDHAM GEORGE. Within the Four Seas the Dialogue of East and West

[M]. London: Allen and Unwin, 1969.

[4] HAROLD J, BERMAN. The Interaction of Law and Religon [M]. Nashville: Abingdon Press, 1974.

[5] PEERNBOOM R P. Law and Morality in Ancient China: the Silk Manuscripts of Huang – Lao [M]. Albany: State University of New York Press, 1993.

[6] SUNGMOON KIM. Democracy after Virtue: Toward Pragmatic Confucian Democracy [M]. New York: Oxford University Press, 2018.

索 引

B

伯特兰·罗素 97,306

D

德才并重 17,165,166
德治教化 97,102,118,203,223,242,298
德主刑辅 195-197,199,203-206,210-216,224,258,268,308

F

费孝通 89,302
冯友兰 80,302

H

黑格尔 13,84,86,88,140,141,157,158,185,214,215,249,306,307
亨利·梅因 69,306
侯外庐 82,302

霍西曼贤 141

J

积善成德 29
讲信修睦 116,168
金圣文 13
敬德保民 49

K

克里斯蒂安·沃尔弗 85

L

李泽厚 149,305
利玛窦 185,306
梁启超 37,74,303

M

马克斯·韦伯 13,81,82,205,209,306,307
孟德斯鸠 13,44,89,90,107,142,148,149,214,215,242,306

P

皮仁蓬 14

Q

气质之性 105, 106, 156

S

慎独 153, 277

尚贤任能 17, 165, 171, 172

私德 85

四端说 97

T

天地之性 105

W

王国维 49

X

性三品 95, 102, 103, 106

性善情恶 95, 105, 108

休斯顿·史密斯 50, 138-140, 184, 307

修德保民 123, 129

修己安人 150, 156, 259

循德制律 204-206, 208, 215-217, 289

Y

以德化民 107, 196

以德配天 49, 77

援礼入法 198, 204-206, 208, 212, 214-217

约翰·亨利·格雷 14

后　记

　　本书是笔者在自己的博士学位论文的基础上加以修改、完善而成。我的博士学位论文完成于2006年。当时，学界探讨德治、古代德治思想的著作极少，从所查资料来看，还没有研究古代儒家德治思想方面的专著。一晃十几年过去了，关于德治思想的著作已经相当丰富。即便如此，能够站在马克思主义的基本立场，自觉运用马克思主义的基本观点与方法深入研究古代儒家德治思想的专著仍然不多。

　　三年求学时光匆匆而逝。对我来说，写作本书的过程虽然比较辛苦，但是感觉非常充实。

　　非常感谢我的导师侯才教授支持我根据自己的爱好与意愿选择博士学位论文的主题，感谢他对我的悉心教导与热情帮助。在论文主题、提纲拟定、资料收集、文献查阅、写作方法等方面，侯老师都给我提出了许多宝贵的建议。在本书的写作过程中，侯老师付出了辛勤的劳动。大到框架结构、观点论证，小到词语的运用和标点的正误，他无不耐心指点，还多次提供难得的书籍资料，使我的写作得以顺利完成。侯老师的每一次指教和点拨都让我豁然开朗。另外，戴木才、郭大为、钱俊生等老师在我写作论文过程中曾给予热心的帮助和关怀，他们的指点和建议使我受益匪浅，在此表示诚挚的感谢！

　　感谢在我的人生道路上曾经帮助过我的每个人，包括那些萍水相逢、仅有一面之缘的人。可以说，我的每一次进步都离不开众人的扶持。还有，多年来，我的家人一直默默地支持我，他们不仅尽力给我提供物质保障，而且始终在精神上给我鼓励，给我力量、信心和勇气。

鉴于知识产权出版社的相关编辑规范与笔者的写作习惯等存在差异，在完善书稿的过程中，笔者按照出版社的相关要求在注释、参考文献、内容等方面进行了修改与删减。由于本人才疏学浅，书中难免存在许多不足之处。在此恳请专家学者、广大读者不吝批评指正，我将不胜感激，继续努力，尽己所能地查缺补漏进行完善。

最后，以20多年前的一首旧作为这段时间修改完善书稿的辛勤工作画上一个句号。

行高于人❶必有谗，平阳惕若履泥丸❷；
一翳在眼❸华纷坠，万法无咎❹鉴庐山❺。
风起云涌终有尽，欲路不染理路宽❻；
超拔三界少妙术，尘海稳舟唯心丹。

杨文霞
2020年11月

---

❶ 行高于人出自李康的《运命论》："故木秀于林，风必摧之；堆出于岸，流必湍之；行高于人，众必非之。"

❷ 惕若出自《周易·乾》："君子终日乾乾，夕惕若厉，无咎。"泥丸出自毛泽东的《长征》："五岭逶迤腾细浪，乌蒙磅礴走泥丸。"此句意为小心谨慎得就像走在小泥球上一样。

❸ 一翳在眼出自《五灯会元》第四卷："一翳在眼，空华乱坠。"

❹ 万法无咎出自僧璨的《信心铭》："一心不生，万法无咎。"

❺ 庐山出自苏轼的《题西林壁》："横看成岭侧成峰，远近高低各不同。不识庐山真面目，只缘身在此山中。"

❻ 出自洪应明的《菜根谭》："欲路上事，毋乐其便而姑为染指，一染指便深入万仞；理路上事，毋惮其难而稍为退步，一退步便远隔千山。"此段文字常被简化为：欲路勿染，理路勿退。